LA GUERRE FROIDE
RECOMMENCÉE

DU MÊME AUTEUR

Fonctionnement de l'État (une préface de Raymond Aron), Librairie
Armand Colin, Paris, 1965.
Le Canada français après deux siècles de patience, Le Seuil, Paris, 1967.
La guerre froide inachevée, préface de John Holmes, Les Presses de
l'Université de Montréal, Montréal, 1971.
La gouverne politique, Mouton, Paris, 1977.
L'État du Québec en devenir (coll.), Boréal Express, Montréal, 1980.
De l'autre côté de l'action (entretiens avec Jean Blouin), Nouvelle
Optique, Montréal, 1982.
Pratique de l'État au Québec, Québec-Amérique, Montréal, 1984.
Notre miroir à deux faces: Trudeau-Lévesque, Québec-Amérique,
Montréal, 1985.

Gérard Bergeron

LA GUERRE FROIDE RECOMMENCÉE

Boréal

Données de catalogage avant publication (Canada)

Bergeron, Gérard, 1922-

  La guerre froide recommencée

  2-89052-162-1

  1. Politique mondiale - 1945-   . I. Titre.

D849.B47 1986   327'.09'04   C86-096240-7

Photocomposition et mise en pages: Helvetigraf, Inc.

Illustration de la couverture: Gamma/Ponopresse Internationale

Diffusion pour le Québec:
Dimedia: 539, boul. Lebeau
Saint-Laurent (Québec) H4N 1S2

© Pour le Canada: Les Éditions du Boréal Express
5450, ch. de la Côte-des-Neiges
Bureau 212, Montréal H3T 1Y6
ISBN 2-89052-162-1

Dépôt légal: 3ᵉ trimestre 1986
Bibliothèque nationale du Québec

*Les occasions de s'indigner, à notre époque, ne manquent pas :
que le lecteur me pardonne d'user avec parcimonie d'un bien
dont la demande dépasse l'offre.*

Raymond Aron (*République impériale*)

*Il est difficile d'attraper un chat noir dans une pièce sombre,
surtout quand il n'y est pas.*

Proverbe chinois

*The course of history in the largest sense is much more hopeful
than the newspaper headlines.*

James Reston (*The New York Times*)

Avant-propos

La Guerre froide recommencée reprend le fil d'une même histoire quinze ans après la publication de *La Guerre froide inachevée* *. Il ne s'agit toutefois pas du tome II d'un même livre. L'introduction de *La Guerre froide recommencée* rappelle en gros la méthode proposée dans le livre précédent et contient un sommaire de la Guerre froide dite «classique» pour les dix-sept années allant de la fin de la Deuxième Guerre mondiale (1945) à la crise de Cuba à l'automne 1962. En annexe, une chronologie en rappelle aussi les faits marquants. En outre, le chapitre premier reproduit, avec quelques coupures et des corrections de forme mineures, la présentation de la première phase de l'après-Guerre froide (1963-1970) qui terminait le livre de 1971. La lecture de *La Guerre froide recommencée* ne présuppose pas celle de *La Guerre froide inachevée,* bien que les deux ouvrages obéissent d'évidence à une même préoccupation de s'y reconnaître dans le monde international de l'après-guerre.

Le titre du présent ouvrage pourrait être affecté d'un point d'interrogation: *La Guerre froide recommencée?* comme celui du précédent aurait pu être suivi d'un pointillé: *La Guerre froide inachevée...* La finale du livre reprend l'interrogation fondamentale d'une possible résurgence de la Guerre

---

*   Montréal, Les Presses de l'Université de Montréal, 1971.

froide des plus mauvais jours et se termine sur les plus récentes tendances de l'histoire-se-faisant. Depuis que l'humanité s'est donné les moyens de se détruire des centaines de fois, il n'est nul besoin de démontrer l'importance d'une question qui relève du fond de l'angoisse existentielle de l'espèce. Mais cet ouvrage en traite sous la forme très concrète des conduites politico-diplomatiques des deux Grands et, principalement, des relations de puissance de l'un par rapport à l'autre.

Jamais autant qu'en cette année d'un autre centenaire* l'expression nietzschéenne sur «les monstres froids» n'est apparue appropriée. L'expression métaphorique de «guerre froide», ayant eu d'autres origines que celle-là et qui seront rappelées, convient toujours à l'évocation des risques de la grande explication entre les deux Grands, fort heureusement toujours ajournée. Il faut toutefois se garder de réifier la «guerre froide» du fait qu'on puisse l'analyser comme une espèce de système de compétition à l'échelle mondiale. S'abstenir aussi de lui donner une espèce d'existence symbolique comme le pourrait l'imaginaire d'un artiste visionnaire et tragique lui inspirant, par exemple, l'image d'une bête d'apocalypse sous la forme d'un dragon de glaciation, exhalant les plus basses températures imaginables jusqu'à «l'hiver nucléaire»... L'intention du propos est de procéder plus prosaïquement à l'analyse de politiques très concrètes, qui sont le fait d'hommes particularisés et placés, à tel moment, aux commandes décisionnelles très réelles de deux capitales d'empire. La «guerre froide» n'est finalement qu'une façon de parler des réseaux de puissance dans les relations soviéto-américaines.

Selon ses variantes dans le temps que qualifieront les titres de chapitres, la rivalité inter-Grands est faite d'attitudes et de situations plus ou moins changeantes et constituant, dirait-on, des «climats» diplomatiques plus ou moins frigorifiants. L'étude s'efforce de se dégager de l'actualité immédiate pour se donner du champ afin de saisir les grandes tendances jus-

---

*   1985, année du centenaire de la mort de Victor Hugo, marquait aussi le centenaire de l'ouvrage de Friedrich Nietzsche, *Ainsi parlait Zarathoustra*.

qu'à la dernière en train de se produire. D'où une certaine systématisation afin d'évaluer les objets et de procéder à des découpages analytiques selon l'intention d'une démarche annoncée et devant assumer tous ses risques. La seule convention avec le lecteur est l'acceptation de principe du départ de la recherche proposée.

* * *

Il n'y a pas de «grandes puissances» que les États-Unis et l'Union soviétique, mais ce sont *les Grands* par lesquels la «guerre froide», selon ses variantes successives, se livre encore après plus de quarante ans. Tout le temps, leurs rapports sont le facteur dominant, ce qui les range dans une classe à part, et les divers aspects de leur rivalité fondamentale constituent le sujet de l'investigation. Un parti pris analytique de cette nature commande des sélections d'objets propres (comme la course aux armements, les alliances, les conflits et différends) et des discriminations d'acteurs particuliers (à part les Grands, ceux des États qui sont touchés le plus directement par les politiques de leur rivalité). Autrement dit, pour générale ou globale qu'elle prétende être, une étude internationale à l'enseigne de la «guerre froide» doit laisser tomber plus de questions et de matières, objectivement importantes dans d'autres contextes, qu'elle n'en peut retenir.

Ainsi, une question aussi vaste que le développement attardé du tiers monde ou le dialogue Nord/Sud, pour tout dire la faim dans le monde qui est l'autre grand phénomène planétaire de l'époque, n'entre pas dans l'objet premier de l'étude. L'activité économique générale, ou les cruciales crises de l'énergie par exemple, non plus que d'autres grands chocs idéologiques à l'autre extrême, ne sont la matière immédiate du propos. En particulier, les crises «intra-blocs» ne sont guère évoquées que par leurs effets sur la rivalité «inter-blocs»; de même en est-il pour les faits de politique intérieure et même extérieure des grands États européens, qui sont loin de ressortir tous au conflit Est-Ouest. En d'autres continents, des pays aussi importants que le Japon, l'Inde, le Nigéria ou le Brésil tiennent peu de place dans l'étude parce que n'apparaissant pas comme des théâtres premiers ou seconds de «guerre froide».

Inversement, l'Europe ou la ligne entre les deux Europes est toujours un théâtre premier de «guerre froide». La Corée avant hier, Cuba hier et encore aujourd'hui, maintenant l'Afghanistan et le Nicaragua sont des scènes premières de la rivalité entre les Grands. Des régions comme l'Afrique australe, la corne de l'Afrique ou l'Amérique centrale peuvent, un temps, devenir des théâtres du conflit fondamental, tout comme ces foyers d'instabilité que sont le Proche-Orient et la péninsule d'Indochine. Bref, un historique des rapports inter-Grands depuis 1963 est d'un objet moins large qu'une histoire générale du monde depuis cette date.

Traité en Épilogue, le sommet Reagan-Gorbatchev de novembre 1985 marque le terme chronologique de l'étude. Elle ne tient donc pas compte d'événements marquants des premiers mois 1986: la crise lybienne, la détérioration rapide des rapports inter-Grands et la remise à plus tard d'une nouvelle rencontre d'abord prévue pour le mois de juin, de nouvelles propositions en matière de maîtrise des armements, les catastrophes technologiques de la navette Challenger et de Tchernobyl, la dernière phase d'évolution des questions du Proche-Orient, d'Afghanistan et du Nicaragua, les révolutions pacifiques aux Philippines et en Haïti, etc.

L'ouvrage est construit selon une succession de séquences chronologiques de durées inégales: de dix-sept ans, pour l'introduction historique, à quatre, pour le chapitre III. Les événements tournants, signalés par un lieu géographique, se retrouvent dans les titres des chapitres, ainsi que la durée de la phase en question. À l'exception de l'introduction, dont le schématisme obligé sert aussi de fond méthodologique pour le reste de l'étude, les tranches subséquentes couvrent des périodes relativement courtes de quatre à sept ans, déterminant des phases estimées significatives. Celles-ci sont étudiées en cinq niveaux d'objets distincts, auxquels correspondent autant de sections numérotées qui s'appellent et se complètent d'un chapitre à l'autre. Cette méthode est apparue

plus appropriée pour saisir l'évolution générale du phénomène global en cause, que celle qui eût privilégié une division
fonctionnelle par questions sur toute la durée de la période
depuis 1963. Il va de soi que chaque matière, traitée entre
deux intertitres d'un même chapitre, ne peut l'être aussi
abondamment qu'un ouvrage spécialisé sur la question.

*   *   *

Deux mots sur les sources. Les ouvrages de fond utilisés
(livres, rapports, revues spécialisées) sont trop nombreux
pour prendre place en bibliographie générale. Par ailleurs,
toutes les citations comportent leurs références exactes, y
compris celles qui proviennent des journaux et qui sont naturellement fort abondantes. À côté de ces journaux de référence classiques que sont *The New York Times* et *Le Monde*,
l'auteur utilise aussi les quotidiens français de Montréal et de
Québec. Abonnés au service de l'*Agence France Presse*, ces derniers journaux condensent aussi les nouvelles fournies par les
autres agences, principalement américaines et britanniques.
Pour chaque citation, c'est la source paraissant la mieux
appropriée au propos qui prévaut. D'autre part, il est aussi
tenu compte des sources étrangères, soviétiques, chinoises,
etc., telles qu'en font assez fréquemment état les agences de
presse et les journaux occidentaux.

Ces précisions ne sont peut-être pas superflues si l'on
veut bien ne pas oublier que le traitement de presse est la première dimension, au sens d'immédiatement accessible, des
rapports internationaux et, en particulier, de cette *chose*
qu'on baptisait vers 1947 de «guerre froide» et qui persiste
sous différents vocables dérivés. Enfin, le lecteur trouvera à
la fin de l'ouvrage un glossaire des sigles qui sont communément employés dans le langage de la course aux armements et
de sa maîtrise (*arms control*). Ils symbolisent des expressions
anglaises qu'ont utilisées généralement les Américains en
premier et qui se sont imposées par la suite. Une traduction
française en sera soumise; mais elle ne remplace générale-

ment pas les sigles anglais continuant à prévaloir dans les autres langues.

Introduction

La Guerre froide classique (1945-1962): de Potsdam à La Havane

Rien n'étant plus chaud ni plus craint que la guerre, l'expression de *guerre froide* dut sa rapide propagation mondiale à son caractère paradoxal et hyperbolique. Elle résume et évoque, mieux que toute autre peut-être, une situation internationale globale sans analogue dans l'histoire du monde. Il est assez peu fréquent que des tranches d'histoire soient nommées autrement que par leurs divisions numériques (le Moyen Âge, le 19ième siècle, etc.), tandis que l'appellation de Guerre froide présente l'avantage de qualifier l'époque en y référant, de la même façon que l'on évoque la Renaissance ou la Belle Époque (présumée).

I. Qu'est-ce que la guerre froide?

Jusqu'à la Seconde Guerre mondiale, on distinguait dans la communauté des États les «grandes puissances» et les autres, celles-ci parfois partagées en «moyennes» et «petites». À la suite de leur participation, tardive et contrainte, à ce gigantesque conflit à partir de 1941, l'Union soviétique et les États-Unis s'imposèrent d'emblée dans la nouvelle catégorie à part, et créée à cet effet, des deux Super-Grands.

Quarante ans après leur commune victoire de 1945, seules ces deux superpuissances extraeuropéennes se rangent encore incontestablement dans cette classe. La guerre froide fut le résultat historique de leur difficile rencontre de 1945 sur les ruines d'empires éphémères, l'allemand au cœur de l'Europe et le japonais aux confins de l'Extrême-Orient.

Si les origines de la guerre froide sont encore matière d'interprétations fort diverses et même passionnées[1], l'accord est général sur la date de son terme, soit à la fin octobre 1962 avec le règlement de la crise des missiles soviétiques déployés à Cuba. Dès avant la conclusion des hostilités, au printemps et à l'automne 1945, les prodromes de la future «guerre froide» dont la formulation ne tardera pas[2] étaient visibles. Depuis la fin du deuxième conflit mondial, elle allait durer dix-sept ans jusqu'à cette «minute de vérité» que s'administrèrent, au bord de l'abîme, les présidents Kennedy et Khrouchtchev lors de l'affaire cubaine de 1962. Cette conduite exorbitante de «guerre froide» aura marqué la fin de la *Guerre froide* comme période historique[3]. «La Guerre froide classique», objet de cette introduction, tient en l'intervalle de ces dix-sept années, de 1945 à 1962.

Après 1962, la Guerre froide devenait autre chose, qu'on aura d'abord tendance à nommer par ses dérivés: «l'après-Guerre froide» ou «la paix froide», quand ce n'était pas, au gré de l'inquiétude de commentateurs, «la paix chaude» ou même «la guerre froide chaude»... Plus généralement et avec non moins d'ambiguïté, la notion de «détente» et la *Détente*, comme nouvelle époque, finiront par s'imposer dans la période subséquente des années 1970. Il en sera ainsi jusqu'au tournant de la décennie suivante lorsque se produira l'invasion soviétique de l'Afghanistan. On se mettra alors à parler naturellement de «la reprise de la Guerre froide» ou de «la nouvelle Guerre froide».

En son sens de phénomène global, la guerre froide entre les Grands se présente d'abord comme un substitut d'accommodements forcés et ombrageux à une paix impossible, ou encore comme à une guerre mondiale qui ne pouvait et ne devait pas recommencer. Le vieil adage latin prenait son sens absolu et s'entendait des deux côtés: *Si vis pacem, para bellum.* Diverses composantes d'action alimentent et soutiennent cette impossibilité objective et ce refus bilatéral de recourir à la guerre tout court, et qui ne pourrait être, entre de tels adversaires, que totale. S'imposent d'abord à l'attention l'incessante compétition pour la prépondérance mondiale et la tendance à la bipolarisation dans ce système international demi-anarchique et déchiré d'antinomies idéologiques; aussi, divers jeux d'alliances, peu variables et donnant lieu à des rivalités restant malgré tout plutôt modérées en leur mutuelle crainte respectueuse; enfin, des efforts continus des propagandes adverses pour maintenir la solidarité des alliés et pour conquérir, autant que possible, la faveur de tiers et la confiance des «non-alignés».

Comment définir proprement la guerre froide, qui n'a jamais eu d'autre réalité que par les conséquences de perceptions antagonistes [4] mais se refusant d'être directement hostiles ou martiales? En ses évolutions, il reste toutefois possible de la décrire par ses expressions politiques et militaires très concrètes dans une période donnée de l'histoire. La «guerre froide» deviendra pour ainsi dire officialisée dans le même temps que la formule en sera frappée en 1947. Cette année-là marque son net déclenchement avec le lancement de «la doctrine Truman» (soutien militaire à la Grèce et à la Turquie) en mars, le rejet soviétique du plan de l'aide américaine à l'Europe dévastée (Plan Marshall) en juillet et la constitution du Kominform (renouvelant l'ancien Komintern dissout pendant la guerre) en octobre. Objet d'analyse comme tranche d'histoire internationale, la Guerre froide a aussi suscité de bizarres notions qu'à défaut de mieux l'analyse retiendra comme outils conceptuels.

De cette période de la Guerre froide classique subsiste encore une terminologie d'appoint, métaphorique comme l'expression d'origine. Métaphores d'origine calorifique comme «le gel» ou «le dégel», ou d'inspiration hydraulique comme «l'endiguement» (*containment*) ou «le refoulement» (*roll back*). Mais c'est le couple mécanique de «la tension» et de la «la détente» qui, ayant en outre plus de portée analytique qu'une métaphore, a obtenu la plus grande fortune conceptuelle. Ces termes provenaient pour la plupart de l'anglais, comme cette autre expression, toute centrale en stratégie, de

la «dissuasion» (*deterrence*), ou celle de «l'équilibre de la terreur» qu'avait lancée Churchill. Il en fut de même pour ces
autres expressions qu'on doit à l'ancien secrétaire d'État,
John Foster Dulles, de «représailles massives» (*massive retalia-
tion*) ou de «politique au bord du gouffre» (*brinkmanship*).

La notion d'«escalade» fut tirée de la pensée stratégique
de Clausewitz, qui parlait d'une façon plus évocatrice d'«ascension vers les extrêmes». Des perceptions stratégiques plus
affinées vont par la suite rendre courantes des formulations
comme «la réplique souple», «les représailles graduées», ou
encore «la riposte anti-force». On n'avait encore rien vu dans
la lexicographie de l'horreur lorsque naîtront, plus tard,
toute une série d'engins offensifs ou défensifs, identifiés par
une batterie de sigles (ABM, ICBM, MIRV, SLBM, etc.).
Dans l'entre-deux périodes de la Guerre froide classique et de
la nouvelle Guerre froide, les entretiens SALT[5], en deux longues rondes, viseront à limiter la production de ces terribles
dispositifs paraissant tout droit sortis de l'imaginaire de la
science-fiction d'hier.

De cette pléthore d'abstraites notions martiales, se déga-
gera la paire plus proprement politique *tension/détente*, davantage évocatrice et pourvue de signification analytique, quoique
plutôt approximative. Hommes d'État et diplomates, et même
tout aussi bien l'homme de la rue inquiet que le commenta-
teur professionnel, y réfèrent couramment. Les deux termes
évoquent clairement ces mouvements vers deux termes, mais
tout en restant en deçà: vers la guerre, la *tension*; vers la paix,
la *détente*. La guerre froide paraîtrait à la fois la cause et le
résultat auto-reproducteur de cette oscillation. Des tendances
politiques identifiables par des successions d'événements,
sinon par des mesures exactes, signalent la montée en *tension*
ou la descente en *détente*. Ces notions générales restent de première nécessité pour l'analyse. Mais il s'impose de ne pas restreindre le mouvement de détente, comme le versant descen-
dant de la tension, à la notion chronologique de «la Détente»,
soit cette période consécutive à «la Guerre froide classique» et
dont on parlera communément dans le reste de la décennie
1970. Cette période était ainsi nommée parce qu'elle n'allait

manifester que de faibles pointes de tension à travers des attitudes plus constantes de détente.

En son sens proprement analytique, la détente est donc la complémentaire, mais inverse, de la tension. Les deux tendances s'expriment par des enchaînements de faits politiques et militaires, d'ailleurs diversement appréciés par les deux groupes de protagonistes. Selon cette signification pour ainsi dire technique, la détente n'est pas l'alternative de la guerre froide, ni même une tentative pour en sortir, mais bien plutôt la simple décompression d'un acte ou d'une phase de tension. D'autre part, le trinôme de Charles de Gaulle «détente-entente-coopération» ou encore le slogan de «la coexistence pacifique» de Nikita Khrouchtchev se présentaient comme la contradictoire de la guerre froide, exprimant des objectifs politiques pour y mettre fin. (On retrouvera «la Détente», comme période historique, et l'ambiguïté de la notion de «détente» au chapitre II.)

Des mouvements de tension et de détente déterminent donc la ligne oscillatoire de la conduite diplomatique générale depuis 1945. Le vocable de *tension* n'a pas bénéficié d'un sort terminologique comparable à celui du second terme de la paire. Il n'a pas servi à caractériser une période historique donnée comme celle de «la Détente». Ce terme complémentaire de tension provient toutefois d'un assez long usage dans l'analyse des conflits internationaux: les notions de tension et d'états de tension trouvent leur place dans une chaîne où, selon les contextes, se trouvent les différends, les litiges, les menaces à la paix, les crises, les conflits non militaires, etc. La tension, qui caractérisait bien par ailleurs la tendance menaçante de la Guerre froide, n'est jamais devenue un concept d'analyse reconnu, ni encore moins une période historique. Enfin, dernière précision, la *Détente* ou même une politique *de détente*[6] ne se traduisent pas, mais s'écrivent «en français dans le texte» d'autres langues. Il en était ainsi naguère de la politique d'*apaisement* (Munich), et aujourd'hui encore, d'une diplomatie dite de *rapprochement*, qu'il convient de ne pas confondre avec la politique de *détente*, phénomène considérablement plus large.

II. Les théâtres de la Guerre froide

Ce qu'on pourrait appeler l'espèce d'appropriation historique de l'Europe par les deux Grands extraeuropéens en 1945
fut annoncé plus d'un siècle à l'avance par de belles pages de
Tocqueville, usées jusqu'à la gloire à force d'être citées. Mais
un demi-siècle avant l'auteur de *La Démocratie en Amérique*
(1831), puis une quinzaine d'années plus tard, respectivement Grimm, ami de Diderot et de Mme d'Epinay, et
Thiers, futur président de la IIIe République, avaient eu la
même prémonition[7]. Il n'était pas fatal, mais il devenait
naturel que tous ces siècles d'entreprises guerrières intraeu-
ropéennes se soldent un jour avec la prise en charge par deux
énormes puissances extraeuropéennes. Après le plus dévasta-
teur conflit de l'histoire, elles se retrouvèrent nez à nez et
comme en instance d'empires, chacune d'elles semblant
appelée, selon Tocqueville, «à tenir un jour dans ses mains les
destinées de la moitié du monde». Naturel aussi que leur con-
dominium de circonstance ne puisse rien avoir de facile et
qu'il dégénérât presque d'emblée en antagonisme aussi
décidé qu'incapable de se manifester en bellicisme ouvert.

Par la jonction de leurs armées sur l'Elbe, Soviétiques et
Américains, que tout jusque-là, de l'espace à l'idéologie,
avait séparés, se trouvaient en pleine immédiateté politique
au milieu d'un continent, petit mais suffisamment grand
pour avoir été celui de la puissance mondiale plusieurs fois
séculaire. Au cœur de cette Europe, réduite à sa dimention de
cap eurasiatique dont parlait Valéry[8], béait l'abîme de l'Allemagne d'où, une fois de plus, était venu tout le mal. La
Guerre froide naquit de la double intention d'occuper ce vide
européen et de combler l'abîme allemand. La ligne du partage politique ne faisait guère que démarquer les points de
rencontre des armées de l'Ouest de de l'Est[9] et n'était pas,
selon une légende encore tenace, le résultat des machinations
diplomatiques de Yalta.

La rivalité fondamentale se reproduira par les effets de
cette situation de stationnarité mal acceptée et de l'instabilité
politique chronique en résultant. À défaut de pouvoir modi-

fier quoi que ce soit d'un côté comme de l'autre, et, comme s'institutionnalisant, la Guerre froide durcira ce qu'on ne pouvait qu'empêcher: spécialement en Allemagne qui deviendra les deux Allemagnes, bientôt *siglés* en RFA et RDA. Pendant un quart de siècle, l'abcès de fixation restera Berlin. Longtemps après l'établissement des quartiers d'occupation occidentaux et soviétique de 1945, le «Mur de la honte» de 1961 divisera, de façon encore plus radicale, la capitale de l'ancien Reich. L'année suivante, la Guerre froide dans sa phase classique s'achèvera abruptement par le test de force et d'intention que s'étaient livré Khrouchtchev et Kennedy lors de l'affaire des missiles soviétiques à Cuba. Il faudra encore presque une autre décennie, celle de l'après-Guerre froide, pour qu'on parvienne enfin, à la faveur de l'*Ostpolitik*, à un accord quadripartite sur Berlin, lançant ainsi la phase suivante de la Détente à partir de 1970. Berlin, plutôt les deux Berlins avaient toujours été l'épicentre de la Guerre froide classique.

Deux seuls États avaient, *ab initio*, les moyens d'étendre à l'échelle planétaire leur projection extérieure. De par le vaste monde, leur rivalité allait trouver bien d'autres scènes où transposer sa dynamique d'instabilité et d'ambiguïté. Allait s'ensuivre une situation toute nouvelle d'antagonisme dont les dimensions ne seraient plus régionales (même pas au sens continental), mais proprement mondiales. Puissance maritime et même «île-continent» [10], les États-Unis avaient la capacité de patrouiller tous les océans; par son énorme masse terrestre, l'Union soviétique se trouvait, par ailleurs, en position privilégiée sur l'espace eurasiatique mais allait avoir à se doter de moyens d'action plus lointains: tel l'éléphant par rapport à la baleine [11], tous deux spécimens d'une zoologie supérieure. La Guerre froide s'est jouée sur des théâtres changeants et renaissants, mais d'importance inégale. Il paraîtra utile d'en livrer une première classification en théâtres premiers, seconds et tiers.

Les théâtres *premiers* de la Guerre froide sont ceux qui présentaient des frontières immuables ou des conflits insolubles à partir de l'état de choses mal accepté de 1945. Le pro-

totype du théâtre premier, et dès le début, en fut d'abord les
deux Allemagnes et les deux Berlins avec les problèmes s'y
rattachant: les pactes de l'OTAN et du traité de Varsovie,
l'ensemble des questions relatives à la sécurité européenne;
puis, en Extrême-Orient, le détroit séparant les deux Chines
et surtout la ligne divisant les deux Corées, point extrême de
tension en 1950 et 1951; enfin, un point des théâtres tiers
comme Cuba devenant à l'automne 1962 le plus virtuellement explosif des théâtres premiers! Un théâtre premier ne
l'est pas que par la valeur objective de l'enjeu, ce qui ne vau-
drait guère que pour les territoires allemands et pour les amé-
nagements dits «de sécurité» en Europe. Sur un théâtre premier s'opposent Américains (et alliés) et Soviétiques (et
alliés, spécialement les Chinois en Corée) sur des questions
s'avérant presque insolubles et devenant tôt non négociables
et comme figées. Si une espèce de «match nul» s'impose
comme seul dénouement possible, c'est que ni les uns ni les
autres ne peuvent reculer, perdre sur un théâtre premier.

Aux théâtres *seconds*, conflits et difficultés de guerre
froide ont pu se régler, tout au moins se stabiliser cahin-caha
sans que la dialectique fondamentale d'opposition n'en soit
essentiellement altérée. Les deux Grands ne s'y opposent pas
d'immédiate façon. Leur mauvaise querelle est parfois prise
en charge par alliés, protégés ou complices interposés, ou
même contrés par de grands témoins du neutralisme: Nehru,
Nasser ou Tito. Les théâtres seconds constituent un immense
arc de cercle au pourtour des mondes soviético-chinois pour
rejoindre, par-delà la grande division européenne, la Suède
neutraliste et sa voisine à l'Est, contrainte dans son statut
spécifique de *finlandisation* justement. Les deux cas de *guerre
chaude* (les guerres israélo-arabes et indochinoise) montraient
assez la détermination des deux Grands de ne pas convertir
ces théâtres seconds en théâtres premiers de leur rivalité fondamentale.

L'erreur coûteuse de Washington dans l'affaire du Viêt-
nam a justement été de se laisser entraîner à agir dans la
péninsule indochinoise comme s'il s'agissait d'un théâtre
premier. Longtemps après, Moscou commettra la même

erreur au sujet de l'Afghanistan, un des principaux facteurs déclenchant la nouvelle Guerre froide. Aux théâtres seconds, l'importance de l'enjeu réside dans le maintien d'une certaine intégration de chaque camp ou, tout au moins, de la neutralité efficace des non-alignés. Les classiques notions de «sphères d'influence», de «chasses gardées» pourraient aussi être ici évoquées. La plupart des zones de tension ou de conflit virtuel apparaissent sur ce gigantesque arc des théâtres seconds.

Dans le reste du monde non engagé, ou trop éloigné pour être enveloppé dans un conflit majeur de puissance entre les deux Grands, s'étend la série indéfinie des théâtres *tiers*. Ils présentent de nombreux points d'incidence, mais non d'impact, de l'opposition fondamentale dans la mesure où luttes intestines et conflits régionaux ne sont assumés de part et d'autre que par des agents et amis des deux Grands. Leur responsabilité directe, militaire ou diplomatique, pour un enjeu ou un objectif estimé vital n'y fut pas d'ordinaire mise en cause, du moins initialement. Si l'Australie et la Nouvelle-Zélande, au loin, ne font pas problème, tout comme le Japon, l'Union sud-africaine ou l'Argentine pour de tout autres raisons, divers autres points des théâtres tiers ont pu devenir des foyers de danger. Ainsi, récemment, l'Angola et les pays de la corne de l'Afrique ou le Nicaragua et le Salvador peuvent prendre l'importance d'une avancée de guerre froide comme s'il s'agissait de théâtres seconds, précaires et contestés. Il n'est que de rappeler le cycle parcouru par Cuba. Après le règlement du plus chaud des conflits de théâtres premiers, la grande île des Caraïbes est devenue un des théâtres seconds de l'après-Guerre froide; mais elle était un simple point des théâtres tiers avant la prise du pouvoir par Castro en 1959.

Cette géopolitique, fort sommaire, ne vaut guère qu'en premier abord de classement des crises internationales spécifiques. Par-delà les faits géographiques inertes de masse et de distance, comptent surtout la nature, l'intensité et la durée des engagements ou implications d'au moins l'un des deux Grands en attendant la virtuelle réponse active de l'autre.

Les expressions de «théâtres seconds» et «tiers» ne signifient pas que l'action qui s'y joue soit négligeable ou non pertinente à la compréhension du phénomène en cause. Elles attirent simplement l'attention sur le fait que, contrairement aux théâtres «premiers» où la souplesse et la mobilité ne sont guère possibles, ces diverses scènes laissent voir des actions spontanées ou imprévisibles, parfois marquées de rééquilibrations partielles ou provisoires et même, parfois, de la prosaïque résignation dans le leadership de l'un ou de l'autre Grand... De fait, la distance et l'éparpillement empêchent le plus souvent l'immédiateté des heurts inter-Grands; mais comme ils se reconnaissent toujours des responsabilités mondiales, sinon de toujours claires ambitions du même ordre...

Les notions courantes de «tiers monde» et, plus récemment, de «l'axe Nord-Sud» ne sont pas des catégories spécifiques de guerre froide. Mais les défavorisés de la planète, dérisoirement *pensionnés* par l'égocentrisme des riches restent, en attendant, l'enjeu ultime d'une lutte fondamentale inter-Grands qui ne s'arrêtera sans doute jamais et qu'on continue à nommer, selon les époques, Guerre froide, après-Guerre froide, Paix froide, Détente ou nouvelle Guerre froide... Tel est le grand scandale de cette humanité fin de siècle d'avoir lucidement inventé des dispositifs pour se détruire des centaines de fois sans avoir encore trouvé les moyens techniques de nourrir convenablement deux de ses membres sur trois.

III. Tensions et détentes entre les deux Grands

La Guerre froide classique, relayant naturellement la Deuxième Guerre mondiale, ne fut pas que la cristallisation de ses séquelles politiques non ou mal réglées. Elle se perpétuera comme une espèce d'ersatz à une paix devenue impossible entre de grands vainqueurs qui s'étaient, toutefois, mis d'accord pour imposer une capitulation sans condition à leurs ennemis. La solidarité n'avait pas été facile pendant la grande coalition. Du reste, les deux principaux alliés n'étaient entrés en guerre que forcés, l'un et l'autre attaqués par les forces de l'Axe en 1941, au mois de juin l'Union soviétique et au mois de décembre les États-Unis. Dès avant la fin du conflit, l'alliance imposée par les circonstances avait entraîné toutes sortes de difficultés, au sujet desquelles les historiens dits «révisionnistes» et «orthodoxes» discutent encore. Qui a commencé? — Ces questions relèvent des polémiques sur les origines de la Guerre froide et, pour les besoins de l'actuel propos, il n'apparaîtra pas nécessaire de les reprendre.

L'histoire de la Guerre froide est assez longue: de l'été 1945, marquant la fin des hostilités, à la crise cubaine de 1962, soit presque la durée de l'entre-deux guerres 1919-1939. On a pu qualifier le traité de Versailles de 1919 de «paix manquée»; au sujet de la Guerre froide, on parlera plutôt d'une «non-paix», ou des conséquences d'une paix qui ne put être signée à l'encontre du principal ennemi européen [12].

Jusqu'à la tension extrême de la guerre de Corée après juin 1950, les antagonismes de la Guerre froide naissante vont se manifester autour du pôle européen, plus exactement au sujet de l'Allemagne et de son ancienne capitale (le blocus de 1948-1949). Autre caractéristique de cette première période, l'aide américaine va s'appliquer davantage au relèvement des régions dévastées qu'à l'aide proprement militaire, le pacte de l'Atlantique Nord n'étant signé qu'en avril 1949 et le réarmement collectif ne devenant effectif que quelques années plus tard. En partant de la «non-paix» de l'été 1945, l'augmentation des tensions, surtout depuis 1947, marquera l'unité de cette phase jusqu'à la plus aiguë à la fin de 1950, lorsque les Chinois, intervenant massivement, refoulèrent presque complètement les Américains hors de la péninsule coréenne [13].

Pendant cinq autres années jusqu'à la conférence au Sommet des Quatre à Genève de l'été 1955, consacrant un premier état de détente généralisée depuis la fin de la guerre, les foyers de rivalité deviennent plus dangereux sur le théâtre d'Extrême-Orient et entraînent de nouveaux programmes militaires. En comparaison, les problèmes économiques européens n'ont plus la même acuité que dans la phase précédente. Après la forte tension de la fin de 1950, la courbe de la Guerre froide va s'infléchir graduellement vers la détente de «l'esprit de Genève» de 1955 [14].

Pour une autre phase d'égale durée, une espèce de *modus vivendi* politique s'établit tant bien que mal en Extrême-Orient et en Europe. En cette seconde moitié de la décennie 1950, des effervescences nationalistes en Afrique du Nord, ainsi qu'au Proche et au Moyen-Orient, ne transforment pas ces théâtres seconds en théâtres premiers de la Guerre froide. C'est toujours l'Allemagne et en particulier Berlin qui, depuis la vigoureuse offensive diplomatique menée par Khrouchtchev, à partir de 1958, pour faire modifier le statut de l'ancienne capitale, restent le pivot de la rivalité entre les grandes puissances. Ces cinq années de 1955-1960 marquent une tendance générale à la tension croissante [15].

Le Sommet de Paris de mai 1960, qui devait confirmer, à ce niveau, la détente de «l'esprit de Genève» de 1955, produisit l'effet contraire en créant une très forte tension entre les deux Grands. Ce sommet manqué allait réactiver les antagonismes fondamentaux en un plateau prolongé de tension: d'abord en l'épicentre de Berlin, en 1961, puis en son prolongement-diversion de la crise des Caraïbes, par suite de l'installation de missiles soviétiques à Cuba à l'été et à l'automne 1962. En quelques jours du mois d'octobre, la tension sera extrême et mènera à deux cheveux d'une guerre générale [16].

La dernière phase, triennale, de cette tension prolongée allait amener la fin de la Guerre froide classique car, cette fois-ci, risques et contre-risques avaient vraiment été trop grands. Il s'imposera, sinon de changer le jeu, du moins de ne plus jouer de mises aussi fortes. Les trois phases quinquennales antérieures n'avaient pas que les caractères qu'on leur a reconnus (déplacement des théâtres, et priorité aux questions économiques ou militaires). Elles signalaient de claires tendances *vers la tension* de 1945 à 1950, un mouvement inverse *vers la détente* de 1950 à 1955, mais à nouveau *vers la tension* de 1955 à 1960 enfin, allait suivre le plateau de la *tension prolongée* de 1960-1961-1962. Tels seraient les cheminements généraux de la Guerre froide pendant sa première époque, dite «classique», ou encore «inachevée»…

Ces ambiances d'époque étaient clairement perceptibles par les personnes politiquement éveillées et conscientes des réalités mondiales de l'après-guerre. En particulier, le couple sémantique *détente/tension* était devenu d'un usage courant dans la langue des diplomates et hommes d'État, des analystes et commentateurs internationaux. Tout comme était dominant le vocable même de *guerre froide*, s'appliquant même par analogie à d'autres ordres de phénomènes de la vie courante. Par leur imprécision, détente et tension n'auront pas fini d'alimenter l'ambiguïté congénitale de la Guerre froide au-delà de sa période classique.

IV. Fluctuations cycliques et dynamique de duopole

Une étude plus complète et minutieuse, année par année, a illustré, de façon moins sommaire et avec graphiques à l'appui, l'espèce de feuille de température de ces dix-sept années de politique mondiale. Après un examen méthodologique de la théorie des cycles dans son application aux processus sociaux, spécialement économiques, fut encore proposé le caractère au moins plausible de la dynamique cyclique en cause. Il ne s'agissait certes pas de prouver que la guerre froide avait été cyclique, ni encore moins qu'elle ne pouvait être autrement; mais bien plutôt, à partir de frappantes récurrences, d'en étudier avec précaution les mouvements généraux *comme si elle avait été cyclique*[17].

Un premier cycle complet de dix ans se dessinait: de la détente («non-paix») de 1945 à la tension de 1950, puis une nouvelle tendance à la détente jusqu'à 1955. Le second cycle, partant de cette date, aboutissait à la tension de 1960, puis, au début de cette seconde phase, ne prenait pas la courbe descendante pour plutôt donner lieu au phénomène inédit d'un plateau de tension inattendue à partir de 1960.

Ainsi, au début de cette seconde phase, le cycle ne prenait pas la courbe descendante pour plutôt donner lieu au phénomène inédit d'une tension prolongée pendant trois ans jusqu'à la super-crise de 1962. On observera dès l'abord la brièveté de ce cycle et demi d'oscillations, la non-reproduction d'un second cycle complet incitant encore à la prudence analytique.

D'autre part, le modèle hypothétique proposé ne trouve pas d'application à des périodes comparables, soit antérieures comme l'entre-deux guerres mondiales, ou postérieures comme les phases discernables depuis 1963. Mais la constatation ne ferait que confirmer peut-être la spécificité très singulière de la période considérée en ce chapitre. En outre, les trois phases complètes de son histoire présentaient une périodicité quinquennale assez bizarre et relevant sans doute de la coïncidence: les quatre événements signalant les seuils de la détente et les pics de la tension s'étaient tous produits au printemps ou au début de l'été[18].

Sur ce point de la périodicité, il s'imposait encore plus de ne pas chercher à prouver la validité déjà discutable de l'argument de la régularité cyclique et de ne se satisfaire que d'enregistrer l'étonnante coïncidence: qui a jamais pu expliquer une «coïncidence»? À cette prescription de prudence deux raisons, la première de théorie, la seconde de méthode. D'abord, s'il est de la nature du phénomène cyclique de se répéter, il ne s'ensuit pas la nécessité que cette reproduction doive obéir à une règle de périodicité stricte, sauf pour certains phénomènes de la nature comme le retour des planètes ou les allées et venues saisonnières d'oiseaux migrateurs[19]. Ensuite, les facteurs choisis en l'occurrence pour déterminer les phases de la tension et et de la détente auraient pu être différents à partir d'autres critères ou façons d'interroger les événements[20]. D'ailleurs, fermons vite cette dernière précision par une observation plus enveloppante. Comme en tout découpage historique subsiste toujours quelque part d'arbitraire, les divisions chronologiques n'existent pas, telles quelles, dans l'histoire, ni encore moins dans l'esprit de ceux qui la font, souvent sans trop le vouloir ni même le savoir....

Bien que prudemment relativisé par toutes sortes de précautions de méthode, le modèle proposé au sujet des fluctuations des phases de détente/tension entraînait tout de même à une question plus intéressante: au-delà de ce moment, quelles étaient les causes de ces tendances? Si la politique de guerre froide *semblait* avoir obéi à une dynamique cyclique, pourquoi en aurait-il été ainsi? Quelle aurait été la traction ou la pulsion de ce cycle et demi?

Comme il s'agit, par définition, d'un rapport entre puissances globales, il a paru naturel de considérer la variable de la supériorité technico-militaire, au moins présumée, des deux Grands l'un par rapport à l'autre pendant la période examinée. Après avoir enregistré sur une seule ligne les phénomènes simples de détente/tension, l'auteur a dressé une autre figure comportant deux courbes représentant chacune l'accroissement de puissance de l'un et l'autre Grand. Ces deux lignes se chevauchent aux moments d'une nette tendance à la parité et s'éloignent le plus aux points du plus grand écart, pour ensuite tendre à se rejoindre, etc. Ce nouveau cycle, plus complexe, suit en gros la même traction que le cycle détente/tension, mais, par l'effet d'un nouveau facteur déterminant, il se découpe alors en phases de quatre et non plus de cinq ans. Ce cycle de supériorité technico-militaire entre les Grands s'établissait d'après les constatations de faits suivantes entre 1945 et 1962:

1. 1945-1949: phase du monopole atomique américain;
2. 1949-1953: phase de l'obtention de la parité atomique par les Soviétiques;
3. 1953-1957: phase de la parité en armes thermonucléaires entre les deux Grands[21];
4. 1957-1961: phase de la supériorité relative des Soviétiques en fusées à long rayon d'action et en satellites artificiels;
5. 1962-....: phase de la tendance à la parité balistique générale entre les deux Grands[22].

Les phases sont ici quadriennales et non pas quinquennales; l'on en compte quatre complètes et non pas trois comme dans le cycle précédent.

Cette seconde lecture «cyclique» de la Guerre froide classique permet de constater que la *détente* clarificatrice de «l'esprit de Genève» de 1955 se serait produite au milieu de la troisième phase. Cette détente serait dans le prolongement de la tendance à la parité atomique (1949-1953) et aurait eu lieu en plein milieu de l'établissement de la parité thermonucléaire (1953-1957). Ces deux tendances à la parité seraient complémentaires et auraient été nécessaires pour susciter la détente de 1955, lucidement recherchée et se généralisant à ce moment.

Mais le phénomène ne durera qu'un court temps, car, à partir de 1957, la supériorité balistique (même sans application militaire immédiate ou certaine) des Soviétiques s'affirme pendant quelques années, établissant ainsi un nouvel écart de virtuelle puissance globale en leur faveur. Cet avantage les aurait peut-être incités à risquer la tension prolongée de 1960-1961. Ce cycle technico-militaire des quatre phases de quatre ans et le cycle détente/tension des trois phases de cinq ans s'achèvent au moment même de la super-crise de Cuba en 1962.

Après cette date, une époque nouvelle commence qui fera l'objet des chapitres à venir. Les deux cycles, détente /tension et technico-militaire, de la Guerre froide classique pourront servir de référentiel[23] au moins négatif pour l'analyse.

L'intérêt du cycle technico-militaire est d'introduire une dimension d'anticipation causale, qui n'est qu'impliquée dans le cycle détente/tension, simplement illustratif. Cette nouvelle présentation permettrait d'inférer que la perception des rapports variables de supériorité technico-militaire entre les deux Grands les aurait incités à poursuivre des politiques de détente pendant les tendances à la parité et, au contraire, de tension lors des écarts de puissance, réels ou perçus comme tels. Ce second cycle, qui n'est plus seulement descriptif, prête encore moins à la critique à priori par l'utilisation de critères objectifs (sinon toujours aisément vérifiables...), moins dépendants en tout cas d'une première appréciation de l'observateur.

Il présenterait aussi plus d'intérêt analytique, bien que se prêtant peut-être moins bien à la première évaluation d'un flux d'événements aussi multiples et complexes que ceux qui forment la trame incessante de la lutte pour la plus grande puissance entre les deux Grands. Il faut, en effet, tenir compte de bien d'autres facteurs que la course à la supériorité militaire, bien que celui-ci soit présenté comme déterminant en vertu d'une hypothèse fort plausible.

L'économie générale de ce cycle et sa motricité particulière peuvent aussi s'appliquer aux périodes subséquentes à la Guerre froide classique — tant il est vrai que la lutte pour «la plus grande puissance» stratégique et militaire ne s'est pas achevée après la super-crise cubaine de 1962! Mais il convient sans doute de s'inspirer préalablement du premier cycle détente/tension pour sa virtualité de première qualification des événements de 1962 à 1985: c'est ce qu'indiquent les substantifs des titres des quatre chapitres qui suivent.

Ce nouveau cycle de supériorité technico-militaire se trouvait donc à modifier, en le comprimant d'une année, le cycle détente/tension tout en fournissant une explication de type causal à des oscillations de comportement qui pourraient bien n'être que des conséquences observables dans toute compétition entre deux puissants concurrents. En effet, contrairement à une idée de sens commun, la tension tendrait à se manifester au moment où l'écart devient le plus considérable entre les forces globales des deux Grands. Au contraire, la détente deviendrait plus naturelle lorsque s'affirme une tendance à la parité des forces, ce qui, d'autre part, n'est pas illogique. Un large écart dans l'inégalité des forces serait donc générateur de tensions et non pas l'inverse (encore qu'il ne faille pas tenir pour négligeables des facteurs comme les armements conventionnels ou classiques, ou l'acquisition de positions géostratégiques, etc).

Le récit complété de l'après-Guerre froide jusqu'à la fin de 1985 laissera voir s'il y a lieu (et si oui, comment) de recourir à ce facteur de la parité ou de la disparité des forces comme constituant le déterminant principal des mouvements alternatifs vers la détente et la tension (et dont l'apparente régularité quinquennale dans la période 1945-1960 avait frappé, mais sans pouvoir l'expliquer). Une dynamique causale n'a pas à retenir divers modèles courants à l'enseigne de la *pola-*

rité: bi ou multi-polarité, principalement la première, sous-distinguée en bi-polarité, rigide ou simple, stationnaire ou évolutive, simple ou mixte, etc.

D'inspiration magnétique, cette métaphore de la polarité suggère toutefois d'utiles combinaisons et comparaisons entre États pour établir de vastes configurations diplomatiques relativement peu changeantes. Et lorsqu'on parle de bipolarisa*tion* plutôt que de bipolarité, il s'agit de signaler une intention de prendre davantage en compte les actions propres des deux grands agents plutôt que les effets sur la structure objective de la société internationale.

*   *   *

Mais il est un modèle d'une autre source et de plus grande signification pour décrire un système dualiste en opération. C'est le modèle économique du *duopole*, excroissance de la théorie du *monopole* qui, en première appréhension, ne cause aucune difficulté tant l'idée en est simple et le terme courant. Tel est bien le caractère, à la fois le plus général et le plus incontestable de la rivalité fondamentale entre les deux Grands, que cette lutte implacable entre deux adversaires dont aucun ne peut mettre l'autre hors de combat sans signer lui-même sa propre mort simultanée. Cette concurrence de type duopolaire, ou duopolistique, dure maintenant depuis plus d'une génération et nul n'en peut entrevoir la cessation à moins d'évoquer d'effrayantes visions d'Apocalypse.

Ce mode d'explication provient du modèle économique de comportement entre deux firmes économiques ou industrielles en situation d'empêchement réciproque de se constituer en monopole. Les comportements sont en l'occurrence fort différents des actions et attitudes qui dérivent des situations de compétition monopolistique. En outre, le duopole n'est pas qu'un cas de l'oligopole. Le modèle duopolistique concentre l'attention sur les actions et les dispositions des agents duopoleurs, ce que ne comporte pas de façon aussi évidente l'expression plutôt statique de la bipolarité.

Le schéma du duopole est particulièrement propice à la saisie des faits globaux de la puissance militaire (écart, parité) s'il est moins évident que sa dynamique propre fournisse les réponses satisfaisantes aux interrogations multiples sur la traction du cycle détente/tension, que ce dernier soit périodique ou pas. Des théoriciens de la science politique se servent parfois de catégories analogues à celle du duopole. Ainsi, à côté des classiques monarchie et oligarchie, ils emploient parfois celles de la *dyarchie* et, même plus récemment, de la *polyarchie* qui trouve encore peu d'application en relations internationales depuis que Robert Dahl en a construit la notion[24].

Comme on le disait de la paix dans l'entre-deux-guerres qu'elle devait être une «création continue», son substitut de la «guerre froide» se reproduit de lui-même, et sous quelque nom qu'on l'appelle au-delà de sa période classique. Malgré les scènes d'intensité variable qui se jouent sur les théâtres seconds et tiers, les objectifs décisifs de chacun des deux Grands, parce qu'estimés vitaux, ne peuvent guère se modifier. Leur action politico-stratégique permet des replis ou des temps d'arrêt, des diversions ou des «détentes», justement; mais le postulat non écrit de la guerre froide interdit des retraites ou des armistices, et même, empêche autant la paix que la guerre, qui serait une codestruction.

Mais les éléments de risque, heureusement calculés des deux côtés, restent constants dans le conflit persistant. La situation de duopole, où se sont trouvés enfermés les deux Grands, fait que les initiatives qui accentuent la tension, ou qui transforment subrepticement des états de détente en nouvelles tensions, ne peuvent se prendre qu'en des entreprises risquées. Celles-ci, en effet, appellent autant de contre-risques souvent plus grands de la part de la partie adverse qui s'estime en état de défensive ou de rattrapage forcé.

La nature du jeu global, qui vise des deux côtés à maximiser les gains tout en minimisant les dangers, engendre d'autres incertitudes que la relativisation, toujours à renouveler, des risques encourus et des avantages escomptés. Mais tout cela se joue en deça de la seule règle, en quelque sorte organique, qui a toujours prévalu depuis 1945: l'impératif

absolu du non-recours à la guerre totale. Le drame promé-
théen de l'époque est l'incertitude que cet impératif puisse
s'imposer toujours: en stricte logique, on peut soutenir que
plus il persiste, plus il a chance de durer — à moins que ce ne
soit l'inverse!

Malgré l'énormité de leurs moyens, les deux Grands
n'ont pu, il s'en faut de beaucoup, *bipolariser* toute la planète,
comme on le constate aux théâtres tiers et même seconds.
Mais, depuis la fin de la guerre jusqu'à aujourd'hui, ils se
sont comportés en stricts duopoleurs, se refusant à la lutte
inexpiable que se livreraient deux monopoleurs décidés.
L'impératif monopolistique, soutenu au moins un temps par
l'un des deux, eût entraîné l'explication ultime. C'est le propre de la concurrence duopolistique de pouvoir aller à fond,
des deux côtés, pourvu que ce soit en deçà de ce point limite.

Mais ne serait-ce qu'à cause des contraintes matérielles
à l'exercice même excessif de la puissance, les duopoleurs
acceptent de ne pas occuper tout le champ polarisable. Le
résultat objectif ou structurel de ce qu'on appelle la «bipolarité» a découlé, au fil des années, des effets de ce jeu limité.
Enfin, le duopole ne requiert pas chez les joueurs un état de
conscience clair de tous les instants, ni sur toutes les questions, pour se jouer effectivement comme encadrement impé-
rieux à leurs actions réciproques.

Duopole et monopole ne souffrent donc pas d'entre-
deux, si le cas apparenté du *monopole bilatéral* tient de l'un et de
l'autre et, en particulier, surtout du premier pour le cas qui
nous occupe (exemple, par alimentation réciproque des propagandes antinomiques). Les règles de comportement en
situation de duopole tolèrent, et en certains cas suggèrent, de
rechercher des positions qui semblent oligopolistiques. Le jeu
du duopole n'élimine pas tous les autres «pôles» de puissance
puisqu'il n'occupe jamais tout le champ polarisable. Mais
qu'il se joue en strict interfaces, ou avec des tiers, ou encore
qu'il doive tenir compte des tendances de type oligopolisti-
que, le jeu du duopole proscrit toujours l'usage des moyens
monopolistiques qui signifierait la guerre totale.

Que les situations qui se présentent soient le fait d'autres

joueurs n'empêche pas que les règles duopolistiques fondamentales continuent de s'appliquer comme si les duopoleurs
avaient eux-mêmes créé ces situations. En bref, la norme fondamentale du duopole, tout en étant tacite mais restant non
moins liante pour cela, consiste dans la prohibition de toute
situation, créée par eux ou par d'autres, qui ne serait plus
mutuellement contrôlable par les deux Grands. Il y a donc un
point «X» où la tension ne serait plus supportable, au moins
par l'un d'eux, ou cesserait d'être «payante» par l'autre.
C'est ce même point qui déterminerait l'amorce vers la
détente.

Il s'ensuit une espèce de code opérationnel dans la conduite toujours dangereuse (au sens du dangereusement «contrôlable») des comportements de la guerre froide. La conscience de l'interdépendance vitale des duopoleurs (qui n'est,
certes, pas celle de deux cyclistes sur un tamdem!) force tout
de même chacun à s'interdire des actions que l'autre ne saurait accepter. On tient compte de l'autre. Tout le temps.
L'accroissement de puissance générale ou l'augmentation de
tels ou tels avantages chez l'un, sitôt que l'autre en a la perception, incitent vivement celui-ci à en obtenir autant sous
une forme ou l'autre, ou tôt ou tard.

La concurrence est toujours ouverte dès lors que chacun
des duopoleurs accepte que l'autre augmente indéfiniment sa
puissance, quitte pour le premier à s'en remettre à des rattrapages correctifs. Côté positif, la règle se perçoit comme l'acceptation de mesures mutuellement compatibles à l'un et à
l'autre et supportables par le système dualiste prohibant tout
choc qui serait fatal aux deux. Côté négatif, elle implique la
contrainte du refus commun de recourir à des mesures qui
entameraient cette compatibilité ou détruiraient l'équilibration dualiste.

Le jeu semble évoquer la simplicité du schéma *stimulus-
réponse* ou *initiative-réaction*, mais il est bien autrement complexe puisque rétroactif et, en tout, dédoublé. On retrouve
bien ici des mouvements de réponse ou de réaction; toutefois
ils ne sont pas réflexes mais réfléchis, non automatiques mais
voulus et recherchés. À l'action risquée d'un duopoleur,

mais contrôlable par lui jusqu'à la réversibilité, répond chez l'autre une réaction également risquée, mais aussi contrôlable et réversible. Une fois accepté le caractère inéluctable du duopole obligé, la nature du jeu commande des comportements audacieux de part et d'autre mais restant toujours dans les limites du raisonnable.

La folie démentielle de la course aux armements est-elle «raisonnable»? Elle reste tout au moins propre à la rationalité du système qui permet à chacun des deux joueurs de compenser son infériorité relative ou provisoire par un accroissement indéfini de sa propre puissance plutôt que par la diminution de la puissance de l'autre. La course aux armements révèle plus que tout autre facteur cet aspect de la dynamique en spirale de la Guerre froide. D'ailleurs, faut-il parler de rationalité de l'absurde, ou de fondement absurde au raisonnable devant ce jeu concurrentiel prohibant les solutions extrêmes de la guerre totale mais la préparant toujours, qui accumule des armements toujours plus terrifiants avec la détermination sans cesse répétée de n'avoir pas à s'en servir? Et qui, surtout, ne prépare pas d'abri?

*   *   *

La période de l'Entre-deux-guerres (1919-1939) présente un contraste total d'avec celle de la Guerre froide classique (1945-1962). D'abord, il y avait eu «paix» entre les vainqueurs de 1918 et le grand perturbateur. Cette paix, litigieuse et même boîteuse, n'allait entraîner que de faibles tensions pendant la première décennie, s'achevant par l'événement marquant du grand Krach de 1929, découpant la période en deux moitiés, et qui, du reste n'était d'abord pas un phénomène politique. Pendant les dix premières années, les faits de politique internationale et de sécurité européenne ne présentent aucune similitude avec les nettes tendances détente-tension-détente qui ont marqué la période 1945-1955. Dès 1931, les événements de Mandchourie, impunis et à peine notés en Occident, annoncent un âge d'agression ouverte qui commencera avec l'arrivée de l'hitlérisme au pouvoir. Et ce sera alors, de 1934 à 1939, la marche débridée vers la guerre[25].

L'accroissement de puissance de l'Allemagne et du Japon, et à un degré moindre de l'Italie, a pu se faire jusqu'à un degré quasi-monopolistique sans trop de résistance des États menacés, seulement capables de tardives réactions individuelles. Lentement cumulatives et faiblement solidaires, celles-ci finirent par devenir irréversibles mais seulement après 1938. L'unité provisoire de la grande coalition, tardive et circonstancielle, n'a pu vraiment se faire et réagir qu'au point limite alors qu'il n'était plus possible de sauver le système international d'alors. Il n'y avait eu que peu ou pas d'adaptations *ex ante*, et les réactions *ex post* survenaient trop tard pour corriger les erreurs et pour rattraper l'accroissement de puissance des forces décidées à recourir à l'agression.

La guerre totale devenait l'unique moyen pour empêcher la réalisation complète et durable de projets monopolistiques ou impériaux. Les grands vainqueurs s'estimèrent légitimés de recourir à la solution totale de la «reddition sans condition». L'Entre-deux-guerres a manifesté, tout au long, le contraire d'une structure duopolaire et des comportements de duopoleurs.

L'autre période comparable à celle de la Guerre froide classique est celle qui la suit immédiatement et qu'il fut convenu de nommer «l'après-Guerre froide», allant de la solution de la crise cubaine de 1962 jusqu'aux arrangements décisifs au sujet de Berlin au tournant des années 1970. On y relèvera divers faits et tendances de détente, de plus rares et de moins affirmés de tension, mais ces faibles fluctuations ne présentent pas les saillants ni encore moins l'étonnante symétrie qu'on a pu enregistrer dans la période 1945-1960.

Toutefois le phénomène du duopole, majeur et constant depuis la fin de la guerre mondiale, continuera à s'affirmer selon des modalités nouvelles, pendant la décennie 1970, mais qui ne suffiront pas, en tout cas, à empêcher, au tournant des années 1980, une espèce de résurgence d'une nouvelle Guerre froide, ce qui conduit au seuil de l'actualité la plus brûlante. Comment, du reste, pouvoir espérer sortir, un jour, de cette organisation — ou inorganisation — duopolaire du système mondial?

1

Le Dégel, ou l'après-Guerre froide (1963-1970): de La Havane à Erfurt [1]

Le roman d'Ilya Ehrenbourg, *Le Dégel*, avait été publié après la mort de Staline, survenue en mars 1953; la politique dite de la «déstalinisation» en Union soviétique et dans plusieurs pays de l'Est avait suivi. Ces événements furent propices à une première détente, ou à un «dégel» qui, après les divers règlements de 1954 (Autriche, Indochine, etc.), allait conduire à la détente officialisée de «l'esprit de Genève» 1955. Mais un dégel prolongé, marquant un terme à la Guerre froide, ne se produira qu'après la crise ultime de Cuba de 1962 [2]. Cette figure contrastante de «dégel» servira à qualifier la plus grande partie de la décennie 1960.

Cette phase de Dégel allait durer une bonne huitaine d'années, jusqu'à la succession de trois événements considérables enclenchant, enfin de façon sérieuse, la recherche d'une solution à la question allemande en 1970, soit exactement un siècle après l'unité de l'Allemagne [3]. Pour ce résultat, il avait fallu attendre vingt-cinq ans après la capitulation du troisième Reich.

Cet après-Guerre froide présente à l'analyse une plus grande complexité que l'époque antérieure, apportant ce qu'on pourrait appeler un brouillage des perspectives d'ensemble auxquelles la Guerre froide classique avait habitué. Le principe d'unité de la période est celui du dégel persistant (ou d'une détente prolongée), car on n'y constate pas de poussée marquée vers la tension, bien qu'on puisse enregistrer un *tempo* quelque peu plus vif à la fin des années soixante.

L'autre trait majeur est évidemment la perpétuation du système de duopole dans l'après-Guerre froide, exactement comme à l'époque de la Guerre froide classique. Il ne s'agit toutefois pas d'un caractère distinctif, tant il est vrai que le duopole n'a jamais cessé jusqu'à maintenant. C'est même dans cet après-Guerre froide que le duopole va s'affirmer selon des règles plus claires de fonctionnement du système, et cela, malgré la survenance de nouvelles tendances oligopolistiques.

Moins apparemment compétitive que naguère, la rivalité entre les deux Grands en viendra à prendre l'allure d'une cogérance planétaire, en particulier pour promouvoir une politique commune de non-dissémination de ces mêmes armes nucléaires dont l'accumulation leur avait permis une telle supériorité de puissance sur les autres membres de la communauté mondiale. Leur duopole planétaire ne sera guère entamé par les récentes tendances vers la «pluripolarité» ou le «polycentrisme», non plus que par la plus grande conscience que le tiers monde prendra de lui-même en cette décennie 1960. Enfin, deux guerres chaudes, au Proche-Orient et en Indochine, mettront à l'épreuve le système duopolaire, sans le déséquilibrer toutefois, le confirmant plutôt d'une bizarre façon et bien qu'un des deux Grands s'embourbera lui-même dans l'interminable tragédie vietnamienne. Telles seront les grandes lignes d'analyse d'une période de huit ans, pour laquelle il ne serait pas pertinent de procéder à des découpages annuels, comme dans l'étude de la Guerre froide classique qui manifestait une étonnante tendance à la cyclicité de la tension et de la détente.

I. Maintien du duopole dans l'après-Guerre froide

L'affaire de Cuba avait montré la nécessité vitale des communications directes entre les maîtres du Kremlin et de la Maison Blanche en temps de crise aiguë[4]. Et, par l'effet de la conjugaison de deux autres facteurs, la *ligne rouge* allait devenir la liaison symbolique d'une solidarité, non pas nouvelle mais nouvellement ressentie, entre les «frères ennemis». Les deux Grands se reconnaissaient l'un et l'autre une nouvelle rivale commune, la Chine qui avait consacré avec fracas une rupture couvant depuis longtemps avec l'Union soviétique: c'est le facteur conjoncturel. Le système ou l'*anti-système* de la «guerre froide» avait amené les Grands à tirer les conséquences du fait qu'au-delà d'un certain degré, l'augmentation de puissance militaire n'a pas plus de portée politique relative que de signification numérique absolue: et c'est le facteur structurel.

En première étape, ils conclurent le traité sur l'arrêt des expériences nucléaires. Le fait d'être alors gorgés de puissance nucléaire et balistique n'amenuisait pas l'importance de l'événement. Un an plus tôt, ils étaient relativement aussi puissants et ce n'est qu'à l'été 1963 qu'ils conclurent l'accord. La chaude alerte de Cuba avait joué dans l'intervalle le rôle de catalyseur de leurs réticences jusque-là persistantes. Cette conscience d'être désormais voués à un état de parité de leur puissance militaire globale, toujours ascendante, devenait plus claire — la menace virtuelle du perturbateur chinois aidant...

Ainsi donc, après plus d'une quinzaine d'années de vaines discussions diplomatiques au plan officiel ou en contacts officieux pour un début de contrôle en matière d'armement, trois semaines vont suffire pour conclure le traité interdisant les essais nucléaires dans l'atmosphère. Cette réussite prend une signification particulière par le rappel que le traité reprenait en substance une proposition d'Eisenhower cinq ans plus tôt. Les Soviétiques s'y étaient alors opposés à cause de son caractère partiel et sans liaison à un programme de désarmement généralisé. Les deux Grands se sentaient maintenant en sécurité, en force même pour conclure un arrangement strictement paritaire, d'autant que le traité, ne comportant pas de clause d'inspection sur place, respectait le secret de leurs installations balistiques sans prohiber l'expansion de leur programme de fusées intercontinentales[5].

Au plus chaud de l'alerte de Cuba, «les deux K...» avaient fait allusion dans leurs communications à la nécessité plus flagrante que jamais du désarmement. Dès le 12 novembre 1962, les Américains soumirent à la Conférence du désarmement une proposition prévoyant, en même temps que l'échange d'informations et de modalités d'inspection, un système de moyens de communication en période de crise entre les deux capitales. Les Soviétiques ne retinrent que la dernière partie de la proposition: l'accord sur le «télétype rouge» entre le Kremlin et la Maison Blanche allait être signé le 20 juin 1963. Khrouchtchev, frustré d'un nouveau *sommet* qu'il réclamait avec la conviction d'un dada favori, avait écrit à Kennedy en décembre 1962 qu'il était temps de mettre fin «une fois pour toutes» aux essais nucléaires, se déclarant prêt à faire la «moitié du chemin»[6]. Les négociations préliminaires avaient buté sur le sempiternel obstacle du contrôle. Kennedy avoua son inquiétude en des termes que son ami et consultant, Sorensen, rapporte ainsi: «Si nous ne parvenons pas à un accord cette année, je craindrai que le mauvais génie échappé de la bouteille ne puisse jamais plus y être renfermé»[7].

Le discours historique du président américain à l'université de Washington débloquera l'impasse le 10 juin. Il plaida la cause «non pas d'une *pax americana* imposée au monde par les armes de guerre américaines», ni d'une «paix de l'atome» ou de celle de la «sécurité de l'esclave», mais évoqua plutôt le destin historique parallèle des deux grandes puissances en leur «commune horreur de la guerre»[8], le tout s'achevant par un appel passionné pour la fin des essais nucléaires. Khrouchtchev reconnut dans ce discours des accents à la Roosevelt. C'est à la fin de sa tournée européenne le 2 juillet que Kennedy, après avoir réassuré les Berlinois de l'Ouest qu'il était prêt à mettre en danger des villes américaines pour leur sécurité, relança le projet de l'arrêt des expériences nucléaires ne nécessitant pas d'inspection[9]. Khrouchtchev, alors en butte aux attaques forcenées des maîtres de Pékin, tenta bien d'élargir la proposition à un accord plus large de non-agression entre les deux blocs[10], puis de soumettre un projet de rechange sur la non-dissémination des armes nucléaires, qui allait se concrétiser quelques années plus tard (voir la section suivante).

La proposition initiale et la plus modeste d'un simple arrêt des expériences nucléaires allait être signée le 5 août entre les grands du club nucléaire, l'URSS, les USA et le Royaume-Uni. La France, de façon presque aussi hargneuse que la Chine dont les dirigeants n'y virent qu'une «supercherie», refusa de participer aux négociations et d'adhérer au traité par la suite. Le monde entier applaudissait à cette première preuve concrète de la bonne foi des Grands, il est vrai peu coûteuse, mais preuve quand même et surtout inédite en ce domaine. Depuis une dizaine d'années la question des retombées radioactives avait sensibilisé l'opinion publique au niveau des parlements aussi bien que remué les groupements pacifistes à travers le monde.

Les parties signataires insistèrent toutefois sur la portée limitée de l'accord, sur le fait qu'il ne constituait pas un précédent inhibitif pour le développement futur de leur puissance militaire, non plus qu'il n'impliquait un repli des positions politiques fondamentales les divisant encore. Elles se réservaient pour l'avenir. Devant l'Assemblée générale de l'ONU en septembre, Kennedy évoquait cette «pause dans la guerre froide», cette importante première étape qui n'était pas l'«âge d'or» (*millenium*) encore, mais «si nous pouvons faire de cette pause une période de coopération fructueuse, si les deux parties peuvent maintenant acquérir une nouvelle confiance... cette première étape, si petite qu'elle soit, peut être le départ d'une route longue et fructueuse» [11].

Malgré ses limites et l'interprétation restrictive des signataires, ce traité du 5 août 1963 se trouvait à entériner, après les crises prolongées et aiguës de 1960-1961-1962, l'«esprit de Genève» de 1955, mais selon un mode, cette fois-ci, impératif et exécutif et non plus seulement déclaratoire.

Par cette reconnaissance qu'ils ne pouvaient plus augmenter de façon illimitée leur puissance globale de destruction, les deux Grands s'engageaient pour une «durée illimitée» (Art. 4) à ne plus empoisonner l'atmosphère tout court et, du coup, rasséréaient l'atmosphère diplomatique. L'après-partie du coup de poker de Cuba, dont la mise avait été si forte, laissait tout le monde gagnant sauf... les deux grands alliés naturels des leaders de guerre froide, la Chine et la France — tout, au moins, du point de vue désapprobateur du reste de l'opinion publique mondiale.

Mao et de Gaulle prenaient un peu figure de larrons en foire surtout depuis que circulaient des rumeurs sur la prochaine reconnaissance par Paris du régime de Pékin. Leur dissension au sein de leur alliance respective n'était pas nouvelle, mais leur dissidence, hautement proclamée sur cette question à laquelle l'opinion mondiale était si sensible, présentait quelque chose de commun dans l'odieux. Là s'arrête le parallèle, car les motivations de la dissidence française pour une «force de frappe» nationale n'étaient pas du même ordre que la profondeur et la gravité du schisme se consacrant, à cette occasion, entre Moscou et Pékin.

Une fois délestée du boulet algérien, la politique de grandeur du président de Gaulle commençait à prendre de l'envol, à partir du tremplin d'un nationalisme peut-être anachronique mais sans tomber dans le «dogmatisme», jusqu'au bellicisme verbal inclus, des dirigeants chinois. La reconnaissance de Pékin par Paris, qu'imposait la «nature des choses» depuis longtemps du reste, devenait aussi une occasion de faire la nique à Washington. Le 14 janvier, de Gaulle, lors de l'une de ses plus fameuses conférences de presse, avait encore fermé avec éclat deux portes: à l'entrée du Royaume-Uni dans le Marché commun; aux accords de Nassau du 21 décembre 1962 (entre Kennedy et Macmillan) visant à accorder un statut privilégié en matière atomique aux Anglo-Français au sein de l'OTAN. La force de frappe de la France sera intégralement et exclusivement française ou ne sera pas!

L'idée américaine d'une force nucléaire multilatérale (ou MLF: *Multi Lateral Force*), pour donner quelque satisfaction à la fierté allemande sans accorder d'armes atomiques à la République fédérale, était ressentie par de Gaulle comme un affront destiné, en outre, à ternir l'éclat et à diminuer la portée du récent traité franco-allemand de coopération du 22 janvier. De l'aigre-doux, les rapports franco-américains passaient à la bouderie. De Gaulle ne répondit même pas à l'offre de Kennedy, alors en voyage en Europe, de le rencontrer n'importe où. La France, qui avait été capable de se constituer une force atomique autonome, pouvait se passer des secrets nucléaires américains. Et de Gaulle de continuer à poursuivre son *grand dessein* d'«une Europe de l'Atlantique à l'Oural»[12] avec son projet d'une forte Europe des Six dont la France, c'est-à-dire lui, exercerait le leadership naturel entre les deux Grands extra-européens.

Alors que la tension de la guerre froide se relâchait entre Soviétiques et Américains, une *nouvelle guerre froide*[13], interférant avec la première, éclatait entre Pékin et Moscou. Il n'y avait eu aucun effet de surprise: les prodromes remontaient au moins à 1957 et les polémiques entre les révisionnistes khrouchtchéviens et les néo-dogmatistes de Pékin et de Tirana n'avaient pas cessé par la suite. Le ton était devenu spécialement acerbe après la crise des missiles à Cuba. Quelques jours avant la signature du traité du 5 août, les dirigeants de Pékin avaient publié un communiqué violent dénonçant cette «grande supercherie», par laquelle le Kremlin avait «capitulé» et «vendu les intérêts» de tous les peuples épris de paix, spécialement de ceux du camp socialiste. Disant se baser sur des «faits incontestables», les dirigeants chinois soutenaient que «la politique poursuivie par le gouvernement soviétique était de s'allier avec les forces de guerre pour s'opposer aux forces de paix, avec l'impérialisme pour s'opposer au socialisme, avec les États-Unis pour s'opposer à la Chine».

Une attaque aussi outrancière allait susciter une réponse non moins virulente, teintée d'humour noir, des chefs du Kremlin: «Quelqu'un a-t-il demandé aux Chinois qui se vouent d'avance à la mort, s'ils sont d'accord pour servir d'aliments au bûcher de la guerre nucléaire et des missiles, s'ils ont habilité la direction de la RPC à commander d'avance leurs funérailles?[14]» Quelques années plus tôt, Lin Biao[15], alors ministre de la Défense et héritier désigné de

Mao, avait affirmé qu'il n'y avait pas suffisamment de bombes atomiques dans le monde pour détruire tous les villages chinois! Et allait continuer pendant des années la guerre des propagandes injurieuses entre les deux grands du communisme mondial.

Le schisme entre Pékin et Moscou se consommait le 14 juillet, la veille de l'ouverture des négociations de Moscou sur l'arrêt des expériences nucléaires. L'année suivante, la Chine fera exploser sa première bombe atomique. Dans quelle mesure cette rupture idéologique entre communistes chinois et soviétiques avait-elle enlevé les dernières réticences de Khrouchtchev, lui-même sous la pression de ses propres «durs» de Moscou, pour mener à bien la conclusion du traité? Ou l'inverse: le schisme s'est-il consommé sans espoir de réconciliation à cause des provisions du traité, s'ajoutant à l'infamie du recul de Khrouchtchev à Cuba? Voilà un point sur lequel les experts de cette nouvelle science de la *sinosoviétologie* n'ont pas fini de débattre.

On peut se contenter d'enregistrer le caractère flagrant de cette opposition radicale entre Pékin et Moscou en cette année 1963, et qui allait durer encore longtemps. La capitale chinoise reçoit diverses missions commerciales et bénéficie d'ouvertures de crédit à long terme; ses dirigeants rouvrent l'affaire du Sin-kiang dont le contentieux des frontières remonte à l'époque tsariste. Zhou Enlai annonce la préparation d'une nouvelle rencontre du tiers monde et fait en Afrique une spectaculaire tournée, à certains égards efficace grâce à son charme personnel comme à l'époque de Bandung, en présentant à ces jeunes nations pauvres un modèle autre que le soviétique d'une véritable société socialiste. L'année 1963 consacrait la bicéphalie du communisme mondial: au socialisme «riche», c'est-à-dire bourgeois et révisionniste de l'URSS, ne se contente plus de se juxtaposer mais s'oppose effectivement le socialisme «pauvre», c'est-à-dire révolutionnaire et dogmatique de la Chine. Au tournant de 1963, la consécration de ce schisme Pékin-Moscou se situe au même plan d'importance que le début de la réconciliation entre Washington et Moscou.

L'année suivante qui marque le quinzième anniversaire de l'OTAN (1949-1964), le problème majeur est la politique nucléaire de l'alliance. Après la dissidence française se pose la question aiguë de savoir si les Allemands auront le «doigt sur la gâchette atomique». Les Britanniques proposent une force multilatérale (*Atlantic Nuclear Force*) à laquelle pourraient participer tous les membres de l'alliance. Cette force serait constituée de navires de surface, armés de fusées Polaris à ogives américaines, et dont les équipages seraient internationaux. L'analogie avec la Communauté européenne de défense de 1952 est assez frappante — les forces terrestres en moins et les ogives nucléaires en plus. L'Allemagne de l'Ouest est enthousiaste, le chancelier Erhard comptant même que l'adoption d'un tel projet faciliterait son élection de l'année suivante. L'attitude du Royaume-Uni, le troisième membre du club nucléaire, est plus équivoque, d'autant que les travaillistes, par tradition nettement opposés aux armements atomiques et nucléaires, gagnent du terrain dans la campagne électorale. Elle les portera au pouvoir en octobre sous la direction de Harold Wilson. Enfin, la position française est claire et reste intransigeante comme la grande voix qui l'exprimait depuis quelques années.

Le projet de cette nouvelle force semble plus ou moins dirigé contre la France, déclare le ministre français des Affaires étrangères, Couve de Murville. De Gaulle, qui a poursuivi sa politique de prestige à l'échelle mondiale (reconnaissance de la Chine de Mao en janvier; grande tournée en Amérique latine à l'automne), se déclare partenaire libre dans une politique de «concertation» avec les partenaires de l'alliance et proclame surtout qu'est révolue l'époque où la France était une alliée inconditionnelle sous le parapluie atomique des États-Unis. Comme à l'époque de la CED, les dirigeants américains crurent préférable de ne pas forcer l'adoption du projet devant la résistance de cette espèce de monument historique vivant et qui prétendait parler au nom de l'Europe unie [16].

La politique à l'intérieur du bloc de l'Est est encore plus turbulente. Khrouchtchev avait réussi à faire exclure du PC soviétique le groupe Molotov au début d'avril. Son pouvoir personnel apparaît plus fort que jamais, surtout lors de la célébration de son soixante-dixième anniversaire de naissance le 17 avril, qui prend l'allure d'une cérémonie d'hommages que viennent lui présenter les leaders communistes européens. Il courtise Ben Bella, proclamé «héros de l'Union soviétique» le 25 avril lors de la visite du chef du gouvernement algérien à Moscou; quinze jours plus tard, il rend visite à Nasser en République arabe unie et lui décerne la même décoration flatteuse. Mais cette courtisanerie de type honorifique en faveur des leaders arabes constitue à peine une diversion à la préoccupation essentielle: la brèche qui continue à s'élargir entre les deux grands du communisme mondial.

Pékin publie à grand fracas le dossier de sa correspondance secrète avec Moscou comme pour clouer au pilori les maîtres révisionnistes du Kremlin et refuse de participer à une Conférence mondiale des partis communistes apparemment destinée à condamner la ligne dure que poursuivent les dirigeants chinois. Après quelques hésitations, Moscou convoque en août une réunion préparatoire à la Conférence mondiale projetée depuis avril. La riposte chinoise est donnée en coup de massue: «Le jour où vous convoquerez cette conférence schismatique, vous aurez commencé à creuser votre tombeau». Khrouchtchev avait la métaphore plutôt nutritive en faisant à Budapest l'éloge de la goulache hongroise...[17]. Il continue à pratiquer la diplomatie personnelle et itinérante: depuis un an, il fait un voyage tous les deux mois en moyenne[18].

À l'automne 1964, deux *explosions*, coup sur coup, retentirent à travers le monde: Khrouchtchev, cet étonnant héritier extroverti de Staline, était limogé; la capitale chinoise était fière d'annoncer qu'elle possédait la bombe atomique. C'était, mois pour mois, le quinzième anniversaire de deux événements analogues en leur inversion: octobre 1949, Mao avait imposé son contrôle sur toute la Chine continentale et le président Truman avait confirmé l'enregistrement, par les services de détection américains, de la secousse d'une première bombe atomique en territoire soviétique.

On avait beau savoir que les Chinois fabriqueraient incessamment leur bombe atomique, que leur premier physicien atomiste avait fait ses classes sous Joliot-Curie avant la guerre, c'était tout de même une nouvelle d'importance que cette entrée de la Chine dans le cercle des puissances atomiques. On se rassurait à bon compte en disant que cette première bombe chinoise n'avait qu'une portée militaire dérisoire à côté du potentiel des arsenaux nucléaires des deux Grands ou que les Chinois, sachant désormais de quoi il retournait, deviendraient en quelque sorte plus responsables en ce domaine. Il n'en demeurait pas moins que la Chine sans l'URSS, comme auparavant l'URSS sans les USA, savait convertir la puissance de l'atome à des fins militaires, éventuellement guerrières. Cette nouvelle ne manquait pas d'impressionner les autres peuples de couleur: la grande patrie du «communisme pauvre», qui partait de si loin, savait se donner les moyens de la puissance militaire moderne. Ce ne serait plus qu'une question de temps (dès 1967) avant qu'elle ne mette au point la bombe H. Un collaborateur du *Bulletin of the Atomic Scientists* voyait dans l'explosion de la bombe atomique chinoise l'«événement militaire le plus important en Asie depuis 1904, alors que le Japon battit la Russie impériale» [19].

L'autre «explosion», la politique, fit un tour du monde encore plus retentissant: le limogeage du maître du Kremlin à la mi-octobre 1964. On s'était habitué à Khrouchtchev. Le bonhomme avait une rondeur sympathique, sauf quand il chargeait dans son rôle de vilain au sommet de Paris 1960 jusqu'au soulier sur la table à l'ONU, ou lorsqu'il faisait entourer Berlin-Est de barbelés ou d'un mur bétonné — et encore on lui trouvait des circonstances atténuantes en supposant qu'il était peut-être soumis à la pression d'un révolver dans le dos! On l'avait déjà mis en minorité au moins deux fois au Praesidium, ce qui, dans un tel système, ne lui laissait pas d'autre choix que d'éliminer un paquet de rivaux. Du moins, contrairement à Staline, il les éloignait, les mettait au réfrigérateur politique; il ne les tuait pas! Ce chantre sur tous les tons de la coexistence pacifique avec sa manie de réclamer une conférence au sommet à tout propos, avait su faire montre de sa responsabilité ultime en reculant avec dignité lors de la crise des Caraïbes de 1962. Pour tout dire, il paraissait plus rassurant que l'ancien «sphinx du Kremlin», pourtant plus prudent.

On n'aimait pas véritablement Khrouchtchev mais il était un élément humain dans l'ensemble du décor assez peu souriant de la guerre froide. Avec Kennedy, au destin encore plus tragique, il formait le parfait couple antinomique dont l'action avait entraîné la plus extrême *tension* et la *détente* la plus réelle et la plus prolongée[20]. C'était un fonceur. Il ne se laissait pas inhiber par toutes les conséquences prévisibles, mais il réfléchissait aussi et avait une plus grande faculté de retenue qu'on ne l'a dit, ou que l'acte d'accusation le soutenait: «échevelé, hurluberlu, faiseur de phrases, maniaque du commandement»[21]. Le pouvoir soviétique allait désormais s'incarner dans le tandem Brejnev et Kossyguine, sans couleur et impénétrables, à la place de sa bonne bouille d'ancien métallo russe, qui avait, semble-t-il, fini par céder à son penchant pour le «culte de sa personnalité» ou à son esprit de famille trop prononcé, surtout en faveur de son gendre, Adjoubei, dont il avait fait son homme de confiance. Les soviétologues n'ont pas fini de débattre des causes profondes ou accumulées, ni de l'occasion prétexte de son limogeage que personne n'avait prévu, du moins pas à ce moment-là[22].

L'attention des chancelleries se concentrera désormais sur la ligne politique étrangère de ses successeurs. Les paris étaient ouverts: ceux qui misèrent sur un retour à la ligne dure perdirent, ce qui laissait supposer que la chute de Khrouchtchev était due à des raisons de politique intérieure. Seul changement notable dans l'immédiat: la Conférence mondiale des partis communistes fut ajournée en mars suivant. Le spécialiste chinois de l'«opération charme», Zhou Enlai, alla même visiter les successeurs du révisionniste tant honni par les dirigeants chinois. La suite des événements allant le démontrer, cette rencontre n'atténuera pas l'intensité de la guerre idéologique entre Pékin et Moscou. Deux ans après la crise de Cuba, on s'interrogeait encore sur cette *nouvelle guerre froide* mais sans renversement des alliances: les États-Unis ne s'étaient pas rapprochés de la Chine au moment où celle-ci rompait rageusement avec l'Union soviétique, non plus que la France ne s'était posée en adversaire de l'allié traditionnel d'outre-Atlantique en prenant de façon hautaine ses distances avec le leadership américain au sein de l'OTAN.

II. De la cogérance à la non-dissémination nucléaire

On a peut-être célébré trop tôt la «mort» de la Guerre froide[23], encore capable de récurrence en cette période de Dégel peut-être transitoire. Son langage n'était pas devenu tellement désuet, qui commandait encore des attitudes de pensée d'hier, non seulement chez les analystes perchés à la hauteur de Sirius mais chez les cogérants, au jour le jour, de cet après-Guerre froide. Car les gouvernants américains et soviétiques vont se comporter comme des *managers* de deux gigantesques machines de puissance qui ne peuvent pas plus s'empêcher de tourner que de s'affronter. Leur préoccupation primordiale, bien qu'inavouée, est maintenant d'expliciter un minimum de règles, jusque-là tacites, pour prévenir une involontaire collision. En priorité: éviter les erreurs techniques dans la transmission de l'information à l'autre partie. D'où la première précaution de la *ligne rouge*[24], puis la reconnaissance du caractère encore plus privilégié que naguère des relations diplomatiques entre les deux Grands dans leur capitale respective, enfin l'établissement graduel d'un code opérationnel de conduite réciproque.

L'interdépendance des opposants classiques de la guerre froide apparut de façon manifeste lors de la rencontre Kossyguine-Johnson de Glassboro en juin 1967. Le fait même de la tenue de ce petit sommet était l'indication claire que les Grands viseraient plus que jamais à ce que ne leur échappe pas le contrôle des situations périlleuses créées par d'autres. D'abord celle du Proche-Orient, où venait de se produire la guerre des Six Jours, ou du Viêt-nam où l'un, indirectement impliqué, affronte l'autre avec modération; ou encore des situations nouvellement plus rassurantes comme la question allemande, alors en période d'accalmie propice à d'éventuels arrangements sur l'éternelle question de la sécurité européenne.

D'autres sujets d'intérêt commun rassemblaient les interlocuteurs de ce nouveau «camp David», qui ne sera pas suivi des désastreuses conséquences de celui de 1959, entre Khrouchtchev et Eisenhower: en premier lieu la non-dissémination des armes nucléaires, question d'autant plus pressante que la Chine a maintenant sa propre bombe H; ensuite, le développement d'antimissiles en URSS alors que les USA projettent de se constituer une panoplie semblable. Les interlocuteurs de Glassboro furent remarquablement peu loquaces après la rencontre: leur «franche explication» incluait très probablement une discussion des programmes de production de ces antimissiles dont le coût serait exhorbitant si elle s'étalait sur un trop court laps de temps[25]. La programmation de leurs exploits sidéraux satisfaisait leur désir de prestige, mais les charges en devenaient fort coûteuses.

Lors de son discours d'inauguration du début de 1969, le président Nixon annonce l'ère de la «négociation» après celle de la longue «confrontation» avec l'URSS. Cette ère de la négociation était déjà commencée depuis la fin de 1962. Lors des crises aiguës de 1970 (Proche-Orient, Viêt-nam et Cambodge), l'idée d'un nouveau Glassboro sera plus d'une fois relancée. Bien qu'elle ne se soit pas concrétisée, la persistance de ce projet continuait à entretenir l'idée d'une certaine forme de duumvirat pour les règlements de questions dont la gravité excède les possibilités d'une cogérance plus lointaine. Plus que jamais, les deux Grands se reconnaissent les seuls aptes à la supervision du jeu essentiel. Ils ne s'envoient guère d'invectives au plan officiel, mettent une sourdine à leur propagande et à leur contre-propagande. Leurs vérités les plus crues leur sont servies, aux Soviétiques par Pékin et aux Américains par Paris. Même lorsque le premier secrétaire du Parti communiste de l'URSS ou le président des USA doivent s'accuser mutuellement (Viêt-nam, Saint-Domingue; Tchécoslovaquie ou mise en garde pour l'autonomie de la

Roumanie), ils continuent à le faire assez rudement mais sans prolonger indûment les attaques.

Dans l'ensemble, ils pratiquent ce que la *conflictologie* théorique appelle le *management* des crises ou des conflits. Une «stratégie de l'interdépendance»[26] se substitue peu à peu à celle de l'expansion et de l'endiguement de la Guerre froide classique et qui s'était transformée en un temps court (octobre 1962) en stratégie de l'affrontement direct et, ultimement, impossible. Jusqu'en 1962, les deux Grands agissaient en duopoleurs l'un contre l'autre; depuis 1963, les duopoleurs apprennent cahin-caha à se comporter l'un avec l'autre. L'après-Guerre froide est plutôt géré que dirigé par les deux Grands, mais qui la contrôlent moins directement que, naguère, l'évolution de leur propre Guerre froide.

La raison profonde du changement ne réside pas dans la seule menace du perturbateur chinois à l'irresponsabilité au moins verbale, ni même dans l'accaparement des problèmes intérieurs à ces vastes et complexes coalitions dont ils sont la tête. Ces deux facteurs entretiennent ou actualisent une raison profonde qui semble plutôt se situer à deux paliers: l'un, psychologique; l'autre, objectif. Le psychologique, c'est la croyance, non plus seulement hypothétique comme avant 1962, qu'aucune modification brusque ou mutation ne pourra s'effectuer dans la lutte pour la puissance et l'influence. C'est encore, au plan objectif, la reconnaissance que le *modus vivendi* au fil des années se perpétue par l'institutionnalisation d'un statu quo en train de devenir une espèce de structure constitutionnelle du monde.

Cette structure reste assez large pour permettre, par-delà les points d'opposition, des zones entières de compétition, car les deux Grands n'ont rien abdiqué d'essentiel dans leurs objectifs globaux idéologiques et contre-idéologiques. Des évolutions restent possibles où tantôt l'un, tantôt l'autre, pourra continuer à marquer des points; c'est encore admis, pourvu qu'une mutation foncièrement déséquilibrante ne se produise pas. On observera finalement que les *managers* de l'après-Guerre froide sont devenus plus précautionneux que les *leaders* de la Guerre froide d'hier.

La grande puissance extrême-orientale, ils l'ont perdue
à tour de rôle, les Américains en 1949, les Soviétiques en
1963: ils se retrouvent en état de hantise commune devant le
gigantisme chinois, mais qui n'est pas encore un danger
immédiat pour aucun d'eux. Cuba, qu'ont perdu les Américains, est tolérable sous le protectorat responsable de l'URSS
et serait inacceptable sous celui de la Chine qui, du reste,
n'en aurait pas les moyens. Un Japon devenant militariste et
une Inde se communisant mettraient l'un et l'autre des deux
Grands aux aguets; mais les éventualités sont fort peu proba-
bles. Moscou, ayant toléré que Washington rétablît préventi-
vement l'ordre à Saint-Domingue en 1965, s'attendait que
soit comprise sa répression préventive en Tchécoslovaquie en
1968. Washington a dû accepter la défection *de jure* de la
France au sein de l'alliance militaire de l'OTAN; Moscou, la
participation réticente de la Roumanie à l'Organisation du
Pacte de Varsovie. L'un et l'autre Grand tolèrent un nain qui
les défie: Washington, Cuba; Moscou, l'Albanie. L'Indonésie d'après Sukarno, qui interrompt une évolution prochi-
noise, les satisfait en même temps. Sur les théâtres indochinois et proche-oriental, les deux Grands restent en aussi
inconfortable situation envers leurs alliés qu'en rapport à
eux-mêmes. Mais, sur ce dernier théâtre, pour que des formules d'accommodements déjà esquissées deviennent facteurs de stabilisation réelle entre Israël et ses voisins, ils
auront à fixer des crans d'arrêt à leur rivalité mutuelle. La
politique de symétrie ne garantit pas des effets indéfinis
d'équilibration dans cette région.

Au point d'origine de leur guerre froide, les deux
Grands, après vingt-cinq ans d'affirmations parfois quasi
belliqueuses d'incompatibilité de leurs solutions allemandes,
ont enfin commencé un désistement qui reste encore condi-
tionnel. À partir du moment où Allemands de l'Ouest et de
l'Est ne nourrissent plus le rêve de l'impossible réunification,
Washington et Moscou sont tout prêts à endosser le procès-
verbal de carence que les premiers intéressés auront eux-
mêmes signé. Même attitude au sujet de la reconnaissance de
la ligne Oder-Neisse. La preuve est maintenant archifaite

que la force terrifiante des deux Grands est strictement inutilisable pour modifier une impasse continue depuis un quart de siècle. Aussi, le dégel devient-il surtout apparent au point de départ de leur querelle fondamentale.

La recentration européenne de la Guerre froide avait déjà été perceptible à la fin de la décennie précédente lorsque Khrouchtchev avait ouvert la longue crise de Berlin, en 1958, qui devait durer jusqu'au dérivatif, inattendu et combien plus risqué, de l'affaire cubaine de 1962. Que les arrangements grinçants de Yalta ou plutôt l'avance préalable des armées soviétiques au cœur de l'Europe[27] aient signalé le départ d'une Guerre froide à la fois incongrue et terriblement logique, le dernier lustre des années quarante avait été rempli par les clameurs des difficiles ajustements des deux Grands sur la ligne de rencontre de leurs armées victorieuses.

Après le blocus de Berlin en 1948-1949, la constitution des deux Allemagnes, l'intégration militaire de l'Europe de l'Est et la formation de l'Alliance atlantique allaient fixer, sans la figer, la situation européenne pour dix ans à venir. En 1950, après le déclenchement du conflit coréen, la Guerre froide se déplacera sur les théâtres lointains d'Extrême-Orient pour une autre période de cinq ans. L'«esprit de Genève», au milieu de la décennie, fut la double reconnaissance par les deux *tuteurs* extra-européens que, ne pouvant déplacer la ligne du rideau de fer sans guerre, les Européens des deux côtés, et surtout les Allemands, n'auraient qu'à s'en satisfaire comme eux-mêmes avaient bien été forcés de s'en accommoder. C'est pour toutes ces raisons qu'il a été établi plus haut que le sommet de Genève de 1955 consacrait la première grande détente de l'après-guerre.

Mais au moment où Khrouchtchev lança son *ultimatum* sans le mot au sujet de Berlin-Ouest en 1958, c'est l'«Allemagne objet»[28] et les Allemands sujets qui redevenaient le centre éventuellement explosif de la Guerre froide. Treize ans après Potsdam, rien de fondamental n'avait été changé; rien n'allait plus pouvoir bouger. La sévère leçon, que s'étaient administrée les deux Grands lors de leur affrontement des Caraïbes en octobre 1962, trouvait sa première application de pra-

tique diplomatique en Europe. Les Américains, qui n'a-
vaient jamais cru à l'utopie de la *roll-back* et de la *liberation
policy* lancée sous Dulles, pouvaient s'accorder au moins un
satisfecit pour leur politique du *containment* au moment où
Khrouchtchev, un an après la crise cubaine et un an avant sa
disgrâce, proclamait sa foi dans le maintien des «frontières
fixées par l'histoire»[29]. Dans son esprit, il incluait l'«histoire»
récente de 1944-1945 qui avait vu, par la marche victorieuse
de l'Armée rouge[30], l'URSS s'octroyer une moitié de l'Europe. La seule frontière qu'il ne pouvait accepter était cette
monstruosité de Berlin-Ouest, insupportable avant-poste de
la provocation occidentale au point le plus précaire de l'*imperium soviétique*, cette «arête dans ma gorge...» comme il disait.

Quand Kennedy, à portée de voix du mur de la Honte,
proclama que Washington risquerait la sécurité des villes
américaines pour celle des Berlinois de l'Ouest, les portes des
deux parties de l'ancienne capitale prestigieuse devinrent
comme cadenassées pour un temps défini. Il n'y avait plus
qu'à en admettre les conséquences européennes de part et
d'autre. Elles se résument en ceci qu'«au moins depuis 1962-
1963, l'évolution a tendu de plus à faire prévaloir le cadre
Est-Ouest et paneuropéen sur les cadres intra-occidental et
intra-oriental, et a permis d'assister à l'affaiblissement graduel des deux zones intra-européennes»[31]. Cette évolution
n'était pas encore très avancée en 1970, mais sa signification
pour l'heure et sa portée pour l'avenir doivent s'apprécier
par référence à la situation prévalant entre 1945 et 1962. La
suite de l'histoire apparaissait liée au destin singulier de l'ancien maire de Berlin-Ouest, Willy Brandt, peut-être, au
total, moins mal placé que de Gaulle, ayant en tout cas plus
d'années devant lui pour jouer le rôle de grand réunificateur
européen[32].

Les managers qui assument des responsabilités trop
lourdes ne sont pas à l'abri de réflexes d'irritation dont l'accumulation peut déclencher des décisions de peur. La «révision déchirante» de Brejnev l'amena à décider le 21 août
1968. Et les Américains, non pas d'applaudir..., mais de
n'être pas autrement étonnés d'un second «coup de Prague»

après celui de 1948. Ce roulement des blindés sur Prague aura montré que l'osmose partielle des deux Europes ne suffisait pas à fonder l'espoir d'en faire, un jour, une seule qui pourrait forger éventuellement son destin en deçà du coprotectorat des deux Grands. Justement, la question s'est posée d'une connivence entre eux: les Américains, qui auraient prévu l'intervention soviétique, l'ont laissée faire. Ce ne sont pas eux mais les durs et purs de Pékin qui comparèrent le comportement des maîtres du Kremlin à celui des Nazis. La gauche, communiste ou non, des pays occidentaux se remet plus difficilement du 21 août 1968 que de la répression sanglante du 4 novembre 1956 en Hongrie.

L'OTAN et l'Organisation du Pacte de Varsovie auraient-elles dans la conjoncture globale des relations inter-Grands moins d'avenir que les organismes économiques de la Communauté européenne et du COMECON? L'Europe, en ses deux versants, a appris tout au moins à devenir plus agissante depuis la mi-décennie soixante. Pour s'être faite de façon subreptice et par des modes polyvalents ou même équivoques, cette réaffirmation d'une Europe si diverse entre, et à l'intérieur de, ses deux familles est un des traits fondamentaux de cet après-Guerre froide. Cette évolution s'est produite sous l'œil attentif des deux cogérants même si, en l'occurrence, l'un, qui a des titres géostratégiques et idéologiques plus pressants, *gère*, dans sa propre Europe, d'une manière plus autoritaire et immédiate que l'autre...

*   *   *

Le fondement objectif de la politique de détente, garantie par la cogérance des deux Grands, ne réside pas en leur seule cœxistence mais, grâce à celle-ci, dans la perpétuation devenant possible de l'humanité à l'âge thermonucléaire et balistique. S'il y a un principe moral à leurs droits de comanagers militaires, ce ne peut être que celui-là. Nous entrons dans le monde des sigles mystérieux et terrifiants des ICBM et surtout des MIRV contre lesquels les réseaux ultra-coûteux des ABM n'offrent déjà plus qu'une protection partielle ou aléatoire[33]. Les espoirs d'un monde, auquel serait épargnée l'explication ultime entre les Grands, trouveraient leur traduction implacable dans les équations et trajectoires que les dialoguistes des SALT vont tracer sur le papier pour se faire comprendre les uns des autres.

Il a fallu cette espèce de «surchauffe» dans l'équilibre ascendant de la terreur pour que les deux Grands, avec un an de retard à cause de l'invasion soviétique en Tchécoslovaquie, se mettent enfin à table à Helsinki à l'automne 1969, puis à Vienne au printemps 1970, pour reprendre, avec un optimisme très mesuré mais de bon aloi, une troisième ronde d'entretiens de nouveau à Helsinki au début novembre 1970. Sur le plan technique, il n'y a pas de limite au développement des moyens de destruction; mais, dans la mesure même de leur perfectionnement, ils deviennent comme des armes à deux tranchants ou faisant boomerang, susceptibles de détruire en même temps celui qui y recourrait. Il faudra pouvoir s'arrêter en deçà des armes chimiques et bactériologiques (ACB), à la bombe «anti-matière» et autres joyeusetés qui n'appartiennent plus au domaine de la science-fiction. Les SALT sont évidemment ultra-secrets. Le seul fait que ces conversations (*talks*) aient lieu devenait l'événement militaire le plus important depuis Hiroshima, vingt-cinq ans plus tôt.

Il ne s'agit pas de désarmement ni de stricte limitation des armements, mais plutôt d'armement contrôlé en régime de duopole — tout comme deux firmes se faisant connaître mutuellement leurs plus récents brevets d'invention ou l'échéancier de la production à venir... Il s'agit de *penser* (politiquement) l'*impensable* (militairement) afin que celui-ci ne se produise pas et, pour cela, il importe d'être informé des intentions de production et surtout des programmes en cours. Dans la discussion, on n'a pas à s'étendre sur l'évaluation de la nature de la menace, pourtant capitale; dans la course effective aux armements, seule la peur peut la freiner mais non l'arrêter complètement, ce dernier but impliquant qu'on n'aurait plus peur du tout. Les deux Grands n'ont pas attendu les années 1970 pour commencer à avoir peur non seulement pour eux-mêmes et pour les autres, mais, plus prosaïquement pour leur budget militaire et de recherche qui n'est pas définitivement extensible. Autant de raisons pour ne pas porter ces conversations sur la place publique. Rien n'est plus conforme aux objectifs et machinations secrètes de type duopolistique. Les SALT ont été lancés pour devenir le sanctuaire ultra-secret d'une désormais impossible «libre entreprise» des œuvres de destruction massive.

Pour qu'ils en soient — enfin! — arrivés là, il a fallu qu'ils s'aperçoivent que la seule supériorité technico-militaire n'est pas ce qui rend la dissuasion crédible. Les deux tendent à une parité, au moins autant consciente qu'objective, qui n'est pas une égalité stricte en un domaine où la symétrie doit toujours se refaire. Si l'hypothèse déjà exposée (la disparité ou *écart* de puissance suscitant la tension, la tendance à la *parité* étant plutôt favorable à la détente) reste valide en période d'après-Guerre froide, ce serait l'explication structurelle de la détente prolongée[34] depuis 1963. Le traité sur la non-dissémination des armes nucléaires en devient une autre confirmation éclatante. Ceux que Wright Mills appelait les «métaphysiciens militaires»[35] aux États-Unis se parlent dans les yeux avec leurs équivalents de l'Union soviétique: il aura fallu la conjugaison de développements technologiques effrénés et de vingt-cinq ans d'antagonisme inter-Grands pour en arriver là. Maintenant devenus prisonniers de leur puissance trop grande, les paralysant l'un par rapport à l'autre, les deux Grands se trouvent aussi, sans le vouloir explicitement, à accorder une plus grande liberté d'action aux «petits...» S'est-on moins battu un peu partout dans le monde de 1963 à 1970 que dans les premières dix-sept années de l'après-guerre?

Dans le sillage du traité sur l'arrêt des expériences nucléaires de 1963, Américains, Soviétiques et Britanniques avaient conclu, moins d'un an plus tard, un accord pour la réduction de la production de matières fissiles à des fins militaires (le 20 avril 1964). Les stratèges soviétiques, qui en étaient encore à la conception des représailles massives de John F. Dulles, entreprirent de se *recycler* et commencèrent à parler de la doctrine de la réponse flexible et graduée qu'avait exposée le ministre américain de la Défense, McNamara, dès le mois de mai 1962. Il n'y a désormais plus de seule riposte pensable que celle qui causerait un holocauste universel. En un trait lumineux, Raymond Aron résumera ce qui était en train de se passer: «Les débats passionnés des années 1961-1963 se terminent non pas faute de combattants mais *faute d'intérêt pour le combat*» [36].

Déjà l'idée de la non-prolifération des armes nucléaires, à laquelle étaient en principe acquis les duopoleurs en tendance paritaire, gagnait des adeptes dans nombre de capitales, bien qu'en France des théoriciens militaires continuaient à justifier, sur le plan stratégique, la thèse contraire [37]. Pour leur part, les Chinois ne semblaient chercher d'autre justification que dans l'affirmation de leur dogmatisme révolutionnaire absolu. Lorsqu'en 1964, les Soviétiques devinrent convaincus que le «Comité McNamara» de planification nucléaire n'annonçait pas un nouveau danger pour eux, Gromyko commença à pousser le projet du traité portant sur la non-dissémination nucléaire. Aidé à la fin de l'année par un vote de trois résolutions de l'Assemblée générale de l'ONU l'endossant par avance, le projet avait de bonnes chances d'aboutir. Seront plus tard (en janvier et février 1967) conclus, d'abord sous l'égide de l'ONU, l'accord portant sur l'utilisation de l'espace à seules fins pacifiques et, comme une séquelle bénéfique de l'alerte de Cuba en 1962, le traité sur la dénucléarisation de l'Amérique latine.

Après plus de quatre ans de négociations difficiles, les deux Grands présentaient le 31 mai 1968 à la commission politique de l'Assemblée générale de l'ONU le texte définitif du projet de traité portant sur la non-dissémination des armes nucléaires. Ce texte définitif contenait une innovation importante à son article 4, stipulant comment les pays non nucléaires pourraient bénéficier des avantages découlant des applications pacifiques de l'énergie nucléaire. Portant sur le contrôle, l'article 6 était évidemment la clé de voûte du système à instaurer «en vue d'empêcher que l'énergie nucléaire ne soit détournée de ses utilisations pacifiques vers des armes nucléaires ou d'autres dispositifs explosifs nucléaires». Au lieu des vilains mots de «contrôle» ou d'«inspection», le texte parlait de «modalités d'application des garanties requises»[38]. C'était certes selon l'expression du président américain «le plus important accord en matière de désarmement depuis le début de l'âge nucléaire»[39], l'«événement marquant dans l'effort de l'humanité pour éviter le désastre nucléaire»[40]. Les dirigeants de Moscou parlaient le même langage.

À la dernière phase toutefois, les hésitations du gouvernement américain, tiraillé entre les partisans du désarmement et les «cliques européennes du département d'État», firent obstacle et non pas les réticences bien connues de l'Allemagne fédérale devant ainsi accepter, tout à côté de la France, de n'être jamais puissance nucléaire. Finalement l'URSS acceptera de faire des concessions importantes sur les «modalités d'application des garanties requises». En mars, les trois puissances nucléaires prenaient l'engagement de passer à une «action immédiate» par l'intermédiaire du Conseil de sécurité dans le cas où un État non nucléaire serait attaqué ou menacé d'être attaqué par une puissance nucléaire. Les pays non engagés, l'Inde à leur tête, avaient peut-être insisté sur cette disposition de protection automatique avec l'arrière-pensée qu'un jour Pékin pourrait payer d'audace ... Moyennant cette supergarantie requise, le vote à l'Assemblée générale fut massivement en faveur du projet du traité par un vote de 95 voix contre 4 dissidences attendues (l'Albanie, Cuba, l'Inde pour des raisons un peu paradoxales[41] et... la France, rejoignant la Chine de Mao dans son refus systématique) et 21 abstentions, dont beaucoup d'États africains dans l'espoir sans doute illusoire de pouvoir influer, un jour, sur l'évolution du problème sud-africain.

Le 1er juillet, une soixantaine de pays signaient le traité à Washington, Moscou ou Londres, capitales des États qui en avaient parrainé conjointement le projet; d'autres pays depuis lors y ont adhéré et quelques-uns se proposaient de le faire. Ce traité, assorti d'une supergarantie des trois grands du club nucléaire d'origine[42], est le principal résultat positif de vingt années d'obsession atomique. Le platonique pacte

Briand-Kellogg de renonciation à la guerre de 1928, à l'époque de la Société des Nations, ne comportait aucune garantie analogue.

Dans le prolongement du traité de non-dissémination des armes nucléaires, Gromyko annonçait devant le Soviet suprême à la fin mai 1968 que l'URSS était maintenant prête à un «échange d'opinion» avec les USA sur l'ensemble de la question des missiles et des antimissiles[43] comme l'avait proposé dix-sept mois plus tôt le président Johnson. En outre, une résolution de l'Assemblée générale de l'ONU, en date du 20 décembre, réclamait l'étude de la menace encore plus terrifiante pour l'humanité, celle de l'ACB (armes chimiques et bactériologiques ou biologiques). Un rapport rédigé par les experts de quatorze pays, à la demande du secrétaire général de l'ONU, sera déposé un an après, jour pour jour, la signature du traité sur la non-dissémination des armes nucléaires (le 1er juillet 1969). Afin de renouveler le «protocole concernant la prohibition de l'emploi à la guerre de gaz asphyxiants, toxiques ou similaires et de moyens bactériologiques», signé à Genève le 17 juin 1925, il importait que l'humanité se rende compte de dangers encore plus effroyables que ceux de la guerre balistique et thermonucléaire.

Depuis ce rapport scientifique, les hommes d'État n'ont pas le droit d'oublier l'avertissement politique de ses auteurs: «Le premier pas vers cette forme de guerre étant franchi, l'escalade est probable et nul ne sait où ce processus peut conduire... L'existence des armes chimiques et bactériologiques (biologiques) non seulement ajoute à la tension internationale, mais leur développement accélère la course aux armements sans pour autant contribuer à la sécurité d'aucun État.» En attendant, la pollution urbaine et industrielle, dont on commence à peine à se rendre compte de l'ampleur des méfaits, suffit à nous empoisonner petit à petit...

Les deux Grands ont continué de cogérer l'après-Guerre froide en portant une attention spéciale aux États qui, ayant les moyens de se donner des armes nucléaires, peuvent s'en reconnaître la vocation pour assurer leur survie (Israël vient tout de suite à l'esprit). N'ayant pu empêcher la Chine et la France de se donner un arsenal nucléaire, ils s'en sont remis, non pas à leur écrasante supériorité combinée sur ces deux *deviants*, mais à leur commune détermination d'entraver la prolifération de ces armements dans d'autres pays. Les actions chinoises et les intentions françaises n'appellent pas la cote d'alerte. Si elles sont clairement dérogatoires, elles n'apparaissent pas encore perturbatrices du système duopolaire. Chacun des deux Grands a risqué — et perdu — la solidarité d'un allié de tout premier plan pour le principe du maintien de ce duopole nucléaire.

Mais la France gaullienne de la force de frappe n'a jamais inquiété Moscou et Washington qu'à cause de l'Allemagne fédérale tout près qui, à défaut de pouvoir s'en donner une, aurait pu avoir le «doigt sur la gâchette atomique». Ce qui était intolérable à Moscou ne pouvait être défendable à fond par Washington. Le traité sur la non-prolifération du 5 août 1968 est finalement arrivé, mais avec cinq ans de retard. Il s'agira de le rendre au maximum opérant pour «les autres»[44]. Reste la Chine, seule puissance nucléaire asiatique pour l'heure, qui fait officiellement fi des règles mais en tient compte dans les faits. Sa politique nucléaire n'est hasardeuse qu'en paroles et il est possible qu'elle lui vaille plus d'impopularité et de méfiance en Asie que de prestige dans l'ensemble du tiers monde.

Les deux Grands, aux premières rencontres des SALT, font l'apprentissage des dures lois techniques du *partnership* obligé, que les circonstances leur ont imposées les forçant à atténuer leur antagonisme fondamental qui, du reste, ne disparaîtra jamais complètement. De l'étrange fascination qu'ils exerçaient l'un sur l'autre, ils en viendront à passer à des modes de traiter *on a business-like manner* plutôt qu'à négocier entre opposants aux intérêts contradictoires. De négociateurs adversaires, ils ont été amenés à se considérer comme des associés rivaux, sachant le prix de l'enjeu global. Ils n'ont pas lieu de se féliciter de l'avoir simultanément compris sur le tard. Mais ils auront l'occasion de se donner mutuellement la preuve, pour ainsi dire opératoire, de leur coresponsabilité.

Plus elles dureront, les conversations du type SALT

seront la démonstration de leur efficacité et non pas l'inverse comme dans les négociations classiques de règlement des conflits. Un accord formel à entériner en un instrument juridique n'est pas le but exclusif de ces rencontres; elles permettront d'occuper le champ de la stricte compétence duopolistique en matière militaire. N'en sortiront pas d'éventuels protocoles à large adhésion comme l'ont été les traités sur l'arrêt des expériences dans l'atmosphère ou sur la non-dissémination des armes nucléaires. Les pourparlers SALT sont, pour ainsi dire, la première application technique de ce paradoxe tellement logique à force d'absurde: la course à des armements de plus en plus terrifiants aboutit à l'impossibilité de s'en servir plutôt qu'à des risques croissants de l'éclatement d'une guerre générale, du moins tant que durera la solidarité du duopole.

III. Du duopole à une certaine pluripolarité

Une certaine pluripolarité a toujours existé pendant la Guerre froide classique. Le phénomène est plus apparent dans cette période, mais une seconde constatation s'impose encore plus: la pluripolarité n'a pas encore donné lieu à des tendances oligopolistiques suffisantes pour déséquilibrer de façon notable le système duopolistique toujours dominant. Davantage: la bipolarisation, étant moins affirmée que pendant la Guerre froide, permet une plus souple pluripolarité politique, qui n'entraîne aucun affaiblissement du duopole fondamental mais ne serait même qu'une conséquence modale de l'affirmation de son maintien. Tous ces termes de «bipolarisation», «pluripolarité», «polycentrisme», et d'autres variantes en découlant, sont devenus la tarte à la crème de la littérature théorique sur l'après-Guerre froide. On trouve dans l'actualité suffisamment d'ingrédients pour complexifier le modèle trop simple que la sémantique routinière des «deux blocs» postulait. Ceux-ci, il est vrai, n'ont jamais eu de réalité vraiment effective qu'au long de la ligne du rideau de fer européen ou du 38e parallèle coréen ou encore de celle du détroit de Formose, soit aux théâtres premiers de la Guerre froide. C'est l'ubiquité potentielle de la politique extérieure des deux Grands qui incitait à croire à la bipolarité planétaire à force d'en parler. Était encore plus fictive, et le demeure, l'espèce de «tripolarité» que signalerait l'émergence du tiers monde non aligné[45]. Le propre du non-alignement est précisément la ferme détermination, le plus souvent doublée d'une chance, de n'être pas *polarisé* grâce à la dispersion géographique.

Ces restrictions dites, on était bien forcé de constater que depuis 1963, d'assez nombreux assistant-managers se reconnaissaient des droits de cogérance. Il y avait même un *supermanager* postulant, dont le bureau chef est à Pékin. Si, aux pires jours de la Guerre froide, l'antagonisme des deux Grands était encore loin d'assumer toute la réalité internationale, en cet après-Guerre froide restait encore plus large la frange des problèmes qu'ils laissent en dehors de leur querelle. Ils favoriseraient plutôt le maintien du neutralisme en certaines régions pour pratiquer l'économie de leurs ressources ou l'étalement de leurs engagements. À moins que ce ne soit, de façon encore plus intéressée, pour amortir des pénétrations ou intrusions chinoises: en Afrique subsaharienne, en Amérique latine[46], dans l'Inde, en Indonésie. Les règles du jeu dualiste sont restées les mêmes entre les deux duopoleurs, mais il se produisait comme une contraction volontaire des *marchés* à occuper. Ce phénomène s'esquissait, dès la fin des années cinquante, avec les campagnes itinérantes de Khrouchtchev plaidant la coexistence pacifique et le pèlerinage de la paix autour du monde d'Eisenhower dans les derniers mois de 1959.

Il convient donc de ne pas exagérer la portée du phénomène dit de la pluripolarité pour conclure trop vite au glissement du régime du duopole à l'oligopole ouvert. Les duopoleurs ne font qu'accepter plus aisément que d'autres joueurs se livrent à une autre partie que la leur; mais c'est toujours pourvu qu'elle n'y fasse pas, de façon sérieuse, interférence. Le seul oligopoleur qui risque d'affoler la partie, encore la Chine, ils la surveillent de très près. Il reste dans la nature du champ diplomatique s'élargissant que des tendances, qu'on qualifierait mieux de *polyarchiques*, se manifestent: l'important demeure qu'elles ne perturbent pas le jeu duopolistique fondamental qui se resserre plutôt qu'il ne se distend. Le degré de libéralisme de chaque duopoleur est certes variable, non pas seulement à cause des traditions idéologiques différentes, mais par la prise en considération de divers autres facteurs dont les géostratégiques qui restent des constantes.

La France de de Gaulle, sortant de l'alliance militaire de l'OTAN, gêne sans doute celle-ci et son commandement suprême en Europe, mais elle ne met pas en péril la coalition elle-même et annonce encore moins la prise de pouvoir par les communistes à Paris. La Roumanie embête davantage le COMECON que l'Organisation du Pacte de Varsovie, mais sa situation géographique ne rend pas sa récalcitrance dramatique comme l'eût été la sortie de la Tchécoslovaquie de l'organisation, étape logique de l'évolution du «printemps de Prague» que les maréchaux soviétiques craignaient davantage, si possible, qu'Ulbricht et Brejnev. On pourrait, à l'inverse, évoquer la nervosité américaine au sujet de Saint-Domingue en 1965 après le cuisant précédent de Cuba.

Ce qu'on appelle le «polycentrisme», mis à part le schisme sino-soviétique, n'est qu'une prolifération de centres d'ambition, ou de négation, pour une plus grande autonomie intérieure et ne commandant pas, dans la même mesure, une puissance extérieure polarisante. La partielle dissidence française de l'OTAN ou même des traités nucléaires, le débarquement des *marines* à Saint-Domingue, le «printemps de Prague» et la répression préventive de son automne prometteur signalent des crises «intra-blocs» mais ne sont pas des phénomènes de pluripolarité — tout comme les crises de Hongrie et de Suez en 1956. Le système du duopole continue à s'affirmer dans l'adaptation à des tendances nouvelles plutôt que par la volonté ferme de les plier à sa rigueur exclusive. La capacité des deux Grands de se dissuader mutuellement n'a pas pour corollaire une égale capacité de persuader les moyens, ni même les petits, comme le cas du Proche-Orient l'illustre avec éclat. Aussi leur présence, active et même s'accentuant en cette région, manifeste un besoin de suppléer à leur capacité très relative de convaincre des amis traditionnels ou potentiels.

Quelle est la structure qui émerge finalement? Selon un jargon, qui fut un temps florissant: sinon bipolaire, pluripolaire; ou, sinon l'un et l'autre, mi-bipolaire et/ou mi-multipolaire; ou, même, semi-monopolaire[47]? On a le choix; tout dépend, en outre des conventions conceptuelles établies au départ, du niveau d'analyse ou de l'étendue du champ d'investigation considéré en telle durée, en l'occurrence depuis 1963. Chacune à sa façon, les doctrines Brejnev (après août 1968) et Nixon (en février 1970, en dépit de l'incursion au Cambodge) étaient révélatrices de comportements duopolistiques moins ambitieux quant à l'extérieur. N'en persiste pas moins l'image en partie exacte du partage du monde entre les deux Grands dont des secousses socio-culturelles aussi différentes que les «événements de mai» et le «printemps de Prague» auraient été des spasmes de refus global[48]. Mais, pour dessiner les contours de cette division qui n'a pas tout partagé, pour identifier les mouvances qui se produisent à sa très large périphérie, l'analyste se trouve devant une tâche d'une complexité croissante[49]. Concluant un article sur le polycentrisme, Raymond Aron écrivait en 1966: «Ce monde toujours plus complexe promet d'être le paradis des analystes et l'enfer des hommes d'État. Ceux-là y manifesteront leur subtilité et ceux-ci y découvriront les limites de leur pouvoir»[50].

D'un tout autre ordre est l'élément perturbateur potentiel de la Chine de Mao. Son dynamisme compressif intérieur ne s'est pas encore manifesté à l'extérieur, sinon de façon verbale au point d'en être tonitruante! Le schisme, consacré avec Moscou en 1963, a comme accentué la force de cette énorme masse isolée et s'isolant. Mais son audace extérieure est limitée: canonnades sur les îlots rocheux du détroit de Formose, pour être ensuite grondée par Moscou; aucune participation à la seconde guerre du Cachemire; soutien modéré au Viêt-nam du Nord et aux Viet-congs; rectification de frontières sur l'Himalaya[51]. En mai 1970, Mao continue de menacer les «agresseurs» américains de sa «guerre d'usure». Pour l'instant, c'est encore à l'intérieur que s'exprime le dynamisme de la Chine nouvelle: du coup de fouet du «bond en avant» à celui de la «révolution culturelle» en passant par les éphémères «Cent Fleurs», Pékin veut protéger ses révolutionnaires «contre la tentation de consommer la révolution comme un plaisir»[52].

Grande puissance, mise au ban des nations, elle est la seule à pouvoir défier simultanément les deux Grands avec lesquels elle entretient un minimum de relations. Le guêpier vietnamien à ses portes ne lui fournit qu'une occasion d'esquisser tardivement un début de rapprochement incertain avec Moscou (octobre 1969) après les outrances des manifestations à Pékin et à Moscou qui virent Soviétiques et Chinois faire respectivement l'assaut de l'ambassade de l'autre capitale! Interrompus, les pourparlers équivoques sino-américains à Varsovie reprendront en pleine hypocrisie officielle de Washington. La Chine aurait des titres naturels à présider l'éventuel *sommet* indochinois si elle ne suscitait pas autant de méfiance chez les cousins de la péninsule. En un sens, elle y soulève autant de crainte que les Américains, qui finiront bien par partir un jour ou l'autre, et bien davantage que les Soviétiques qui n'y ont pas mis les pieds. Pour l'instant, les Soviétiques prennent figure de gardiens fiduciaires de la grande Révolution contre les outrances verbales et les rodomontades de Pékin, ainsi que contre l'aventurisme révolutionnaire en d'autres points du monde. Moscou et Washington craignent Pékin, mais celle-ci craint au moins autant les deux autres. Ses bravades et son dogmatisme révolutionnaire peuvent bien n'être que des moyens compensateurs de sa propre crainte qui, paradoxalement, ne pourrait s'avouer autrement.

À son sujet, on ranime dans les années 1960 l'ancien mythe du «péril jaune»[53] du temps du kaiser Guillaume II. Mais ne sont pas mythiques les 800 millions de Chinois, les stocks commençant à s'accumuler de ses bombes atomiques et les premières bombes nucléaires, non plus que l'idéologie maoïste balbutiée sur les campus et dans les facultés d'Occident. Le Chinois, c'est le «troisième homme», autant

inconnu qu'attendu, des actes à venir du drame international. Déjà, il a contribué à rapprocher, au moins de façon provisoire, les deux protagonistes classiques. Ce serait trop dire
qu'il relance l'action, puisqu'il convient de parler de la Chine
au futur. L'énigmatique civilisation, pour laquelle le temps
ne compte pas, ne fait guère en cette décennie 1960 que se
projeter dans un avenir, inévitablement indéterminé. En une
extrapolation à plus ou moins long terme, se pose la question
chinoise, celle d'un «conflit prolongé» avec l'extérieur qui n'a
véritablement pas encore commencé s'il a été claironné sans
arrêt depuis 1963! Est-ce déjà suffisant pour qu'on se mette à
parler d'un régime *tripolistique* naissant, qui contribuerait à
rendre désuète la Guerre froide mais sans avoir raffermi, tout
au contraire, l'état de précarité de l'après-Guerre froide?

IV. Deux guerres dans l'après-Guerre froide (au Proche-Orient et en Indochine)

La péninsule indochinoise et la région proche-orientale —
théâtres *seconds* de la Guerre froide depuis 1946 et 1948 — risquaient dans les années 1960 de devenir les foyers les plus
menaçants d'une résurgence de la guerre froide. Sur l'un de
ces théâtres, l'un des Grands s'est enlisé dans la plus lamentable aventure politico-militaire de toute son histoire. Sur le
second théâtre, l'un et l'autre sont déjà engagés dans une escalade d'engagements dont ils semblent encore mesurer sans trop
d'imprudence les risques duopolistiques, mais avec une conscience peut-être insuffisante que les initiatives et les conséquences des rebondissements pourraient leur échapper.
    Lorsque les Américains se portèrent à la défense de la
Corée du Sud en 1950, c'est à l'Europe dégarnie devant les
quelque cent soixante-quinze ou deux cents divisions soviétiques qu'ils pensaient. Quand, après 1954, ils relayèrent
les Français en Indochine, ils colmataient une brèche en
entourant leur présence de la fiction juridique collective de
l'OTASE (Organisation du traité de l'Asie du Sud-Est).
Quand ils abandonnèrent à leur sort le gouvernement et la
personne de Diem en 1963, le Viêt-nam du Sud n'était déjà

plus guère gouvernable: la guerre civile avait précédé la lutte pour la libération nationale. Mais, depuis 1964, *c'est en pensant à la Chine*, qu'ils s'engagent de plus en plus profondément au Viêt-nam. Après avoir laissé passer l'occasion de mener la guerre contre le territoire chinois à l'époque de MacArthur, il ne manque pas de dirigeants américains pour croire que ce n'est pas le moment de faire montre de faiblesse aux portes de la Chine alors qu'elle semble si fière de sa bombe atomique artisanale.

L'hypothèse, défendue de manière obsessive, est que si un gouvernement neutraliste s'installe à Saigon, une formation communiste le remplacera aussitôt. Que les deux Viêtnams fassent ou non leur unité — ce n'est pas la question; mais que les communistes s'installent à Saigon voilà tout le Sud-Est asiatique et, bientôt après, l'Inde, qui passent dans l'autre camp, en l'occurrence le chinois — car, en vertu de la règle «du jeu des dominos»[54], c'est la question. Par un amalgame de considérations stratégiques et idéologiques, les États-Unis ont pris des engagements bien au-delà de leur intention première sur un terrain fangeux, au double sens politique et géologique. Leur puissance globale, qui ne peut s'employer à fond par principe et à cause de la distance, sera tournée en dérision par des essaims de guérilleros aussi efficaces contre eux que les combattants de Hanoï. Les conséquences à supporter deviendront la tragédie quotidienne d'un petit peuple de faméliques qui résistent à l'homme blanc depuis vingt ans ainsi que la prolifération du cancer vietnamien qui ronge les forces vives de la nation américaine à l'instar de son autre cancer, le racial.

L'erreur initiale de l'évaluation a consisté à traiter le Viêt-nam comme un théâtre *premier* de «guerre froide». Ni leur sécurité ni celle du monde dont ils s'étaient faits les protecteurs n'y étaient en cause, mais ils y ont progressivement engagé leur prestige dans un combat dissymétrique devenu sans espoir. Et tout cela par suite d'une série d'équations fausses: comme les deux Corées, les deux Viêt-nams égalent Cuba qui égale Berlin! Quelle que soit la façon dont ils réussiront à sortir du Viêt-nam, c'est la plus grande défaite diplomatique, militaire et surtout morale qu'ils auront subie. Le géant bafoué sur les terres du nain: Gulliver attaché par les Lilliputiens et encordé dans ses autres mouvements planétaires, car sa présence reste multiple à travers le monde.

Rien n'illustrerait mieux la tendance *tripolistique* de l'après-Guerre froide que le fait de l'engagement massif des États-Unis au Viêt-nam semble avoir encore élargi le schisme entre Pékin et Moscou. En 1965, Kossyguine avait bien fait escale à Pékin (rendant la politesse que Zhou Enlai lui avait faite précédemment) avant de se rendre à Hanoï. Depuis lors, la brèche n'est toujours pas comblée entre les deux grandes capitales du communisme. Au contraire, le Viêt-nam, au lieu de tendre à les rapprocher sinon à les réconcilier, devient une nouvelle pomme de discorde, s'ajoutant au révisionnisme idéologique et aux différends des frontières. Elles en sont venues à s'accuser mutuellement de faire le jeu de l'impérialisme américain dans sa lutte contre le peuple vietnamien!

L'affaire du Viêt-nam empêche que la détente entre Washington et Moscou produise ses effets naturels; Pékin nie peut-être davantage les principes de cette détente qu'elle n'en redoute pour elle les conséquences. Cette pénible aventure montre toutefois aux Chinois que les guerres de libération restent coûteuses lorsque le «tigre de papier» s'en mêle, sans même montrer ses «crocs atomiques» et, surtout, qu'il ne craint pas de faire la guerre aux portes de la Chine. Inversement, les Soviétiques sont tiraillés entre leur vocation à assumer le leadership mondial du communisme et une double inhibition: ne pas affronter directement les Américains au Viêt-nam — ce qui serait risquer un Cuba inversé — et ne pas contrer les Chinois en contestant leur influence dans la péninsule. L'Indochine est tout de même la zone d'influence naturelle de ceux-ci, barrés qu'ils sont du côté de la Corée du Sud, du Japon et du détroit de Formose. Les Américains s'acharnent à livrer une impossible guerre chaude au Viêtnam comme stratégie d'une fictive «guerre froide» avec la Chine laquelle se fait encore plus acerbe dans la «guerre froide» très réelle qu'elle mène contre l'URSS. Les Améri-

cains se sont pris au piège que leur a dressé leur propre propagande, en laquelle ils se sont mis à croire. Dans cette histoire
tragique, chacun des trois Grands y perd autant que ce que
les deux autres n'y gagnent pas.

*   *   *

Contrairement aux cas vietnamien ou tchécoslovaque, mais
où seulement l'un des Grands est immédiatement en cause et
recueille l'odieux de son intervention interminable ou instan-
tanée, leur rivalité n'avait pas été à l'origine des problèmes
du Proche-Orient. Ils y étaient intervenus de façon indirecte
et sporadique. La guerre sainte qui s'y livre depuis 1948 n'a
présenté que des points d'incidence dans la Guerre froide,
sans impact majeur comme en d'autres théâtres. D'une
espèce d'entente tacite, quand l'un des Grands affirmait une
présence voyante ou s'affairait en sous-main (soutien économique, livraison d'armes), l'autre ne le contrait pas directement, semblant éviter l'engagement direct qui eût dégénéré
en crise d'envergure.

À l'époque de la Guerre froide naissante, une trève circonstancielle entre les Grands avait permis la création de
l'État d'Israël en 1948 par décision de l'Assemblée générale
des Nations unies. Dès sa naissance sur papier, le jeune État
du peuple peut-être le plus ancien de la Terre avait dû gagner
militairement ses frontières. Cette première guerre israélo-
arabe n'étant pas suivie d'une paix stabilisatrice, les Israéliens furent dans l'obligation d'affirmer, au jour le jour, leurs
frontières les armes à la main, rendant au double ou au triple
les coups qu'ils recevaient. Cela mena à l'offensive israélienne du Sinaï et à l'équipée franco-britannique de Suez de
1956, la seconde intervention débordant la première pour
constituer l'une des deux plus graves «crises intra-blocs» de
l'après-guerre — l'autre étant, presque simultanément, la
rébellion hongroise suivie de la répression soviétique. Les
deux Grands n'avaient pas eu sur le déclenchement de la
crise de Suez de 1956 une action immédiate s'ils eurent, toutefois, sur son règlement une influence indirecte ou à poste-

riori, quoique décisive et rapide au moins dans le cas de l'intervention diplomatique américaine auprès de Paris et de Londres.

Leur abstention lors de la guerre de 1967 sera d'autant plus naturelle que la brièveté de la campagne des Six Jours ne leur avait guère laissé le temps d'intervenir. Ce type tout à fait inusité de «conflit prolongé» entre Arabes et Israéliens semble visiblement les embarrasser davantage que les intéresser effectivement. Ils sont surtout conscients que la tâche de stabiliser l'instabilité même dépasse dans cette région leurs moyens de duopoleurs et excède leurs éventuels gains concurrentiels. Par la complexité de ses données de base, la situation proche-orientale est encore plus difficilement contrôlable que le marasme indochinois. La région présente un potentiel plus chargé de conflagration générale. Quand des peuples entiers sont en armes pour leur survie même — c'est ici le cas des Israéliens et Palestiniens —, les négociations diplomatiques officielles ou les plus prosaïques trafics entre chancelleries sont bien incapables d'imposer des solutions extérieures qu'acceptent par *dura lex* des gouvernements au nom de leur peuple en des conjonctures moins vitales. Surtout en une situation qui est celle de notre exemple, où il ne peut y avoir ni vainqueurs ni vaincus, du moins de façon décisive.

Jusqu'à tout récemment, les deux Grands, tout en avouant leurs préférences, s'étaient abstenus de souffler sur le conflit qui avait évolué longtemps, comme en un isoloir, à l'extérieur de leurs grandes manœuvres de duopoleurs antagonistes. Mais l'aggravation continue de la situation depuis si longtemps les avait amenés à se solidariser de façon plus étroite avec le clan de leur préférence. Ils n'en seraient qu'au début d'une possible escalade, mais sa prolongation risquerait de transformer la région en un théâtre *premier* de la guerre froide qu'ils se refusent de livrer ailleurs. En 1970, la question ne se pose plus de savoir si les Américains ne sortiront pas du Sud-Est asiatique. Le mouvement est irréversible. Ils devront partir et s'en sortir de façon pas trop lamentable, ce qui cause justement l'indétermination du *quand* et du *comment* de cette sortie. Mais au Proche-Orient, l'URSS présente des titres moraux, économiques et géostratégiques au moins égaux à ceux des transméditerranéens et transatlantiques USA à être présents. Et les deux Grands n'ignorent pas la force des deux fanatismes qui s'y affrontent et leur caractère plus irréductible que jamais depuis la guerre des Six Jours.

Ce n'est pas par un sentiment d'antisémitisme (ils ont leurs propres Juifs pour y donner cours...) que les Soviétiques épousent la cause arabe. Ils le font pour les mêmes raisons que l'avait fait de Gaulle parce qu'Israël est actuellement le plus fort, «expansionniste», et que c'est en outre un bon placement de politique pétrolière de soutenir la cause arabe. Les Américains, qui n'ont pas à un degré égal les mêmes besoins, ne peuvent soutenir que les seuls Israéliens. Mais c'est sous peine de sembler valider une entreprise de recolonisation occidentale et «capitaliste» dans la région, car les Arabes, même conscients de la lourdeur éventuelle de la protection soviétique, perçoivent ainsi l'aide américaine à Israël. En contribuant au rétablissement de l'équilibre des forces dans la région instable, les Soviétiques se trouvent devant une occasion difficilement refusable de se poser en grands décolonisateurs de la région.

La mission Jarring? — Le diplomate mandaté par l'ONU n'a pas la partie facile entre les faucons israéliens et les fanatiques palestiniens. La «concertation à quatre»? — Nécessaire en son principe, et utile pour débipolariser les influences extérieures tout en permettant aux grandes puissances de se surveiller de près en cette espèce de *patronage* à quatre qui, n'ayant encore rien d'un directoire, pourrait fournir le cadre d'une supervision éventuelle des arrangements. Le plan Rogers? — C'est une politique préalable de rééquilibration qu'il faudrait, mais qu'il ne faut peut-être pas si les Palestiniens en viennent à assumer le gros de la lutte contre les «usurpateurs de leur territoire». Comme en péninsule indochinoise, la guérilla absorbe la guerre et les commandos débordent les armées régulières. Ni la Jordanie ni le régime de Hussein ne pourront supporter une seconde guerre civile comme celle de l'automne 1970. Nasser mort, surgira-t-il un second interlocuteur gouvernemental valable pour

négocier ou entériner toute espèce d'accord, encore très difficilement imaginable? (On saura plus tard que ce devait être
Sadate.)

On est mort «pour Dantzig» dans la Seconde Guerre
mondiale; Cuba a failli être le prétexte à la Troisième. La
bande de Gaza, la Cisjordanie, les hauteurs du Golan ou la
frontière libano-israélienne pourraient-elles être des occasions du même ordre? Dans le court terme, on ne prévoit
guère que des détériorations de la situation par le renforcement des organisations palestiniennes et la solidarité plus
effective de chacun des Grands envers son clan préféré. Le
moyen d'en sortir serait, pour un court terme d'environ cinq
ans, un arrangement complexe du type des accords de
Locarno de 1925, avec l'URSS et les USA comme superpuissances garantes et périphériques. En auraient-elles le désinté-
ressement dans la coresponsabilité de leur gérance commune? Mais cet arrangement présupposerait que se reconnaissent autrement qu'en belligérance désordonnée Israéliens et Palestiniens. Il faut même poser la question ultime: le
conflit comporte-t-il d'autre issue que celle de toute guerre
sainte, l'extermination de l'Infidèle, doublé d'un Usurpa-
teur? Car c'est ainsi que chaque camp d'opposants perçoit
l'autre.

V. Présence et inquiétudes du tiers monde dans l'après-Guerre froide

Pour des raisons déjà dites, une étude du type «guerre froide»
parle relativement peu du tiers monde car il paraît plutôt
observateur que participant dans la lutte pour la puissance
entre les deux Grands. À lui seul, il pèse déjà plus, démogra-
phiquement, que les deux autres mondes réunis et il est
encore plus lourd de son avenir. Toute large soit-elle, une
étude portant sur la rivalité inter-Grands présente une histoire partielle et même tronquée. À peine touché par l'aspect
directement conflictuel de la Guerre froide classique, ce tiers
monde a été peu modifié par l'apaisement relatif de la phase
subséquente du Dégel. Par les politiques de neutralisme et de

non-alignement il joue, pour ainsi dire négativement, sa partie. À l'exception, toutefois, de la Chine qui, à cause de son énormité, constitue un alignement par elle-même, et de Cuba, un court temps le plus décisif des théâtres *premiers* de la Guerre froide et qui reste un théâtre *second* d'une importance capitale en cette période de l'après-Guerre froide.

Après la déposition de Sukarno, les fondateurs de l'«ordre nouveau» indonésien ont choisi clairement après 1967 la voie de la «neutralité active», ce qui peut aussi se traduire par un éloignement de la politique de Pékin en ce pays qui compte plusieurs millions de citoyens d'origine chinoise. Le Japon, le nouveau «troisième Grand»[55] par son «miracle économique» encore plus spectaculaire que celui de l'Allemagne, présente au loin l'image d'une presque trop belle stabilité, surtout en l'année de l'exposition d'Osaka qui lui a permis de proclamer sa vocation d'universalité. Avec la Chine, dont il apparaît la négation à tous égards, il a commencé à transiger d'autres arrangements que les accommodements dont il devait se satisfaire à l'époque du proconsulat américain et de la reconstruction de sa puissance industrielle. Pendant qu'au Pakistan le régime militariste d'Ayyub Khan touchait à sa fin, Indira Ghandi a réussi à surmonter de sérieuses crises au sein de son cabinet et du parti du Congrès. Mais, surtout depuis la disparition de Nehru, l'Inde n'apparaît plus comme l'autre géant asiatique porteur d'un contre-modèle de démocratie socialiste au modèle, devenu une espèce de *méta-modèle*, de la Chine maoïste.

L'Afrique, qui *est mal partie*[56], continue du même pas et semble vouloir répéter, en accéléré et en mimétisme presque enjoué, les erreurs politiques de l'Occident depuis trois siècles. En outre de la tragédie congolaise du début de la décennie 1960, qui a rebondi ces dernières années, et de la grave crise de la fédération nigériane par la sécession de la République du Biafra, qui a abouti au lamentable dénouement du début de 1970, l'Afrique connaît des bouffées de fièvre politique avec ses coups d'État à la douzaine. Le secrétaire d'État Rogers est venu y faire une tournée au début de 1970 pour «réparer un oubli» et commencer à affirmer une politique américaine en ce continent[57] après avoir constaté que Washington, fort absorbée ailleurs et depuis si longtemps, n'y en avait aucune! Les «touristes» et techniciens soviétiques sont moins voyants que les experts chinois qui circulent ici et là et qui, par exemple, depuis 1970 s'affairent à la construction d'un chemin de fer de 1200 milles en Tanzanie-Zambie et à l'entraînement de pilotes pour les Migs construits en Chine. Zhou Enlai fait le projet d'une tournée dans l'autre continent de couleur. Pendant que Britanniques et Français maintiennent d'étroits liens économiques et culturels avec leurs anciennes colonies émancipées, les Soviétiques ne laissent pas les seuls Chinois soutenir les mouvements de libération populaire en Angola, en Mozambique, en Rhodésie et en Afrique du Sud. Une seconde ère de «recolonisation» s'ouvrirait-elle pour l'Afrique, qui serait à prendre une seconde fois?

L'instabilité n'est pas moins grande en Amérique latine. Entre la prise du pouvoir de Castro à Cuba et l'élection d'Allende au Chili, des insurrections de guérilla se sont manifestées au Guatemala, au Venezuela, en Colombie, au Paraguay, en Uruguay. Le rétablissement de régimes néofascistes dans les principaux pays du continent, le Brésil et l'Argentine, n'est pas précisément prometteur d'un nécessaire progrès social: là aussi, on pourchasse les guérilleros dans les jungles épaisses quand on ne les torture pas dans les prisons d'État. La légende de «Che» Guevara, le symbole de Régis Debray prisonnier, l'extraordinaire audace des Tupamaros actualisent, de façon spectaculaire, la nécessité de changements radicaux dont nombre de prêtres catholiques activistes se sont aussi faits les propagateurs.

À peine lancée avec les meilleures intentions et sous de bons auspices, l'Alliance pour le progrès a tôt montré les limites de son efficacité, peut-être moins en raison des maladresses américaines pourtant réelles en certains pays qu'à cause de gouvernements stagnants ou proprement réactionnaires, et généralement corrompus, avec lesquels Washington devait négocier son aide. Circonstance aggravante: un peu partout l'inflation amenuisait le revenu réel provenant, par exemple, de l'exportation de matières premières. La grande idée d'un nouveau «bon voisinage»[58] samaritain sera enterrée par la nouvelle administration Nixon, dont l'une des tâches prioritaires était la révision de tout le programme d'aide à l'Amérique latine. Aucun nouveau «grand dessein» n'est encore annoncé. Un vent de déception fataliste souffle chez les esprits novateurs[59] du continent latino-américain, surtout quand ils considèrent les sommes englouties en Asie pour aboutir à une politique de... vietnamisation!

On ignore généralement que Kennedy dans sa dernière année tolérait mal le caractère intouchable de Cuba. Quelques jours avant sa mort, il s'en était ouvert à des journalistes de l'Inter-American Press Association s'attaquant à «une petite bande de conspirateurs qui ont enlevé aux Cubains leur liberté pour livrer l'indépendance et la souveraineté de la nation cubaine à des forces hors de l'hémisphère»[60]. Le mois précédent, il avait confié à Jean Daniel que Castro «avait accepté de devenir un agent du monde soviétique en Amérique latine... Nous ne pouvons permettre que la subversion communiste réussisse à s'installer dans les pays latino-américains: d'un côté le blocus; de l'autre un effort pour le progrès économique»[61]. Le président ne nourrissait certes pas l'intention de rééditer, «à la CIA» ou «au Pentagone», une nouvelle affaire de la baie des Cochons; mais ce foyer de contamination castriste en Amérique continuait à inquiéter l'entourage pourtant libéral de la Maison Blanche. Des années étaient passées, qui avaient *vietnamisé* la politique américaine...

Après le débarquement d'une douzaine de commandos anti-castristes en avril 1970, Castro fulmina contre Nixon, les hommes de la CIA et du Pentagone, «une bande de criminels répandue dans tout le monde, qui complote contre nous et arme des mercenaires pour nous attaquer[62]». Mais comment éviter de militariser une société insulaire sous la menace constante d'une invasion? Quelques jours plus tard, Castro, qui avait gardé un silence, méritoire pour lui, pendant presque deux ans, se lançait dans une diatribe de plus de deux heures à l'occasion du centenaire de la naissance de Lénine.

Il rappelait l'amitié inébranlable de son pays envers l'URSS qui lui a fourni pour un milliard et demi de dollars d'armements depuis 1959. Il rentrera dans l'Organisation des États américains le «jour où elle expulsera les États-Unis»! Une flotille de guerre soviétique est venue mouiller dans le port de Cienfuegos en juillet 1969 et mai 1970[63]. Quelques mois plus tard, des agences de presse rapportent que les Soviétiques seraient en train d'établir dans ce port une base pour sous-marins atomiques soviétiques: action qui serait évidemment «très grave», soulignait-on à Washington, et qui n'était pas sans évoquer l'ambiance trouble de septembre 1962. Le *modus vivendi* entre Khrouchtchev et Kennedy reste valable sous Nixon et Brejnev. Mais pour combien de temps? Ou plutôt, avec quel degré d'assurance un *modus vivendi* peut-il s'entendre indéfiniment entre grands rivaux qui ont déjà failli une fois se prendre à la gorge?

Le «tiers monde» n'est évidemment pas né à l'époque de la popularisation de l'expression. La première Conférence afro-asiatique de Bandung de 1955 avait été sa voix multiple, et unanime sur ce seul point du rejet inconditionnel de toute forme de colonialisme. Depuis 1963, un quatrième monde, la Chine, n'y semble pas trouver aisément sa place, tant elle y prend de place justement! Elle n'y peut jouer le rôle de neutraliste symbole comme l'Inde de Nehru ou de coryphée du non-alignement comme la Yougoslavie de Tito ou l'Égypte de Nasser. Mais quand l'URSS prétendra, en sa qualité de puissance asiatique, participer à la Conférence tricontinentale de La Havane en 1966, les frères ennemis du communisme y clameront leur violente opposition au grand scandale de ceux qui se réunissaient au nom du principe du non-alignement.

Au début de l'après-Guerre froide, en 1964, l'ONU comptait cent quinze membres dont les trois quarts étaient des États des régions défavorisées du globe. À plus d'une reprise, les pays privilégiés de l'hémisphère Nord s'y virent l'objet de critiques dont certaines avaient parfois des tonalités de racisme renversé. Les délégations des pays communistes se rangeant presque automatiquement du côté du bloc afro-asiatique, l'ONU continuait d'être ce champ diplomatique propice à des attitudes de guerre froide. La Conférence des non-alignés au Caire en octobre 1964 réunissait des représentants de la moitié des membres des Nations unies ainsi que beaucoup d'observateurs latino-américains et quelques européens.

Dix ans après la première Conférence afro-asiatique, un «second Bandung», convoqué à Alger pour le 25 juin 1965, allait échouer par un concours de circonstances locales. Reportée à novembre à cause du coup d'État de Boumediène peu de jours avant l'ouverture, la conférence s'ouvrait dans un climat encore moins favorable. L'«esprit de Bandung» et ses «dix principes de la coexistence» ne semblaient plus être accordés à la situation internationale du milieu des années soixante. Il ne restait plus guère de colonies à émanciper en Afrique et en Asie. La sévère crise de Cuba en 1962 et, plus récemment, le climat passionnel qu'avait soulevé l'intervention américaine à Saint-Domingue, ainsi que de nombreuses guérillas révolutionnaires attiraient l'attention sur l'Amérique latine. L'idée d'un néo-anticolonialisme, élargi à la dimension tricontinentale, prenait forme, et donnera naissance au projet de la Conférence de La Havane en janvier 1966.

Avant même la tenue de la Conférence tricontinentale de La Havane à la mi-janvier, Castro avait lancé sa «bombe du riz» dès le deuxième jour de l'année. «Nous allons manquer de riz cette année parce que la Chine populaire a subitement décidé de réduire la moitié de ses livraisons», hurlera-t-il devant un demi-million de personnes massées sur la place de la Révolution[64]. Il ne condamnait pas à priori l'insurrection armée — comment pourrait-il nier son passé? — mais il soutenait qu'elle n'a pas valeur de dogme absolu, restant soumise à des conditions locales très variables. Comme le rappelait un observateur de la Conférence, «Fidel, pris de court, partagé entre les deux courants (car il est «guévariste» aussi, pour une part et à sa manière), n'a pu qu'exprimer d'une manière confuse qui reflétait son embarras, cette contradiction (dont souffrit toute la Conférence de La Havane) entre les intérêts des régimes révolutionnaires stabilisés, en train de s'embourgeoiser, et la pression des révoltés inassouvis, exaspérés par les progrès du «néo-colonialisme» et qui exigent une aide quasi illimitée, sacrifice sur sacrifice»[65].

Par-delà les préoccupations alimentaires et le drame de la conscience révolutionnaire de Castro, se livrait donc une colossale lutte entre les deux Grands du communisme. Entre l'afro-asiatisme traditionnel et l'élargissement tricontinental de tous les démunis de ce monde, les Soviétiques, et non les Chinois, optèrent avec enthousiasme pour la solidarité élargie. De cette rencontre extrêmement bigarrée et, à plus d'un moment, confuse, retenons la seule idée claire et importante pour notre propos: par leur affrontement violent, les représentants de Pékin et de Moscou consacraient leur division scandaleuse devant des estrades de clientèles potentielles et peu enclines à les départager.

La Conférence dite «des soixante-dix-sept» à Alger en 1967 permit d'entendre une nouvelle fois la clameur des pauvres du tiers monde contre les nantis des pays développés. Ceux-ci, tous des pays de race blanche à l'exception du Japon, affichent scandaleusement des budgets militaires qui continuent à augmenter même en période de Dégel, avec bien entendu, l'URSS et les USA en tête! À l'échelle mondiale, le rapport des sommes affectées au développement par comparaison aux budgets militaires est de 1 contre 15 (entre 11 et 12 milliards contre 160 et 175 milliards de dollars). Dans l'après-Guerre froide, la super-industrie militaire continue de tourner à plein!

Il n'était jusqu'à Castro qui entrait dans la danse des dépenses militaires exagérées en proposant de lever une armée d'un demi-million d'hommes dans un pays dont la population n'atteint pas huit millions et qui manque de main-d'œuvre. Outre son obsession d'une invasion américaine qu'il croit fatale, il avait comme excuse son scepticisme sur la durée du protectorat soviétique[66] dont on estime qu'il coûte à Moscou un million de dollars quotidiennement. S'ajoutant au drame humain de Régis Debray, suscitant en France un émoi bien naturel, le halo de mystère entourant la disparition de Guevara dans la jungle bolivienne attirait l'attention sur les insurrections de guérilleros dans plusieurs pays de l'Amérique latine. Le guévarisme prolongera au plan doctrinal la légende épique du «Che» jusque dans les facultés et sur les barricades de mai 1968. Paraissaient certes moins chevaleresques à cette époque les actes de piraterie aérienne, les kidnappings de diplomates, de fonctionnaires ou même de ministres, ainsi que les détentions d'otages, qui se multipliaient et qu'une certaine accoutumance en viendra à réduire à la banalité de faits divers...

Le tiers monde peut-il avoir d'autre réalité internationale que le double commun dénominateur d'un sous-développement insoutenable et de sa colère de moins en moins sourde? Même si l'expression est trompeuse par l'idée d'une certaine unité politique qu'elle semble véhiculer, c'est le poids même de ce tiers monde qui fera l'histoire de demain. Il a déjà commencé à rendre de plus en plus dérisoire l'antagonisme encore mal résorbé des deux autres mondes dont les deux Grands avaient pris la tête dès 1945. Mais ici et là, la Chine continue d'y projeter des pans de son ombre à la fois tutélaire et menaçante...

2

La Détente en opération
1970-1975: d'Erfurt à Helsinki

Il y avait eu d'autres périodes de détente, comme celle qui s'était produite entre la mort de Staline en 1953 et le sommet de Genève de 1955, ou comme la longue accalmie d'une huitaine d'années qui avait suivi le règlement de la super-crise de Cuba, objet du chapitre précédent. Mais ce n'est que dans la première moitié de la décennie 1970 que se confirmera la recherche persistante d'une détente à instituer et qui ne soit plus seulement sécurisante. Cette détente prolongée et voulue pour elle-même a qualifié la période, dite de la Détente justement. Elle avait été désirée longuement lors du Dégel antérieur. On en gardera quelque nostalgie dans la Paix froide subséquente à la conférence d'Helsinki de 1975.

La période 1970-1975 se signale aussi par la prépondérance des affaires européennes et principalement allemandes, et de ce qui s'y rattache, soit la sécurité du continent et la question de la maîtrise des armements[1] avec les entretiens inter-Grands sur les armements stratégiques (les SALT). Quand les chefs politiques des deux Allemagnes se rencontrèrent à Erfurt en mars 1970, ce premier résultat éclatant de l'*Ostpolitik* signalait le terme final de la Seconde Guerre mondiale, en Europe du moins. Cette rencontre d'Erfurt avec la spectaculaire visite en Chine du président Nixon quelques années plus tard, à l'hiver 1972, constitueront deux «faits porteurs d'avenir» (selon la terminologie prospectiviste) qui déclencheront une série de mouvements diplomatiques dont ce chapitre tentera de rendre compte. Il faut souligner encore que la période de la Détente ne justifie plus guère ce nom au-delà de la conclusion de l'Acte final de la conférence d'Helsinki à l'été 1975, encore qu'il convienne de ne pas négliger la signification, au moins symbolique, de cet instrument diplomatique qui entérinait le fait de la détente et en proclamait solennellement l'idéal.

Entre ces deux événements d'importance toute capitale, l'interallemand, à Erfurt en mars 1970, et le paneuropéen, à Helsinki en juillet 1975, semble bien s'être déroulée la plus longue phase de détente de l'après-guerre. Bien d'autres événements hors du théâtre européen marqueront évidemment cette période, malgré tout malaisée, de la Détente, en particulier la lamentable sortie des Américains du Viêt-nam et le chaos dans les pays voisins du Laos et du Cambodge. Aussi, ces années-là, une nouvelle génération d'hommes politiques allait accéder au pouvoir dans la plupart des États, et il ne restera plus guère de grandes vedettes mondiales auxquelles on s'était habitué dans les années 1960. En Grèce, au Portugal et en Espagne, la fin de régimes dictatoriaux allait aussi permettre l'éclosion de modèles politiques plus conformes à l'idéal démocratique de l'Europe occidentale.

C'est du Moyen-Orient que retentissent les plus dures secousses avec la guerre d'octobre de 1973 et le déclenchement du célèbre «choc pétrolier» dont aucun pays, dans les mondes industriels ou pas, ne s'est jamais complètement remis du point de vue économique. L'année pivot 1973 est d'ailleurs la plus chargée d'événements affectant tous les niveaux de problèmes dignes de retenir l'attention à cette époque.

La Détente, comme toute autre période, présente des visages nombreux et variables selon les théâtres seconds ou tiers de la rivalité fondamentale entre les deux Grands. L'analyse procédera toujours par blocs de questions-problèmes et de questions-régions, mais sans dépasser la durée d'un lustre qui vient d'être proposée. La suite montrera que l'esprit positif de la Détente deviendra plutôt évanescent dans la période de l'après-Helsinki jusqu'à l'affaire de l'Afghanistan à la fin de 1979.

I. Le duopole et la diplomatie des rencontres au sommet

Davantage encore que par le passé peut-être, les deux Grands ne se font pas faute pendant la Détente de proclamer la fonction nécessaire de leur double hégémonie, qu'on trouve plus exact de qualifier de «duopole» surtout lorsqu'elle s'applique à leur compétition de puissance par la course aux armements. À la tribune des Nations unies, en octobre 1970, le président Nixon justifiait cette espèce de directoire planétaire des deux géants, ce qui n'avait pas l'heur de plaire à plusieurs auditeurs, notamment aux représentants de la France et du Royaume-Uni qui venaient de faire valoir leurs responsabilités dans la recherche d'une solution à la crise du Proche-Orient. En une autre occasion, le Secrétaire d'État Kissinger, auquel fera écho son homologue soviétique, Gromyko, soutiendra que les deux pays «ont une obligation spéciale pour la préservation de la paix» et qu'ils peuvent «construire une paix durable, et toute l'humanité en profitera»[2]. Il avait auparavant soutenu qu'il ne s'agissait pas d'une domination à deux du reste du monde, mais bien de le faire passer «de la détente à la coopération»[3]. Les deux Grands s'étaient, pour ainsi-dire, approprié la détente qui, pendant les années 1960, n'avait pas manqué d'autres coryphées, de Gaulle ayant été le plus notable.

Les bienfaits de la détente n'eurent guère de réalité que verbale, chacun des Grands les formulant, à l'intention de l'autre qui ne la rechercherait pas avec suffisamment de bonne foi et même de ferveur. Ils se le sont si souvent dit, au cours de ces cinq années de Détente, que le relevé de ces reproches mutuels serait fort long; tout comme serait fastidieux le rappel des accusations, parfois même des menaces, qu'ils s'adressaient au sujet de leur politique d'armements alors que la politique officielle consistait précisément à les limiter en commun. À un mois de la conférence d'Helsinki de

l'été 1975, Brejnev trouvait bon, devant un auditoire moscovite au Palais des Congrès, de s'en prendre à certains politi-
ciens occidentaux qui «œuvrent pour le retour de la guerre
froide». Ils seraient mieux avisés de travailler à l'interdiction
«d'armes plus terribles encore que les engins nucléaires» [4].

La phase de la Détente fut marquée par l'action du duo
Brejnev-Nixon. Ils étaient, l'un et l'autre, en position de
force pour déterminer un cours nouveau de politique internationale. Le premier avait imposé un leadership ferme dans la
période post-khrouchtchevienne et le maintiendra longtemps
encore jusqu'à ce que la maladie ne le réduise à n'être plus
que l'ombre de lui-même en ses dernières années. La «doctrine Brejnev» de l'interventionnisme militaire dans l'imperium soviétique venait de trouver sa plus éclatante formalisation dans le traité de «normalisation» soviéto-tchécoslovaque
du mois de mai 1970. La répression du printemps de Prague
avait, du reste, retardé l'embrayage de la détente en faisant
ajourner d'un an l'ouverture des SALT. Le vis-à-vis Nixon
jouissait d'un pouvoir plus récent, il sera même réélu en 1972
pour un nouveau mandat de quatre ans; personne ne pouvait
savoir qu'il ne le compléterait pas, devant s'éclipser en conséquence de l'affaire du Watergate.

Le président américain lançait, aussi, sa «doctrine». La
doctrine Nixon de février 1970 reprenait les vues d'un discours sur les affaires asiatiques, prononcé à Guam quelques
mois auparavant. En bref, elle étendait à toute la planète, la
nouvelle politique étrangère d'une contraction générale des
engagements assumés par les États-Unis depuis les débuts de
la Guerre froide. La mortifiante aventure du Viêt-nam, unique guerre dont les Américains n'allaient pas sortir victo-
rieux, avait porté. L'heure était à la révision. Les grands discours annuels du président sur «l'état du monde» vont y
pourvoir, région par région, problème par problème. Par sa
vice-présidence sous Eisenhower, par sa défaite par Kennedy
en 1960 et en ses années de demi-retraite jusqu'au retour
éclatant de 1968, l'homme avait mûri; on ne reconnaissait
plus en lui ce petit politicien de Californie, arriviste et chas-
seur de sorcières qui avait inventé le *macarthysme* avant le mot.

Il était tout de même, sinon malvenu, assez inattendu celui qui, hier encore, passant à Washington pour être un *cold warrior*, allait devenir le chevalier de la détente en prônant avec l'astucieux Kissinger une nouvelle politique que le Kremlin qualifiait d'enfin «réaliste». Toutefois, sur le fond de la détente proclamée simultanément à Moscou et à Washington, les deux pays passaient par de sérieuses difficultés économiques et même morales, que révélaient l'agitation sur les campus américains[5] et la lettre ouverte de trois savants soviétiques[6] réclamant en quinze points précis une démocratisation générale de la vie publique en URSS.

Un rapport symbolique et instrumental s'est noué entre la tenue de *sommets* bilatéraux et la réalité de la politique de *détente*, phénomène sans doute naturel à une époque de diplomatie à la fois totale et interpersonnelle entre les grands de ce monde. Ainsi la visite de Khrouchtchev aux États-Unis et le sommet de Camp David avec Eisenhower, en septembre 1959, avait amené un bref assouplissement dans les relations entre les deux puissances; dans des circonstances davantage détériorées, le sommet Khrouchtchev-Kennedy à Vienne, en juin 1961, avait permis de rattraper l'effet désastreux du sabordage, par le premier, du sommet à quatre de Paris du printemps de l'année précédente. Mais le plus récent sommet Kossyguine-Johnson à Glassboro[7] en juin 1967 constituait l'espèce de modèle opérationnel de ces prochaines rencontres au sommet afin de sortir de difficultés où risque de sombrer la paix du monde. En l'occurrence, il s'agissait de la crise du Proche-Orient où venait de se produire la guerre des Six Jours.

À l'été et à l'automne 1970, dans les chancelleries et dans la presse internationale on spéculait sur le caractère désirable d'un nouveau «Glassboro», d'autant que le premier ministre Kossyguine devait diriger la délégation soviétique lors des célébrations du 25ᵉ anniversaire de l'ONU. En mars de l'année suivante, lors du 24ᵉ congrès du Parti communiste soviétique, Brejnev réclamait la tenue d'une conférence des cinq grandes puissances pour discuter du désarmement nucléaire sous toutes ses formes en même temps qu'il proposait rien moins que la liquidation des blocs militaires de l'OTAN et du Pacte de Varsovie. À cette même occasion, Gromyko insistait sur l'intention soviétique de chercher des solutions négociées à toutes espèces de problèmes. À l'annonce d'une visite de Kossyguine à Ottawa, on s'interrogeait au State Department sur la pertinence d'organiser un sommet du type Glassboro avant que le président Nixon n'effectue son voyage en Chine. Et, circonstance favorable, à ce moment les premiers entretiens sur la limitation des armements stratégiques étaient en train de prendre un tour favorable.

C'est sur cette toile de fond qu'allait se tenir le sommet Brejnev-Nixon de mai 1972 à Moscou. Un deuxième sommet bilatéral aura lieu à Washington en juin de l'année suivante, que suivra une troisième rencontre des deux mêmes hommes à Moscou en juin 1974. Enfin, à l'automne de cette même année, le sommet Brejnev-Ford à Vladivostok constituerait une espèce de postface à cette diplomatie au plus haut niveau, dite du *summitry* selon un intraduisible néologisme américain. Au total les quatre sommets vont produire des résultats d'une importance décroissante selon l'ordre chronologique, mais leur enchaînement annuel constituait pour ainsi dire, l'espèce de superstructure visible, et spectaculaire même, de la détente inter-Grands en ces années-là. Une pareille répétition d'efforts ne s'était pas encore produite, non seulement depuis la fin de la Seconde Guerre mondiale, mais dans toute l'histoire du monde. Deux super-États et têtes de deux *empires* très différemment intégrés se mettaient d'accord, après s'être parlé de façon réaliste et méticuleuse, pour limiter la croissance de leur puissance de destruction et contractaient à cet effet des engagements numériquement précis à la face de l'opinion mondiale.

L'analyse des négociations qui ont mené à cette percée dans la maîtrise des armements est un sujet en soi, qui vaudra d'être étudié sous un titre spécifique à la section III. Le présent développement fera plutôt ressortir ici l'aspect politique inédit de ces sommets répétés en rapport à la *détente*: comme cause, preuve et résultat. D'abord ce premier sommet de mai 1972 aurait pu ne pas avoir lieu, tout comme naguère, la visite projetée d'Eisenhower à Moscou en juin 1960 (pour rendre à Khrouchtchev la politesse qu'il lui avait faite lors de son voyage aux États-Unis l'année précédente), ou comme la visite espérée de Johnson, à Moscou à la fin de 1968[8] (pour faire suite au sommet de Glassboro de 1967). Mais, en ayant lieu, le sommet Brejnev-Nixon ne pouvait être qu'un succès. L'occasion en était la signature des premiers accords des SALT au terme d'entretiens ardus qui s'étaient poursuivis depuis le mois de novembre 1969.

C'était non seulement la première fois que les maîtres politiques des deux pays signaient en personne un traité bilatéral, mais cette visite d'un président des États-Unis à Moscou constituait encore une grande première mondiale. Les rapports officiels entre les deux leaders furent marqués au coin de la cordialité et même d'une certaine chaleur humaine[9], Nixon faisant même cadeau d'une Cadillac de grand luxe pour ajouter à la collection de grandes voitures dont le maître du Kremlin passait pour être un amateur invétéré. Le président des États-Unis eut même l'occasion de s'adresser à la télévision soviétique pendant une vingtaine de minutes pour assurer ses auditeurs de la volonté profonde de paix du peuple américain et de ses dirigeants, ainsi que pour insister sur la responsabilité conjointe des deux grandes puissances au sujet de la paix du monde. Duopole oblige...

Au terme de la rencontre, les deux hommes publièrent une déclaration commune de principe sous le titre de «Fondements des relations mutuelles entre l'URSS et les États-Unis». Après l'inévitable coup de chapeau à la «coexistence pacifique», la déclaration continuait par ces passages exprimant la doctrine duopolistique la plus pure: «Ils maintiendront toujours une certaine modération dans leurs relations mutuelles et seront prêts à négocier et à régler leurs différends par des voies pacifiques. Les discussions et les négociations sur les problèmes en suspens seront menées dans un esprit de réciprocité, d'arrangement et d'avantages mutuels. Les deux parties reconnaissent que toute tentative en vue d'obtenir un avantage unilatéral aux dépens de l'autre partie, directement ou indirectement, est incompatible avec ces objectifs.» En rapport à l'extérieur, elles «doivent faire tout ce qui est en leur pouvoir afin que ne se développent pas des conflits ou des situations qui aggravent les tensions internationales»[10]. Le reste de la déclaration portait sur «les problèmes d'intérêt mutuel», en tête desquels se trouvait «la limitation des armements tant sur le plan bilatéral que multilatéral», mais sans oublier aussi les liens commerciaux et économiques, la coopération scientifique et technologique. Un communiqué de fin de conférence, plus long et plus technique, détaillait les points d'entente concernant, d'une part, les «relations bilatérales» et, de l'autre, les «problèmes internationaux». Il se terminait par l'acceptation d'une invitation à visiter les États-Unis, faite à Brejnev, Podgorny et Kossyguine.

Tel que convenu, Brejnev rendit sa visite à Nixon en juin 1973. «D'ici la fin de semaine, je parlerai russe et vous parlerez anglais», lui avait dit son hôte en donnant le ton des entretiens à la Maison Blanche[11]. Deux accords principaux en sortirent sur la prévention de la guerre nucléaire et sur les principes devant régir les négociations à venir sur les SALT II. À l'article 4 du premier accord, les parties, en cas de «risque de conflit nucléaire» s'obligeaient «à se concerter d'urgence et à déployer tous leurs efforts pour prévenir ce risque»; et la durée d'un tel accord était naturellement «illimitée». Cette volonté des deux Grands de ne pas permettre qu'une crise locale puisse dégénérer en une confrontation majeure entre eux avait déjà fait l'objet d'un passage identique dans la déclaration du sommet précédent et se trouvait même à confirmer un traité vieux de douze ans sur la prévention d'une guerre nucléaire par accident, erreur ou malentendu. Aussi, cet accord n'avait-il rien de bien nouveau, mais cette redondance se justifiait sans doute dans les circonstances et compte tenu de l'envergure de l'objectif. Il s'agissait, en outre, d'activer les difficiles pourparlers en cours des SALT II. Bref, les deux Grands s'efforçaient de se stimuler eux-mêmes et de prolonger l'impulsion générale vers la détente qu'ils avaient déclenchée l'année précédente lors de la tenue du sommet de Moscou.

Le sens du spectacle des Américains dans les grandes circonstances contribua à diffuser efficacement le séjour du maître du Kremlin qui, sous le fourré de ses sourcils épais, montrait encore qu'il savait sourire et prendre beaucoup de plaisir à tout le branle-bas à la fois amical et officiel dont il était l'objet. Les retrouvailles se prolongèrent dans l'ambiance familiale de San Clemente, à la résidence californienne du président. C'est en ce lieu que Brejnev enregistra son discours à la nation américaine dans lequel il célébrait la «normalisation des relations américano-soviétiques» et «le processus de détente, que ce soit en Europe ou en Asie, en Afrique ou en Amérique latine, au Moyen-Orient ou en Extrême-Orient» [12]. Toutefois, cette avant-dernière région était présentée comme «un nid de tensions dangereuses»; le communiqué conjoint, issu à la fin de la rencontre, en faisait mention mais sans insistance particulière, n'y consacrant que 89 mots d'un texte qui en comportait 3700 et rappelant toutefois qu'il fallait tenir «un juste compte des intérêts légitimes du peuple palestinien» [13].

Au lendemain de la visite, le magazine *Time* y alla de ce commentaire: «Quelque soit d'autre qu'ils puissent faire, les leaders soviétiques semblent savoir voyager». Et aussi recevoir, comme l'avait montré ce déjeûner offert à Blair House à vingt-cinq sénateurs et représentants influents. Et parler également, comme l'allocution devant un auditoire d'hommes d'affaires américains auxquels il faisait remarquer que «sans commerce il n'est pas possible d'établir des relations normales entre deux pays». La sordide affaire du Watergate battant son plein, Nixon fit bonne contenance de son infortune intérieure, laissant même échapper cette flatterie en un humour désabusé: «*He's the best politician in this room*» [14].

Le troisième sommet de juin 1974, de nouveau à Moscou, n'aura pas l'importance ni le retentissement des deux autres. Les entretiens des SALT II, de plus en plus ardus, piétinaient. Des crises qui sévissaient à travers le monde, celle du Proche-Orient, lors de la guerre d'octobre 1973, avait même comporté le risque d'un affrontement entre les deux Grands [15]. Pataugeant de plus en plus dans le marais du

Watergate, Nixon fit tout de même le voyage à Moscou à la date convenue. Après avoir rassuré les alliés européens il parapha, lors d'une escale à Bruxelles, la Déclaration d'Ottawa raffermissant les liens de l'alliance atlantique. L'accueil à Moscou sera cette fois sobre et mesuré: il n'eut rien de la familiarité joviale du sommet de Washington ni de la gravité du premier sommet de Moscou en 1972, première manifestation d'une détente réelle. Comme son existence ne faisait plus de doute après deux ans, il s'agissait d'en faire le «bilan». Bien qu'elle ait fait des «progrès visibles», selon Brejnev, la détente continuait à se heurter à une «résistance assez active». Il s'agissait donc de passer à la phase de sa stabilisation; et Nixon abondait dans le même sens car «notre volonté de respecter les accords que nous avons déjà passés et d'en conclure d'autres ne peut être mise en question» [16].

Mais le communiqué commun cachait mal l'échec sur le point essentiel à leur agenda, soit la négociation d'un nouvel accord SALT de limitation des armements nucléaires offensifs les plus développés. Sur ce point majeur, les deux parties avaient plutôt reculé qu'avancé, n'ayant d'autre projet que de relancer de nouvelles négociations dans les trois ans à venir afin d'arriver à un accord complet qui serait valable jusqu'en 1985. Ainsi donc pourraient continuer la mise au point et l'installation, de part et d'autre, de missiles nucléaires de plus en plus perfectionnés. À son retour aux États-Unis, Nixon retrouvait son autorité intérieure encore plus chambranlante. Il n'avait guère d'autres arguments positifs à faire ressortir que la nécessité et la confirmation de fait de ces modes de coopération au sommet. Pour sa part, Kissinger faisait remarquer en conférence de presse qu'il n'était pas facile de convaincre les establishments militaires des deux pays des avantages de la modération en matière d'armements nucléaires.

La longueur du communiqué final, non plus que le nombre des accords sur d'autres questions moins primordiales, ne pouvait faire illusion. Les deux hommes d'État n'étaient pas sortis de l'impasse; elle s'épaississait plutôt. Quant aux alliés européens, glissant de l'inquiétude à une certaine méfiance, Kissinger tâchait de les rassurer en niant que le sommet de Moscou ait donné lieu à quelque accord secret. À Moscou, la démission de Nixon au mois d'août n'entraîna pas de remise en question de la politique de la détente, les dirigeants soviétiques se déclarant prêts à suivre la même orientation avec le nouveau président Ford; mais la détente avait peut-être vécu ses plus beaux jours qui, du reste, n'avaient jamais été tout à fait radieux.

De retour du Japon et de Corée du Sud, où il était allé confirmer l'engagement américain de protéger la sécurité de ce pays et à défendre la paix dans cette partie du monde, le président Ford profita de l'occasion pour établir un premier contact personnel avec Brejnev lors d'un sommet, tenu à Vladivostok à la fin novembre 1974. Cette quatrième rencontre, qu'on pourrait qualifier de sommet de la récupération, était devenue nécessaire pour relancer la phase seconde des SALT et confirmer une fois de plus la détente qu'il s'agissait de rendre «irréversible»[17] selon l'expression de Brejnev. En plus d'avoir réussi à débloquer les négociations, les deux parties convinrent d'un plafond rigide de 2400 vecteurs d'armes stratégiques chacune, dont 1320 seraient des missiles à ogives multiples. Il s'agissait d'un plafond assez haut ne remettant pas en cause les programmes en cours de fabrication d'armes stratégiques[18].

Aussi les adversaires de la politique de détente, sinon de la détente elle-même, avaient-ils beau jeu de soutenir que les États-Unis, en acceptant de «mettre le bouchon» selon l'expression de Ford, se retrouveraient de nouveau perdants. À quoi pouvait-on leur opposer qu'il fallait se contenter de modestes résultats à l'intérieur d'une politique qui ne présentait d'ailleurs pas d'alternative. Mais l'éventuel second sommet entre Brejnev et le successeur de Nixon, qu'on prévoyait quelque part en 1976, ne pourra avoir lieu. Les accords SALT II ne seront conclus qu'en juin 1979 et sans jamais recevoir de ratification du Congrès américain, question qui sera reprise au chapitre suivant.

* * *

Dans le camp communiste, Albanais et surtout Chinois criti-
quèrent durement la politique de la détente en ce qu'elle était
assumée trop exclusivement par les seuls membres de ce
directoire ou duumvirat. Devant la tribune de l'Assemblée
générale des Nations unies, le ministre albanais des affaires
étrangères dénonçait «la Sainte alliance soviéto-américaine
contre les peuples et les pays épris de liberté»[19]. Recevant le
président Pompidou à Pékin, Zhou Enlai déclarait voir dans
la récente détente entre l'Est et l'Ouest un «phénomène
superficiel»[20], sujet qu'il venait de traiter plus longuement
dans son rapport au Xième congrès des PC chinois en rappelant que le but des deux super-puissances est «de se disputer
l'hégémonie dans le monde. Ils se disputent tout en collabo-
rant. Et lorsqu'ils entrent en collusion, c'est en vue d'une
rivalité encore plus acharnée. La rivalité est absolue et de longue durée, tandis que la collusion est relative et temporai-
re»[21]. Un an plus tard, après le sommet de Vladivostok le
vice-premier ministre Deng Xiaoping caractérisait ainsi la
détente vacillante: «Plus la dispute entre les deux superpuissances augmente d'intensité, plus bruyamment elles vantent
la «détente» avec le vain espoir de maquiller la tension qu'elles ont créée sur notre globe»[22].

Des commentateurs occidentaux qui font autorité se
demandaient si les Américains seraient payés de retour pour
leur esprit d'ouverture aux Soviétiques. Tel Raymond Aron
qui voyait plutôt à l'intérieur un durcissement de l'appareil
policier[23] et se demandait si les prêts accordés aux Soviétiques ne leur permettraient pas de soulager quelque peu leurs
fortes dépenses militaires[24]. Ou tel Edward Crankshaw qui
constatait que «le Brejnev nouveau style (nouvelle confiance,
nouveau coiffeur, nouveau tailleur, nouvelles blagues, nouvelles voitures rapides)» continuait de s'entourer de durs
comme Andropov ou le maréchal Gretchko, «architecte de
l'invasion de la Tchécoslovaquie»; il trouvait encore, après le
tumultueux automne au Proche-Orient, que les Soviétiques
se faisaient, «pour le moins, une conception élastique de la
détente»[25]. Pour sa part, James Reston du *New York Times*
soutenait au début de 1974 qu'il y avait «quelque chose de

faux à la base de la détente» et qu'en outre, «les deux parties le savaient» malgré leurs protestations. À ce moment les États-Unis ne se préparaient-ils pas à adopter le plus fort budget militaire de leur histoire alors que les Soviétiques incitaient les Arabes à maintenir leur embargo pétrolier à l'égard des États-Unis[26]?

Mais ce sont les célèbres dissidents soviétiques qui faisaient entendre les mises en garde les plus pressantes: un Sakharov déclarant à Moscou que «personne ne veut pour voisin d'un pays masqué, surtout si ce voisin est armé jusqu'aux dents»[27]; ou un Soljenitsyne, à ses premiers jours d'exil à Zurich, soutenant qu'«une détente basée sur des sourires et des signatures peut être annihilée du jour au lendemain»[28].

Devant l'opposition à la détente qui s'élevait en leur pays, Nixon et Brejnev se sentirent obligés de se porter à la défense de leur grand dessein. Contre un mouvement au Congrès exigeant la libéralisation de la politique d'émigration de l'URSS, Nixon répondait qu'«il y a des limites à ce que nous pouvons faire» et qu'il n'était pas question de tenter de modifier la politique interne de l'autre Grand, pas plus que l'inverse ne serait concevable[29]. Après une mystérieuse absence d'un mois, qui avait suscité des rumeurs sur sa possible disgrâce, Brejnev, devant le congrès du Parti communiste hongrois, célébrait encore «le renforcement des relations entre l'Union soviétique et les États-Unis d'Amérique, relations qui sont tellement importantes du point de vue de la coexistence pacifique et qui sont basées sur une coopération mutuellement avantageuse»[30]: et d'en donner la preuve dans le récent accord de Vladivostok sur la limitation des armements stratégiques. Selon des observateurs de la scène moscovite, la politique de Brejnev ne faisait pas l'unanimité au sein du Comité central. Mais, il persistait toujours dans son triple projet: tenir à l'été 1975 la super-conférence sur la sécurité et la coopération en Europe (CSCE), rencontrer le président Ford à l'automne et faire entériner sa politique d'ensemble lors d'une grande rencontre internationale des partis communistes.

*　*　*

Au seuil même de la détente, cet esprit de conciliation avait permis aux deux Grands d'absorber des incidents fâcheux qui, en d'autres conjonctures, auraient pu avoir des conséquences autrement graves. Tel celui de l'avion militaire américain U8, piloté par un officier turc mais ayant deux généraux américains à son bord, qui, le 21 octobre 1970, avait franchi par inadvertance la frontière turco-soviétique et avait dû se poser en Arménie soviétique. En première réaction, une note du gouvernement soviétique à celui des États-Unis faisait mention d'activité d'espionnage, comme lors de l'incident de l'U2 abattu au-dessus du territoire soviétique en 1960, entraînant le sabordage du sommet de Paris par Khrouchtchev qui l'avait si longtemps réclamé. Des excuses verbales du sous-secrétaire d'État à l'ambassadeur soviétique à Washington feront presque aussitôt taire une campagne agressive de *La Pravda* («Dulles vient-il de ressusciter?») puis permettront, après quelques semaines, la libération sans condition[31] des militaires américains. L'affaire était donc traitée comme un «incident de parcours» au double sens, autant en cheminement de détente qu'en logistique aérienne.

Quelques semaines plus tard, l'attaque à la bombe par des activistes juifs américains des bureaux de l'Aeroflot et d'Intourist à New York, pour protester contre le sort fait à leurs coreligionnaires en Union soviétique, n'aura également pas de suite fâcheuse. Il suffira d'excuses du département d'État auprès de l'ambassade soviétique, déplorant «de tels actes de violence, irresponsables et préjudiciables à l'intérêt des États-Unis»[32], et assurant les Soviétiques que des mesures plus strictes de sécurité seront prises à l'avenir.

Toujours en cet automne 1970, un autre incident se produisit, considérablement plus grave que les deux précédents. En ce même lieu, il présentait des analogies marquantes avec la super-crise de l'installation des missiles soviétiques à Cuba en 1962. En effet, la mise en construction par les Soviétiques d'une base de sous-marins dotés de missiles dans le port cubain de Cienfuegos comportait tous les éléments d'une crise majeure entre les deux Grands. Kissinger, dans son livre *À la Maison Blanche*, a raconté par le menu les étapes de ce qui ne fut finalement qu'une mini-crise dont la solution suivit assez exactement le schéma du règlement, combien plus risqué, d'octobre 1962: soit une diplomatie secrète mais fondée sur des faits certains et fermes, permettant toutefois aux Soviétiques de se retirer sans perdre la face. Un autre rapport analogique entre les deux crises apparaît dans les circonstances où cette dernière éclatait. Le chargé d'affaires soviétique Vorontsov (en l'absence de l'ambassadeur Dobrynine) envoya une communication à Kissinger (conseiller spécial du président et non encore secrétaire d'État), lui demandant de confirmer si l'accord Kennedy-Khrouchtchev de 1962 était toujours en vigueur[33]... D'autre part, la base américaine de Guantanamo continuera de susciter des protestations cubaines et même soviétiques «une fois de plus», en cette période de détente où l'on était encore au mois de février 1974[34]. Il se produira même une troisième crise de Cuba en septembre 1979: non plus en Détente, mais en Paix froide, Carter étant alors président des États-Unis. Il en sera question au chapitre suivant.

Ce n'est toutefois pas la région des Caraïbes mais celle du Proche-Orient qui présentera le plus de danger dans les rapports entre les Grands pendant ces années de la Détente. Une future histoire, mieux fournie et plus sûre de ses sources, fournira plus de détails sur les états d'alerte militaire et les communications par ligne ou téléphone rouge entre les maîtres du Kremlin et de la Maison Blanche: soit d'abord entre les initiateurs Kennedy et Khrouchtchev, puis entre Johnson et Kossyguine au sujet de la guerre des Six Jours. Nous savons encore qu'en pleine Détente, pendant la guerre d'Octobre 1973, le président Nixon a placé une partie des forces américaines en état d'alerte nucléaire pour contrer une menace soviétique d'envoyer des troupes à la demande de l'Égypte afin d'assurer la surveillance du cessez-le-feu[35]. Un état d'alerte aussi général n'avait pas été déclaré depuis la crise des Caraïbes de 1962.

La région du Proche-Orient, ainsi que celle de l'Indochine pour d'autres raisons, étaient fort peu propices au climat de détente pendant ces années 1970-1975: les faits majeurs en seront relatés dans des sections subséquentes. Si, malgré tout, cette période vaut d'être qualifiée comme étant celle de la Détente, c'est bien plutôt à cause du tournant favorable des affaires européennes et singulièrement inter-allemandes, ainsi qu'aux négociations inter-Grands sur la limitation des armements stratégiques. Ces questions requièrent des développements spéciaux.

II. La détente entre les Allemagnes et la recherche de la sécurité en Europe

Une politique générale de détente en Europe ne pouvait avoir comme clé de voûte qu'un double règlement portant sur l'Allemagne: une «normalisation» entre les deux républiques sœurs mais rivales, puis une clarification dans le territoire de l'Allemagne de l'Est. Après un quart de siècle d'échecs accumulés à toutes espèces de niveaux, l'ensemble de la question paraîtra enfin discutable, sinon strictement négociable. Comment l'une ou l'autre des parties allemandes, si puissamment soutenues par leur coalition respective, aurait-elle pu s'amollir, reculer, composer? Comment le réaménagement d'un statu quo aussi fondamental et inchangeable par sa nature pourrait-il devenir plus vivable pour tous? Si, toutefois, on y parvenait ce serait bien la preuve que la détente était effectivement engagée et que des résultats positifs en d'autres champs diplomatiques devenaient également concevables.

Pour sortir d'autant d'immobilisme durci de part et d'autre, il était une condition indispensable et qui dominait toutes les autres, bien que préalable et négative: soit une forme de désistement partiel, mais nullement désintéressé quant au fond, des puissances d'occupation et singulièrement des deux Grands. Laisser enfin les Allemands des deux côtés se parler entre eux et s'assumer en leur destin contraire, mais pourtant complémentaire en deçà de l'impossible unité.... Prendre aussi le risque de jeter quelque lest pour voir ce que «cela» pouvait donner, cet instinct de *rapprochement* depuis si longtemps contrarié en l'épicentre même de la Guerre froide... Il fallait surtout que se soit imposée une espèce de nouveau climat général, favorable à une nouvelle perception «des choses qui ne peuvent plus durer...» Et, bien entendu, il devenait nécessaire que s'affirmât un homme, décidé et en situation de force, pour forger inlassablement l'Événement à ses risques et périls pour lui et son gouvernement...

Qui pouvait être mieux indiqué que cet antinazi notoire de Willy Brandt, maire de Berlin-Ouest au moment de l'implacable blocus terrestre de 1948-1949 et devenu plus tard ministre des Affaires étrangères de la République fédérale, pour lancer la ligne nouvelle de l'*Ostpolitik* ou de l'ouverture à l'Est? Il n'avait pas attendu d'être élu chancelier fédéral pour promouvoir la nouvelle politique de rapprochement entre les deux Allemagnes. Par exemple, il avait saisi au vol la proposition des pays du Pacte de Varsovie pour une conférence sur la sécurité européenne dans le but manifeste de consacrer juridiquement l'ensemble du statu quo territorial issu du conflit mondial. Et pour la République fédérale, l'heure était enfin venue de prendre son destin en main. Ce «nain politique», comme on l'appelait hier encore, était devenu une sorte de «géant économique» dont le «miracle» de performance, après avoir étonné le monde, intéressait fort prosaïquement les pays de l'Est et singulièrement l'Union soviétique, à laquelle la RFA venait d'ouvrir un prêt important d'une durée de douze ans.

L'habileté diplomatique de Willy Brandt aura été de doser efficacement les manœuvres sur les plans multilatéral, avec Moscou et Washington comme instances suprêmes, et bilatéral, avec ses homologues de l'autre Allemagne. Il fallait d'abord répudier, chez-soi, la «doctrine Hallstein»[36] et déborder les propagandes soviétique et est-allemande qui, hier encore, tonnaient contre le néo-militarisme et le «revanchisme» animant vraisemblablement les dirigeants de Bonn. D'abord sondé à la fin de janvier 1970 par Egon Bahr, homme de confiance de Willy Brandt, le Kremlin ne faisait pas la sourde oreille; les conversations de l'émissaire spécial avec les dirigeants de Moscou prirent très tôt un tour favorable à la grande satisfaction du chancelier. Dans l'intervalle, il s'imposait de ne pas perdre l'appui, au moins tacite, de Washington et d'autres capitales de l'OTAN, fort conscientes des risques énormes que comportait cette nouvelle liberté d'action du gouvernement de Bonn. Pour soutenir cette dynamique diplomatique élargie, les atouts ne manquaient pas dans le jeu du chancelier fédéral, encore qu'il lui fallait en user, à l'Ouest comme à l'Est, avec un mélange de parcimonie et de crédibilité continue.

L'*Ostpolitik* se fondait sur la réalité de la division des deux Allemagnes qu'aucune des parties n'avait les moyens ni l'intention de mettre en cause, tout en maintenant l'idéal d'une réunification toujours inscrite dans la culture et dans l'histoire. Le délicat problème d'une mutuelle reconnaissance «internationale» s'éludait dès lors que les deux républiques se parleraient au plan des relations «inter-allemandes» ou peut-être mieux «intra-allemandes»[37]. La chronique de l'*Ostpolitik* fut spécialement fournie pendant toute cette année 1970. Après la mission exploratoire de Bahr à Moscou à la fin janvier, Brandt sentit la situation suffisamment mûre pour tenter les premiers entretiens en tête à tête avec son homologue et homonyme partiel, Willi Stoph, le 19 mars, sur le territoire même de la RDA dans l'historique ville d'Erfurt[38]. Le chancelier fédéral y reçut un accueil plus que sympathique, la foule l'interpellant même nommément[39]. La glace était cassée. Sans chaperonnage des Grands, les rapports avaient été établis. Une seconde ronde d'entretiens allait se tenir, à Kassel deux mois plus tard, à la fin mai, confirmant ainsi la volonté des partis de poursuivre.

De ces rencontres aussi naturelles qu'inusitées, Moscou, qui avait dû forcer la main à Stoph pour les accepter, semblait avoir tiré l'exacte conclusion que Brandt avait bien pris son parti de l'existence intangible de la RDA, tout comme son gouvernement admettait de se priver d'armements atomiques par son adhésion au traité de non-dissémination. C'était là un essentiel, en deux parties, rassurant suffisamment le Kremlin pour qu'il accepte d'emblée de négocier officiellement avec les autorités de l'Allemagne fédérale. Les négociations marchèrent rondement. Le traité germano-soviétique de renonciation à la force fut conclu plus tôt que prévu et signé dès le 12 août par Kossyguine et Brandt, rappelé de vacances à cet effet.

La clause essentielle portait sur la reconnaissance «comme inviolables» des «frontières de tous les États en Europe», soit en particulier la ligne Oder-Neisse et la «frontière» très spéciale entre les deux Allemagnes. Aux termes de ce traité, la RFA qui, jusque-là, se disait seule habilitée à représenter l'Allemagne, ne pourrait plus considérer la RDA comme «la zone d'occupation soviétique en Allemagne». Toutefois, dans une lettre annexe au traité, le gouvernement de Bonn disait que ce texte était compatible avec son objectif d'«instaurer en Europe un état de paix dans lequel le peuple allemand puisse recouvrer son unité par une libre autodétermination». Quel traité international n'a jamais comporté d'arrière-pensées? Mais il est plutôt rare qu'elles s'expriment dans un document annexe.

Restait la question de Berlin, qui «ne doit pas rester un point de guerre froide» selon les mots de Brandt à Kossyguine. Brandt aurait à franchir l'étape incertaine de l'approbation du traité par le Bundestag; aussi, soutenait-il que la promesse d'un accord prochain sur Berlin-Ouest ne manquerait pas d'assouplir la procédure de ratification. Brejnev retourna l'argument: un report de la ratification réduirait plutôt les chances d'une solution à d'autres questions, comme en particulier celle de Berlin-Ouest. De leur côté, Paris et Washington étaient pour le moins réticents devant la ligne hasardeuse de l'*Ostpolitik*[40]. Brandt, pour sa part, répétait son attachement à l'alliance atlantique et à la communauté européenne, réaffirmant qu'il n'était nullement question de louvoyer entre les deux blocs. Par ailleurs, le chancelier était en bonne position pour soutenir auprès des Soviétiques que Berlin-Ouest était un élément capital du statu quo européen et que l'impératif de la détente commandait plus que jamais un accord de normalisation sur ses voies d'accès. Pas plus qu'en 1948-1949, lors du blocus, ou dix ans plus tard au moment de l'ouverture de la crise par l'«ultimatum» de Khrouchtchev, ou encore pendant la crise de 1961 avec la construction du Mur, les Allemands de l'Ouest et leurs alliés n'abandonneraient jamais la ville enclavée.

L'affaire traînera quelque peu, mais finira par suivre son cours selon le principe du donnant-donnant: la reconnaissance de la RDA et de sa frontière inviolable contre un accord de stabilisation de Berlin-Ouest et de libéralisation des voies d'accès. Mais cette question débordait les compétences des deux Allemagnes, relevant de l'autorité quadripartite des puissances d'occupation depuis l'été 1945. Les ministres des Affaires étrangères des quatre puissances réussirent à signer le protocole final de l'accord quadripartite le 3 juin 1972, qui avait déjà été paraphé le 3 septembre de l'année précédente. Mais la signature officielle ne devait intervenir qu'après la ratification par le Bundestag des traités germano-soviétique et germano-polonais (conclus respectivement les 12 août et 7 décembre 1970). Ainsi avaient été liées les deux détentes, interallemande et inter-Grands, sur ce point, névralgique entre tous, de Berlin.

Depuis le traité germano-soviétique du mois d'août 1970, toute une série d'événements s'étaient produits dans un sens favorable à l'entente recherchée au sujet de Berlin: la signature du traité germano-polonais[41] le 7 décembre suivant; la supplantation, comme premier secrétaire du Parti communiste est-allemand, de Walter Ulbricht ou «le dernier des staliniens» par le plus souple Erich Honecker le 3 mai 1971; des entretiens Brandt-Brejnev en Crimée à la mi-septembre pour réactiver le projet d'une conférence sur la sécurité européenne; divers accords techniques sur le transit, les laissez-passer et la circulation à la fin de 1971 et au début de 1972; enfin la ratification par le Bundestag des traités de Moscou et de Varsovie. Le tout avait abouti finalement à la signature du célèbre accord des Quatre sur Berlin le 3 juin 1972. La route avait été longue et dure, le chancelier fédéral employant subtilement la technique du *package* (paquet) pour relier toutes les questions et enlever les nécessaires adhésions de ratification législative.

L'encre était à peine séchée sur l'accord des Quatre que les négociations pour un *traité fondamental* s'engageaient entre les deux républiques allemandes. Six mois plus tard, le traité était paraphé, qui allait être signé le 21 décembre 1972, mais adopté *en paquet* (avec les autres traités) seulement le 11 mai 1973 devant une tenace opposition des chrétiens-démocrates allant jusqu'à vouloir en faire déclarer l'inconstitutionnalité devant le tribunal fédéral de Karlsruhe. Le grand dessein de l'*Ostpolitik* touchait à son terme, à travers tant de traîtres écueils de toutes sortes, qu'on s'étonne après toutes ces années qu'il n'ait pas échoué! À moins qu'on ne se surprenne encore davantage du caractère durable de ce premier résultat statutaire de «la Détente» du début de la décennie 1970...

L'accord quadripartite sur Berlin est pour l'essentiel toujours appliqué. Il a, en quelque sorte, encapsulé le point de la plus forte tension de la Guerre froide de naguère. Ce statut est devenu la pierre de touche de la Détente se généralisant et s'européannisant pendant la décennie 1970. De sa conclusion dépendaient la ratification par le Bundestag des traités signés par la République fédérale avec ses voisins et l'Union soviétique, ainsi que le ralliement des puissances occidentales, d'abord méfiantes devant l'énormité de l'entreprise de l'*Ostpolitik*. Malgré le Mur de la Honte, les échanges interallemands de toutes espèces n'ont fait que se multipler; la République fédérale entretient avec la République démocratique des relations étroites et continues et, avec les autres pays du Pacte de Varsovie, des rapports à peine moins fournis.

Faut-il encore parler d'un «rideau de fer» lorsqu'il est devenu troué à ce point? La célèbre «Europe de l'Atlantique à l'Oural» n'est même plus un mirage, tout au plus une vue de l'esprit qui n'avait guère fait d'adeptes. Aussi durablement que s'affirme la division des deux Europes, les Allemands doivent à fortiori faire leur deuil d'une impossible réunification dans un avenir prévisible. Autant dire qu'il n'y avait plus de Prusse dont «la mort a été officiellement enregistrée et psychologiquement acceptée» [42] lorsque l'homme de l'*Ostpoli-*

tik se voyait reporté au pouvoir et, cette fois-ci, avec une majorité confortable, à la fin de 1972[43].

*   *   *

En diagonale avec tous ces arrangements internationaux mettant en cause les Allemagnes et Berlin, allait pouvoir s'enclencher la phase préliminaire de la future Conférence sur la sécurité et la coopération en Europe (CSCE). La conclusion des Accords des SALT I en mai 1972 avait fait sauter un autre obstacle décisif entre les deux Grands eux-mêmes. Le projet d'une telle conférence était devenu presque une idée fixe chez les dirigeants communistes dans les dernières années de la décennie précédente. En 1964, 1966, 1967, 1969, en des formulations variables, ils prônèrent des traités européens de sécurité reprenant des éléments d'un plan, d'abord proposé par Molotov lors d'une conférence quadripartite sur Berlin en 1954, à un moment où l'heure était aussi à la détente. Le plan Molotov ne prévoyait rien de moins que la neutralisation de l'Allemagne, le retrait des troupes américaines et soviétiques des divers pays européens, la démilitarisation des territoires séparant les deux camps sur une profondeur de 800 kilomètres, une zone dénucléarisée au cœur de l'Europe (englobant la Pologne et la Tchécoslovaquie avec les Allemagnes), un gel général des armements en Europe centrale, etc.

Maintenant que la RFA et les puissances occidentales reconnaissaient de plein droit la RDA, et que la *détente* était devenue le mot clé dans toutes les langues de la communauté internationale, il ne restait plus d'objection fondamentale à opposer à une telle conférence destinée à concélébrer la détente fraîchement acquise. L'OTAN acceptait l'ouverture d'entretiens multilatéraux exploratoires; et des pays de l'Est, comme la Yougoslavie et la Roumanie, entrevoyaient dans la future conférence une occasion de se distancer de l'influence soviétique. Après toutes ces années d'une gestation ardue et après six mois d'entretiens préliminaires non moins laborieux, la conférence pourra finalement débuter en 1973. Elle étalera ses travaux en trois phases inégales. Cette étude est reportée à la première section du chapitre suivant, consacré à l'Acte d'Helsinki, qui sera présenté comme l'apothéose formelle et le début du déclin de la détente.

Il fallait rappeler ici que le principe de cette conférence était devenu une espèce de monnaie d'échange pour l'accord soviétique sur Berlin, auquel tenaient par-dessus tout, pour d'évidentes raisons, les Allemands de l'Ouest et les Occidentaux. Mais cette rencontre «paneuropéenne» paraissait déjà, après l'éclatante série des arrangements allemands, comme une espèce de queue de la comète... Sauf par l'expression d'un scepticisme prudent, la presse diplomatique occidentale portait peu d'attention aux travaux préliminaires de cette conférence générale à laquelle il avait fallu finalement consentir devant l'insistance des capitales du monde communiste. Pour sa part, le chancelier Brandt estimait que la future conférence devrait constituer plus qu'un «flirt de bloc à bloc»[44]. Pendant ce temps, diplomates et analystes politiques européens étaient bien plus assidus à l'examen de questions comme la crise de Chypre, la chute du régime des colonels en Grèce, la révolution des œillets au Portugal et la succession de Franco en Espagne.

III. Le duopole technologico-militaire sous les SALT I

Le duopole technologico-militaire a persisté dans la décennie 1970 et s'est institutionnalisé avec les entretiens sur la limitation des armements stratégiques (SALT). Non seulement les deux Grands continuent-ils à agir en ces matières selon la règle solidariste de leur impossible monopole à l'un ou à l'autre, mais ils avaient préalablement imposé à «tous les autres» l'espèce de discipline de leur exclusive. Au surlendemain de la crise des Caraïbes à l'automne 1962, l'accord du 20 juin 1963 sur le «téléphone rouge» entre Moscou et Washington avait établi des communications existantes et privilégiées entre ces deux capitales d'empire. Après dix ans, presque jour pour jour, le 22 juin 1973, la visite de Brejnev aux États-Unis fut l'occasion de conclure un accord sur la prévention politique de la guerre nucléaire, complétant le traité du 30 septembre 1971 sur la prévention d'une guerre nucléaire par accident, erreur ou malentendu et cet autre traité du 10 avril 1972 sur l'élimination des armes biologiques et à toxines[45].

D'autres traités multilatéraux avaient déjà dénucléarisé divers *espaces*: l'Antarctique (traité du 1 décembre 1959 dans la foulée de l'Année géophysique internationale); l'espace cosmique, «y compris la Lune et les autres corps célestes», qui ne peut faire l'objet d'une appropriation nationale (traité du 27 janvier 1961); l'ensemble du sub-continent latino-américain (traité du 14 février 1967, établissant même un organisme spécial de contrôle); le fond des mers et des océans, constituant les deux tiers de la surface de la planète (traité du 11 février 1971). Ces traités de non-armement nucléaire étaient dans la ligne générale de la politique des deux Grands de contenir ce qu'on avait commencé de nommer la «prolifération» nucléaire chez les autres États. De longues négociations avaient abouti au traité synthèse de l'été 1968, portant sur la non-prolifération, ou la non-dissémination, des armes nucléaires et dont il a déjà été question avec quelque détail[46]. Telles étaient, au début de la décennie 1970, ce qu'on pourrait appeler les limites extérieures à l'exercice du duopole technologico-militaire des deux Grands.

Le seul engagement qui leur avait coûté quelque chose — et encore, si peu — avait été le célèbre traité de Moscou du 5 août 1963, sur l'interdiction des essais nucléaires, même à des fins pacifiques, mais où que ce soit à l'exception de couches souterraines. Ce traité visait spécialement «les autres», afin de leur interdire l'entrée du club nucléaire, où s'étaient déjà introduites la France et la Chine (en attendant l'Inde) et que refusèrent de signer bon nombre d'autres États voulant réserver l'avenir. À la vérité, ce traité était peu contraignant pour les deux Grands eux-mêmes qui, ayant surabondamment expérimenté leur *know how* nucléaire depuis 1952, connaissaient tout ce qu'ils avaient besoin de savoir sur cette technologie et avaient pu emmagasiner, l'un et l'autre, un mégatonnage terrifiant de destruction nucléaire. Le traité de 1968 sur la non-prolifération visait encore davantage les autres États, premiers contrevenants par anticipation aussi bien qu'éventuels postulants à la puissance nucléaire. Après la ratification de 47 États, le traité entra en vigueur, un peu moins de deux ans après sa signature, en mars 1970.

Sur l'arrière-plan de tous ces acquis, la question des armements nucléaires va prendre, au tournant de la décennie 1970, une dimension toute nouvelle, en gravité et en urgence, avec les développements inouïs de la recherche balistique, autre domaine où les deux Grands possédaient une avance indépassable. L'année même du premier alunissage, s'ouvraient à Helsinki, le 17 novembre 1969, les premières conversations entre les deux Grands sur la limitation des armements stratégiques ou les SALT. Il s'agissait toujours de maîtriser la course aux armements. Mais elle se livre maintenant selon d'autres logiques qui avaient imposé un nouveau langage et, en particulier, la substitution des épithètes qualificatrices.

Au sortir de la guerre, l'«atomique» avait éclipsé le «conventionnel» ou «classique» en matière d'armement; avec les décennies 1950, et surtout 1960, le «thermonucléaire», ou plus communément le «nucléaire», avait déclassé l'«atomique», devenu dérisoire par comparaison. Puis on n'en aura plus que pour le «stratégique»[47] comme nouveau terme recouvrant la portée, la précision et la mobilité des engins porteurs de la destruction nucléaire. Et l'objectif de la maîtrise des armements par les Grands s'exprimera désormais par l'équation globale d'une «parité nucléaire stratégique». La première ronde des SALT allait finir par la consacrer après deux ans et demi de travaux intenses et difficiles dans l'accord du 26 mai 1972, signé à Moscou par Brejnev et Nixon lors de leur première rencontre au sommet.

Voilà donc que surgissait maintenant une espèce de monde *surréaliste*. Le lecteur de journaux, fût-il internationaliste de la meilleure bonne volonté, s'y perd dans cette profusion de sigles mystérieux exprimant la terreur de la destruction de masse. Il comprend tout au moins, notre lecteur appliqué jusqu'à l'angoisse, qu'il ne s'agit pas de désarmement ni de son contrôle, mais de la limitation éventuelle de deux armements, produits massivement et hautement sophistiqués: l'espoir ne réside finalement que dans le bon vouloir mutuel des deux gigantesques artificiers entre lesquels la confiance ne règne pas! L'évolution des laborieux travaux des SALT, «la négociation du siècle», lui est encore présentée par la presse comme le test barométrique le plus sensible de la réalité de la détente, entre les deux Grands. On lui rapporte aussi qu'ils ont été forcés à une sagesse de comportement pour leur propre survivance ou par l'effet de la peur nucléaire où ils se sont enfermés. Un sigle MAD (*mutual assured destruction*), selon une expression qui n'est pas sortie de la bouche d'un humoriste, résume la nécessité de cette retenue mutuelle en deçà de la codestruction.

Les premiers accords des SALT, selon le traité de mai 1972, stipulaient une limitation des systèmes de missiles antibalistiques, dits ABM, ainsi qu'une limitation du nombre de fusées stratégiques que chacun des Grands pourrait posséder. Un an plus tard, lors du sommet de Washington, Brejnev et Nixon signaient le traité sur la prévention politique de la guerre nucléaire, déjà mentionné, et établissaient «les principes fondamentaux» des négociations à venir des SALT II. Enfin, le sommet de Moscou de la fin juin et du début juillet 1974 ajoutait d'autres accords complémentaires: tel un traité sur la limitation des expériences nucléaires souterraines (l'exception permise par le traité du mois d'août 1965 du fait qu'on ne pouvait les distinguer des secousses sismiques). On était déjà entré dans la phase suivante des SALT dont un analyste disait qu'ils s'étaient «ouverts à temps pour le prochain tour de la spirale, mais déjà trop tard pour celui dans lequel nous nous trouvons»[48]. C'est d'ailleurs un trait marquant de ce type d'accords qu'ils portent sur ce qui devient révolu, tout au moins au plan qualitatif.

Il importe de signaler encore l'échec de négociations plus larges et, de fait, autrement plus complexes encore que les SALT, qui se tenaient à Vienne depuis 1973 pour une réduction mutuelle et équilibrée des forces en Europe (MBFR: *Mutual and Balanced Force Reduction*) entre les deux organisations collectives de l'Atlantique Nord et du Pacte de Varsovie. La participation des deux puissances duopolistiques à ces négociations multilatérales, qui se tenaient dans le cadre de la Conférence sur la sécurité et la coopération en Europe, n'était pas nécessairement un gage de leur évolution vers quelque résultat positif.

Après la démission du président Nixon comme conséquence de l'affaire du Watergate, son successeur, Gerald Ford, avait rencontré Brejnev à Vladivostok dans des circonstances rappelées précédemment. En date du 23 novembre 1974, leur déclaration de principe sur la limitation des armements stratégiques relançait les SALT II. Cette seconde ronde de négociations en vue d'en arriver à une parité des arsenaux stratégiques n'allait pas être plus facile, s'étendant jusqu'à la mi-juin 1979 avec la conclusion de nouveaux accords signés par Brejnev et, cette fois-ci, par le président Carter (question qu'on retrouvera au chapitre suivant). Après la première ronde des SALT, Zbigniew Brzezinski, futur conseiller en matière de sécurité de ce dernier, avait fait entendre ses craintes: «Si l'on accorde ainsi la supériorité numérique aux Russes (sous prétexte de la supériorité technique des États-Unis), il sera difficile de réduire cette asymétrie, surtout quand les Soviétiques auront rattrapé leur retard technologique»[49]. L'accord était, en effet, prévu pour une durée de cinq ans, pendant lesquels les Américains comptaient maintenir leur avance technologique; mais ce glissement du plan quantitatif (nombre d'engins limités) au plan qualitatif (développement à venir, surtout en précision, de ces engins) allait entraîner sous peu de la déconvenue chez les dirigeants américains.

Les craintes de ceux qui, parmi eux, partageaient le point de vue de Brzezinski étaient fondées. Les Soviétiques firent des progrès plus rapides qu'on escomptait, particulièrement dans le développement de missiles à ogives multiples ou MIRV[50]. À cette époque, le secrétaire à la défense du président Ford, James Schlesinger, remettra à l'ordre du jour la théorie de la dissuasion flexible et graduée (*flexible response* et *intrawar deterrence*), selon laquelle les éventuels belligérants se restreindraient à une «guerre propre», ne visant de part et d'autre que des objectifs militaires. En plus d'avoir perfectionné la *mirvisation* de leurs missiles intercontinentaux, les Soviétiques possédaient d'autres armes dont les accords SALT I ne limitaient pas la production, comme, par exemple, un bombardier supersonique que les Américains avaient appelé «Backfire». Du côté américain, leur dernière invention, celle du célèbre missile de croisière «Cruise», qui n'aura pas fini de faire parler, échappait également à ces accords.

Les accords des SALT II établissaient à 2400 le nombre des vecteurs stratégiques pour chaque contractant quelle qu'en soit la nature (sol-sol, mer-sol, air-sol) et, de chaque côté, 1320 missiles pourraient comprendre des têtes multiples ou seraient *mirvisés*. Cette limitation purement numérique n'était pas propre à rassurer complètement les milieux américains devenant plutôt inquiets[51]. En effet, la précision et la souplesse de véhicules lanceurs sont bien plutôt le facteur décisif à une époque où chacun des deux Grands possède, à lui seul, une si flagrante puissance d'*overkill*. À cause d'un ensemble d'autres circonstances relevant du chapitre suivant, les SALT II, finalement signés en juin 1979, ne recevront pas la ratification du Sénat des États-Unis. Et dans les années 1980, un autre type de conversations allait s'y substituer dont le nom-sigle évoquera justement un nouveau départ: les START[52].

Pourquoi arme-t-on? La réponse tiendrait en la formule classique de la *realpolitik* se jouant entre deux superpuissances mondiales dont chacune voit dans l'autre un principe de contradiction et d'éventuelle destruction. Comme elles se sont progressivement enfoncées dans la crainte d'une codestruction, il ne leur reste plus qu'à planifier paritairement les augmentations de leur force destructive mutuelle. Leur régime du duopole imposé par les circonstances de 1945, elles ont dû finir par l'instituer techniquement; avec les années 1970, il s'est affirmé plus nettement et consciemment que jamais. Chacun des deux concurrents est animé par l'obsession du *technological breakthrough*, de la percée technologique de l'autre, mais aussi de la sienne propre. Pour n'être jamais dépassé, toujours pouvoir dépasser l'autre; et si l'on prend conscience d'un retard relatif, vite le rattrapage quantitatif ou, mieux, le débordement qualitatif par une nouvelle poussée technologique. Mais la technologie ne se contrôle pas autrement que par elle-même, ou par la nécessité de son propre développement gradué, sans hiatus d'étapes. Il reste tout de même possible, moyennant accord, de limiter, pour un temps, la production et le déploiement des objets technologiques de destruction.

«Parité» et «écart» sont devenues des notions bien autrement complexes que naguère. La notion clé devient celle de la *restabilisation* des équilibres à éléments multiples et constamment à refaire. Qu'on considère la stabilisation à laquelle tendaient les accords des SALT I: d'une part, la supériorité soviétique, surtout faite du nombre de ses missiles intercontinentaux et de ses sous-marins; de l'autre, la supériorité américaine constituée par ses MIRVs et ses bombardiers. C'est selon une inévitable équation d'incertitude qu'on prétend compenser, pour un temps, la quantité par la technologie [53] — ou l'inverse. On sait maintenant que cette dynamique ne s'arrêtera pas. La dialectique sous-jacente est fort simple, qui n'a pas varié: «J'augmente et je perfectionne mes armements pour être à même de conclure des accords sur une base paritaire; mais la preuve que l'autre ne tient pas à cette parité et qu'il cherche plutôt la supériorité est qu'il augmente et perfectionne constamment les siens».

La question intéressante est: Pourquoi arme-t-on *en période de détente?* D'abord, les raisons générales «pour lesquelles on arme» demeurent: ce serait l'explication globalement suffisante. Mais il faudrait pouvoir aussi disposer du paradoxe qui reste intact. Des pourparlers du type des SALT ont pu s'enclencher comme conséquence de la conscience commune d'un effroyable gaspillage: celui d'armements de plus en plus perfectionnés et coûteux mais *qui ne protègent plus.* À la fin des années 1960, les deux Grands n'étaient pas plus avancés dans leur propre protection que dix ans auparavant. Mais où trouver les sommes économisées puisque la course aux armements continue de plus belle, et est toujours plus ruineuse? Les SALT I et II sont un mode de comptabilisation technologique, bien autrement précis que le fonctionnement du duopole militaire assez grossier jusque là. C'est trop peu de dire que la confiance ne règne pas, même en détente, *surtout en détente* puisqu'elle suppose un pari sur l'intention réelle de l'autre. Mais à ce seul plan des motivations, l'explication serait bien insuffisante.

Il faut reposer la question à un niveau objectif et de plus grande profondeur: à celui de la base du système international lui-même, où agissent les deux Grands en situation privilégiée mais sans l'altérer substantiellement. Les accords dualistes portant sur la maîtrise des armements se trouvent ainsi à asseoir dans des circonstances particulières, créées mais aussi reconnues par les deux Grands, la politique traditionnelle de sécurité de tous les États qui les a toujours conduits à revendiquer l'*ultima ratio* d'une force exclusive, et donc à s'armer le plus possible.

L'autre raison du réarmement maîtrisé partiellement par les Grands réside dans l'impératif du développement technologique lui-même qui attend d'autres limites que les siennes propres. L'instinct foncier de sécurité dans un environnement international, virtuellement hostile, légitime, à son tour, l'énormité des sommes engagées pour la poursuite des «technologies de pointe» à utilisation militaire. Le «complexe militaro-technologique» se portera toujours très bien tant qu'il pourra se justifier sur la base de ce principe fondamental de sécurité légitimatrice.

IV. Continuation de deux guerres pendant la Détente (au Proche-Orient et en Indochine)

Avec la question d'Israël et des voisins arabes, le Proche-Orient est la seule région du globe où le bellicisme demeure immanent et l'état de guerre presque constant. Il en est ainsi depuis le 14 mai 1948, alors que naissait le nouvel État à la faveur d'une miraculeuse entente des deux Grands, par ailleurs en désaccord sur tous les autres points en cette Guerre froide naissante. Dans la phase actuelle, débutant par l'appel pressant de Nasser pour des armes soviétiques en février 1970 et se terminant par la réouverture du canal de Suez au début juin 1975, la région proche-orientale, de théâtre second de la rivalité entre les Grands qu'elle avait toujours été, vint assez près de devenir un théâtre premier dans le champ de leur rivalité fondamentale. Et cela en pleine phase de leur propre détente, généralisée et sur d'autres terrains, ainsi que l'ont illustré les évolutions relatées sous les trois sections précédentes.

Ailleurs, les situations guerrières finissent par se régler, les tendances à la tension en arrivent à se résorber. Ici, en moins d'une génération, trois guerres (1948, 1956, 1967) se sont succédées, qui n'ont pas produit d'autre résultat qu'une instabilité plus grande que jamais et même prometteuse d'un nouveau conflit qui n'allait pas tarder. Cette quatrième guerre, éclatant en octobre 1973, sera la plus meurtrière de toutes ne laissant même pas de clair vainqueur ni de vaincu. À cette occasion les deux Grands, en recherche laborieuse d'une détente effective entre eux, vont être amenés à s'engager plus profondément que par le passé dans l'aide militaire aux amis de leur clientèle respective. Il a déjà été signalé que les obligations qu'ils se reconnaissaient ont failli les mener à un affrontement direct, le président Nixon allant aussi loin que de décider d'une alerte nucléaire générale lorsque Brejnev considéra l'envoi de troupes dans la région. En situation et climat de détente entre eux, les Grands connaissaient donc une dangereuse pointe de tension extrême au sujet d'autrui.

Voilà un beau cas de duopole sous maîtrise et dont l'expérimentation s'est, pour ainsi dire, raffinée comme en laboratoire: la constatation s'en fait tout de même mieux après coup. Passons vite sur le caractère de «poudrière» de la région, comme on le disait des Balkans au 19ième siècle; ou sur la métaphore géologique d'un «sous-sol qui flotte sur le pétrole», encore qu'il s'impose de rappeler que le premier choc pétrolier se produira en séquence, non fortuite, de la guerre d'octobre. Au centre, toujours l'État d'Israël dont l'existence même fait injure suprême aux voisins: au nord-est, la Syrie qui passait justement pour être le pays arabe le plus dynamique; au sud-ouest, l'Égypte, ce plus vieil État-nation du monde, actuellement sous la gouverne d'un leader charismatique et devenu revanchard. Au-delà, le monde presque en entier consommateur de pétrole, qui observe avec inquiétude cette quatrième ronde entre adversaires inexpiables. Et surtout les deux Grands qui avaient su ne pas trop mal manœuvrer lors des affrontements précédents. Cette fois-ci, ils feront bien davantage mais toujours symétriquement, à la façon du duopole explicite où chacune des parties souffre de ne pas gagner mais se refuse à encaisser des pertes importantes au bénéfice de l'autre. Au total, jeu franc à force d'ambiguïté flagrante mais consentie, et au sujet duquel on a même pu soulever «l'hypothèse d'une comédie de complices»[54].

La guerre d'usure, que menait Nasser depuis qu'en 1969 il avait contrevenu au cessez-le-feu de 1967, s'était tôt retournée contre l'Égypte. À la mi-février 1970, le Raïs réclamait passionnément des armes aux Soviétiques (sans passer par la Tchécoslovaquie). Aussitôt, l'agence Tass et le monde l'assuraient que les Soviétiques lui en fourniront. L'Égypte recevra des armes aussi modernes que les fusées sol-air dites «Sam 3» et, dans son espace aérien, on put même entendre des pilotes soviétiques converser en russe. Nixon refusa d'abord d'envoyer des avions «Phantom» à Israël, n'estimant pas encore le rapport des forces déséquilibré, tout en lançant un ferme avertissement au Kremlin. Nasser, en voyage à Moscou au début de juillet, va réclamer toujours plus d'armes, bien qu'ayant affirmé une quinzaine de jours plus tôt que les Égyptiens étaient prêts pour la guerre. Pendant tout ce temps, diverses initiatives extérieures (rappelées au chapitre précédent) avaient été tentées pour ramener la paix menacée: la mission Jarring, la concertation à Quatre, un plan soviétique et le plan Rogers qui, finalement, prévaudra lors de l'établissement d'un cessez-le-feu le 8 août 1970.

Mais il ne s'agissait pas d'armistice, encore moins de paix entre des belligérants si fidèles à eux-mêmes. Et leurs saints patrons soviétique et américain durent exaucer leurs prières pour toujours plus d'armes. L'un par rapport à l'autre, ces patrons en vinrent à adopter le langage qu'ils n'avaient pas eu le temps d'oublier depuis le temps, pas si

lointain, de leur classique Guerre froide. Devant le soutien
indéfectible des Américains à Israël, Moscou proclamait bien
haut sa solidarité avec le Caire et jurait qu'il n'était pas question d'abandonner l'Égypte à une défaite. Quelques semaines plus tôt, la guerre civile en Jordanie («Septembre noir») et
la mort soudaine de Nasser avaient ajouté encore à la nervosité dans la région. Il devenait de plus en plus question dans
les cercles internationaux d'établir des forces conjointes
soviético-américaines pour contrôler la situation et Washington ne s'y opposait pas à priori.

Le successeur de Nasser, Sadate, se montra plus
modeste d'ambition en abandonnant le rêve de constituer un
empire arabe, ce qui ne l'empêchait pas de dénoncer le
cessez-le-feu du 8 août et de prendre livraison d'avions soviétiques hautement perfectionnés. Et voilà même qu'à la fin
mai 1971, Sadate signait à Moscou un traité d'amitié d'une
durée de quinze ans. Certes Washington veillait au grain et, à
la fin de l'été, le président Nixon attirait l'attention sur ce
conflit depuis si longtemps entremêlé, car «il implique une
confrontation possible entre les super-Grands»[55]. De Londres courait même une rumeur à l'effet que les Soviétiques
envisageaient de construire une base d'opérations militaires
en Égypte.

Soudain coup de théâtre à l'été 1972: Sadate fait expul-
ser les conseillers militaires et techniques[56] qu'au fil des
années les Soviétiques avaient envoyés en Égypte. À l'unis-
son d'autres organes de la presse internationale, Le Monde faisait observer que ce pays s'était enfin décidé à couper «le cor-
don ombilical» qui le reliait à Moscou depuis l'affaire du bar-
rage d'Assouan de 1955[57]. Devant le comité central de
l'Union socialiste arabe, Sadate réclamait l'union sacrée
«surtout en cette phase délicate au cours de laquelle l'Égypte
recouvre sa souveraineté»[58]. Les premières réactions de
Moscou tentaient de dédramatiser la nouvelle, de même
qu'au Caire on avait plutôt tendance à minimiser l'événement. On assistera alors à un bizarre quadrille de grandes
puissances: Pékin soutenant Le Caire, sans toutefois blâmer
explicitement Moscou et semblant plutôt se mettre en ligne

pour la substitution, et la capitale égyptienne esquissant des avances à Londres, Paris et Bonn pour occuper le vide. Mais à l'automne, il apparut que Moscou et Le Caire semblaient désireux de régler la dispute, bien que Brejnev ait refusé un sommet que Sadate réclamait. Pour sa part, Washington trouvait la tournure des événements favorable à une politique de rapprochement avec les États arabes, mais ne dissimulait pas que la côte serait dure à remonter.

Sur cet arrière-plan d'incertitudes diverses va éclater au début octobre 1973 la guerre du Kippour ou du Grand Pardon. Syriens, au nord, et Égyptiens, au sud, prirent les Israéliens par surprise. Ils avaient planifié leur attaque foudroyante, les premiers reprenant en quelques heures presque tout le Golan et les seconds franchissant le canal pour entrer en force dans le Sinaï. Sharon, par une audacieuse stratégie, pourra au moment critique rétablir la situation; mais l'effet était créé que les valeureux soldats israéliens n'étaient pas nécessairement invincibles du fait de leur supériorité en tous les domaines, sauf en celui du nombre.

Les Soviétiques maintinrent leur attitude d'engagement moral à la cause arabe mais de non-engagement militaire: il revenait aux troupes égypto-syriennes de faire leur guerre. Les Américains, par la voix de Kissinger, pressèrent les Soviétiques d'éviter une attitude d'«irresponsabilité»[59], et trois jours plus tard, se déclarèrent satisfaits que ceux-ci n'aient pas commis d'actes «irresponsables»[60]. À Pékin, l'agence Chine nouvelle soutenait que l'Union soviétique tentait de «masquer son vrai visage»[61] en prétendant hypocritement être la grande amie des pays arabes. Les organes de presse soviétiques parlaient le même langage de la «responsabilité» afin de faire cesser les hostilités. Bien qu'il fût notoire que les deux Grands continuaient d'approvisionner en matériel militaire l'un ou l'autre camp de leur préférence, les signes ne manquaient pas qu'ils se consultaient et s'informaient mutuellement des coups qu'ils allaient jouer. Au plus fort de la lutte, Kossyguine fit un voyage demi-secret au Caire; Kissinger alla à Moscou pour conférer avec Brejnev autour d'un projet d'arrangement plus vaste qu'une simple trêve. Les démarches diplomatiques soviéto-américaines continuèrent au jour le jour pendant la durée du conflit; et les Chinois auront beau jeu de parler de la «collusion» des deux Grands[62].

Mais elle allait trouver des limites, cette collusion, lorsque Brejnev se mit à proposer une action conjointe des forces américano-soviétiques pour séparer les belligérants. Nixon refusa tout net la formule de cette police conjointe, n'acceptant absolument pas la présence de forces militaires soviétiques dans la zone du canal de Suez. Brejnev, s'entêtant, se préparait à agir unilatéralement en envoyant ses «représentants» de la paix (dont on saura qu'il s'agissait de sept divisions de parachutistes); à une demande d'éclaircissement de la Maison Blanche, il répondit plus que sèchement. C'est alors que Nixon donna l'ordre de l'état d'alerte «no 3» pendant que Kissinger faisait la contre-proposition de l'envoi des casques bleus, recrutés en d'autres pays que chez les deux Grands.

L'étude de cette proposition au Conseil de sécurité qui l'approuvera et la rencontre au kilomètre 101 (de la route du Caire à Suez) des officiers israéliens et égyptiens, pour discuter sur le terrain même de l'application du cessez-le feu, vont amener la fin des hostilités et infléchir abruptement la tension devenant aiguë entre Washington et Moscou. L'une et l'autre capitale avait joué «gros», mais non pas «dur». Sur l'interprétation de l'hésitation de Brejnev et de ses collègues du Kremlin au moment critique, plus d'une raison peut être avancée, et sans incompatibilité de motifs peut-être complémentaires. Selon la formule de Nixon, qu'entérinait sans doute en son for intérieur Brejnev, l'intervention soviétique dans les circonstances eût entraîné des «conséquences incalculables»[63].

En conférence de presse télévisée, Nixon tirera les leçons de l'événement. Grâce à ses contacts personnels avec Brejnev, qui en l'occurrence avaient été plutôt vigoureux, l'esprit de la nouvelle détente entre Grands avait été sauvé, ainsi que sauvegardées dans la région les chances d'une paix qui paraîtraient meilleures que depuis les vingt dernières années. Brejnev avait, pour sa part, pris un risque considérable pour sa politique arabe en rencontrant Kissinger à un moment critique et en persuadant l'Égypte et la Syrie de cesser le feu sur la promesse qu'Israël évacuerait les territoires conquis lors de la guerre des Six Jours en 1967. Le seul dommage, plutôt mineur, encouru par la politique soviétique en cette affaire aura été de voir retardé quelque peu l'examen par le Congrès d'un traité sur la clause de la nation la plus favorisée.

Mais depuis le traité égypto-soviétique de 1971, le prestige de Moscou dans la région proche-orientale en aura été plutôt terni. Par la suite Sadate se montrera davantage amical envers les Occidentaux et les Américains qu'à l'endroit des Soviétiques. Quelques mois plus tard, en mars 1974, ranimant un vieux souvenir, il ira jusqu'à accuser Brejnev de supercherie pour avoir tenté de convaincre les Égyptiens d'accepter un cessez-le-feu dans les premières heures de la guerre des Six Jours sous le prétexte fallacieux que l'allié syrien avait déjà accepté le principe d'une trêve. Lors du périple de Nixon en cinq pays de la région au mois de juin 1974, Sadate offrira au président des États-Unis le traitement de «l'ami numéro un» de l'Égypte. Depuis quelque temps déjà une question d'un autre ordre, celle de la tarification internationale du pétrole, maintenait la région au premier plan de l'actualité internationale.

Il fallait rappeler avec quelque détail l'épisode de tension-détente entre les deux Grands lors de la guerre d'octobre 1973. Le moment est également très important: cette crise survenait entre le deuxième sommet Brejnev-Nixon à Washington (juin 1973) et le troisième à Moscou (juin-juillet 1974).

*   *   *

À la même époque, à l'autre extrémité du monde, la situation n'est pas moins chaude, bien que virtuellement moins explosive qu'au Proche-Orient. Le retrait *in extremis* des États-Unis du Viêt-nam, en 1975, réduira considérablement la tension dans la région du Sud-Est asiatique, mettant ainsi un terme à la plus longue guerre des temps modernes. Entre la proclamation par Ho Chi Minh de l'indépendance du Viêt-nam dans le cadre de l'Union française, le 2 septembre 1945, et l'entrée à Saïgon des troupes du Front national de libération (FNL), le 30 avril 1975, il s'est écoulé autant de temps que la durée de la guerre de Trente ans, la dernière et la plus dévastatrice des guerres de religion dans la première moitié du 17ième siècle européen[64]. Sauf pendant quelques courts intervalles[65], on s'est donc battu en terre vietnamienne pendant la durée d'une génération adulte: situation comparable, à plus d'un égard, aux déchirements presque constants de la région du Proche-Orient.

À l'histoire de la plus désastreuse guerre coloniale depuis 1945 s'est ajoutée la plus sale aventure guerrière de la Guerre froide et de l'après-Guerre froide, qui ne se terminera qu'à la fin de cette période de la Détente. Malgré l'intervention directe et graduellement massive d'un des deux Grands, la guerre du Viêt-nam n'était toutefois pas devenue le théâtre premier de leur rivalité fondamentale. À l'aspect en quelque sorte marginal à leur propre querelle, l'affaire vietnamienne présentait un second caractère d'anachronisme qui était patent en ce début de la décennie 1970. Loin d'atténuer le caractère hautement dramatique de l'aventure (qu'on songe seulement au nombre de morts...), ces aspects accentuent encore la signification proprement absurde de l'interminable guerre du Viêt-nam.

Ce sera un autre des faits marquants de la phase de la Détente inter-Grands (1970-1975) que l'un d'eux ait enfin pu sortir de ce «bourbier», où il s'était progressivement laissé entraîner, puis mener très péniblement à terme ce que l'on appelait par euphémisme son «désengagement». À la fin de la campagne présidentielle de 1968, le candidat Nixon avait fait le serment «de mettre fin à la guerre d'une façon qui nous permette de gagner la paix» et, une fois élu, ne se reconnaissait pas de problème de politique extérieure plus urgent que d'exécuter cette promesse solennelle. En conformité à la doctrine de Guam (premier schéma de la «doctrine Nixon»), selon laquelle il s'imposait désormais de laisser aux Asiatiques eux-mêmes le soin de défendre leurs pays respectifs, le nouveau président annonça d'abord, dès 1969, le retrait d'un premier contingent de 25 000 soldats américains. C'était peu en comparaison du nombre d'un corps expéditionnaire s'élevant à plus de 540 000 soldats; mais le principe d'un désengagement américain progressif ou de la *vietnamisation* du conflit était lancé.

Il importe de ne pas oublier la coïncidence de cette phase de l'affaire vietnamienne avec les événements analysés sous les sections précédentes, ou sous d'autres titres qui restent à considérer (comme le voyage de Nixon en Chine au mois de février 1972), pour conférer à l'évolution des affaires d'Indochine toute sa signification dans la détente générale. Parmi les grands acteurs, le face à face Nixon-Brejnev ne doit pas faire négliger le rôle de maître d'œuvre de Kissinger[66] et, de l'autre côté, de son homologue Le Duc Tho, sans oublier, comme dans la crise du Proche-Orient, l'action différemment efficace d'un Kossyguine à Moscou ou d'un Dobrynine, ambassadeur à Washington. Tous ces hommes ont eu à manœuvrer subtilement selon un rapport changeant des forces militaires en action. Il faudrait aussi pouvoir tenir compte des extensions du conflit vietnamien dans la péninsule: au Cambodge mais aussi au Laos. La chute de Pnom Penh au printemps 1975 précédera d'une quinzaine celle de Saigon, comme quoi, les Américains pouvaient se dire qu'un désastre n'arrive jamais seul[67].

L'année 1972 de la guerre vietnamo-américaine fut spécialement remplie d'événements militaires d'importance dont certains décisifs: au début d'avril, le déclenchement de la grande offensive nord-vietnamienne contre le sud, entraînant un mois plus tard les contre-mesures du blocus américain du Viêt-nam Nord; en octobre, la suspension des raids américains, facilitant quelques jours plus tard, l'accord en neuf points entre Le Duc Tho et Kissinger, qu'allait rejeter le président Thieu au nom du Viêt-nam Sud; à la fin de l'année, reprise des bombardements sur Hanoï et Haïphong pour activer les négociations qui piétinaient. À la fin janvier 1973 les accords de Paris sont finalement signés par les gouvernements des deux Viêt-nams, le gouvernement révolutionnaire provisoire (GRP) du Sud-Viêt-nam et les États-Unis. Ces accords mettaient un terme à l'intervention militaire américaine tout en établissant les bases d'un règlement politique qui ne sera, du reste, jamais appliqué. À peine deux mois plus tard, à la suite de l'évacuation des soldats américains, les hostilités reprirent de plus belle malgré les accords de Paris. À la mi-juin, un nouveau cessez-le-feu péniblement acquis ne sera pas davantage effectif.

Les quatre premiers mois de 1975 marquent l'écroulement de toute résistance du Sud-Viêt-nam tandis que les Khmers rouges, de leur côté, s'emparaient du Cambodge. Thieu fut forcé de démissionner et son successeur, Duang Van Minh, n'eut pas d'autre mandat que de négocier la paix. Après qu'il eut ordonné le cessez-le-feu le 30 avril, les troupes du FNL entrèrent triomphantes à Saigon. La débâcle sera complète dans toute l'Indochine[68]. On ne savait pas à l'époque que s'affirmerait sous peu un nouvel impérialisme de fer et combien plus totalitaire que tout ce qu'avait connu jusque-là la péninsule.

Un grand soupir de soulagement avait signalé le retrait des troupes américaines et s'accompagna aux États-Unis d'un vif sentiment d'amertume. C'était peut-être moins dû à un échec aussi intégral qu'au sentiment de la parfaite inutilité de tant d'efforts, de pertes en vies humaines et de prestige international entaché. L'envoi en 1961, sous Kennedy, d'une *équipée* restreinte de 15 000 «conseillers militaires» pour permettre à un gouvernement ami de mieux se défendre contre le «terrorisme communiste» se soldait, une douzaine d'années plus tard, par l'évacuation, massive et sans gloire, du demi-million d'hommes d'une armée qui passait pour la première au monde. Les Américains n'avaient pas seulement perdu la première guerre de leur histoire militaire, mais surtout leur moral national et leur confiance en l'avenir allaient être mis à dure épreuve.

Enfin, le «cancer vietnamien» avait été extirpé. Kissinger fit entendre une note «sombre» et «déterminée» lors de sa conférence de presse du 29 avril 1975 pour expliquer les derniers événements de la déroute sud-vietnamienne. Jusqu'à la dernière minute, les Américains avaient espéré une solution autre que «purement militaire», mais il n'y avait pas d'alternative aux conditions posées par les vainqueurs sans conteste: retrait des Américains, suppression du gouvernement de Saigon et démantèlement de son armée. Au sujet du Watergate, l'autre drame politique, celui-là intérieur et sans perte de vies, que venaient de vivre les Américains, Kissinger admit que «l'affaiblissement de l'exécutif» avait inévitablement contribué à la débâcle indochinoise[69].

Jusqu'à ce désastreux mois d'avril 1975, la politique américaine avait cru pouvoir assurer un certain *modus operandi* avec une diplomatie à trois branches, agissant à la fois sur Moscou et Pékin pour amener le gouvernement d'Hanoï à composer pendant que Washington forcerait la main au gouvernement Thieu. La déroute militaire finale avait tout empêché. Les deux grandes puissances du communisme mondial, chacun pour sa part et depuis peu en «état de détente» avec Washington, avaient surtout rivalisé dans leurs accusations mutuelles de s'être faites «la complice de l'agression impérialiste». En réalité, ces propagandes de surenchères ne les avaient pas incitées elles-mêmes à prendre des risques majeurs, ce que ne manquaient pas de leur reprocher vertement les dirigeants d'Hanoï.

Toutefois, les Soviétiques s'étaient compromis davantage que les Chinois. En octobre 1971, le président Podgorny était allé à Hanoï conforter le gouvernement par l'annonce d'un accroissement considérable de l'aide soviétique au Viêtnam du Nord. Les Soviétiques se devaient de renforcer leur main vis-à-vis Washington en prévision du premier sommet Brejnev-Nixon du printemps suivant. Un mois avant la tenue de ce sommet, Kissinger s'était rendu en mission secrète à Moscou: quelques jours plus tard, pendant que la conférence de Paris reprenait ses travaux, une mission soviétique de haut rang séjournait encore à Hanoï. Ces manœuvres diplomatiques se déroulaient dans la foulée de la décision américaine du printemps 1972 d'instituer un blocus du Viêtnam-Nord (au-delà du 17e parallèle). Cette décision était manifestement destinée à faire monter les enchères non seulement à Hanoï, mais aussi à Moscou qui se trouvait en position d'influer sur Hanoï pour une politique plus conciliatrice.

Il faut convenir qu'encore aujourd'hui le jeu triangulaire Moscou-Washington-Pékin dans la phase finale de l'affaire vietnamienne reste assez peu connu. Il semble avoir été en grande partie secret, ambigu et adaptable! Une chose toutefois se dégage plus clairement: Moscou, par fidélité à l'esprit de la détente avec Washington et par méfiance obsessive de Pékin, n'a pas donné à fond pour entraver, ou pour détériorer encore si possible, la politique américaine du désengagement vietnamien[70]. Voilà ce qu'il convient de retenir au moment où le propos impose de considérer le troisième point d'angle du système de la détente: Pékin.

V. Duopole et tendances triangulaires (la Chine)

L'annonce en juillet 1971 d'un voyage du président Nixon en Chine produisit de par le monde un extraordinaire effet de surprise. Sans prévenir, ni même informer, ses alliés d'Europe et le Japon de cet extraordinaire mouvement diplomatique, il devenait officiel que Washington effectuait un virage complet dans ce qu'avait été la ligne la plus claire de sa politique extrême-orientale depuis plus de trente ans. Il s'agissait d'une décision énorme bien que pourtant inscrite dans «la nature des choses», soit des choses qui ne peuvent plus durer et qu'il faut bien remettre à l'endroit un jour ou l'autre. Comment le plus puissant État du monde aurait-il pu indéfiniment refuser de reconnaître officiellement la plus forte concentration politique d'êtres humains, bientôt le quart de l'humanité totale? Une diplomatie officieuse et demi-secrète[71] avait tout de même permis, pendant toutes ces années, à Washington et à Pékin de «se parler» pour l'essentiel indispensable, en attendant le jour des grandes retrouvailles qui tardait toujours.

Dans un régime de duopoleurs, quand un joueur se met à lorgner avec insistance du côté d'un troisième, il devient obligé que le deuxième se méfie et craigne de faire les frais de la manœuvre. Mais le système duopolistique en action, tout en étant quelque peu secoué, ne donne pas nécessairement lieu à un *tripole*, ou oligopole à trois. C'est plutôt l'ensemble magnétique de la bipolarité structurelle qui commence à se disloquer en épousant l'esquisse d'une nouvelle figure triangulaire. Le jeu se déroule plus subtilement à trois, mais la vraie partie qui compte et est éventuellement décisive continue à s'exécuter à deux, avec les contraintes et les avantages du régime du duopole en opération. En pareille situation, le triangle en formation ne prend pas une forme équilatérale, mais plutôt isocèle; et le petit côté, en l'occurrence la Chine, semble le mieux placé pour y gagner quelque chose. Quant aux deux grands côtés, celui qui avait pris l'initiative, les États-Unis, s'accordait certes la chance de gagner quelque chose à la mesure de son risque, tandis que l'autre côté, l'Union soviétique, en position ambiguë, ne pouvait que désirer ne point trop perdre. Par son débordement des limites des calculs bilatéraux des duopoleurs, le jeu triangulaire incite chacun d'eux à développer sa méfiance sur des «collusions» présumées ou imprécisément connues même lorsqu'elles sont réelles[72].

Depuis la mission du général George Marshall à la fin de 1945, l'histoire des rapports sino-américains peut s'analyser comme une longue suite d'occasions manquées. À l'amère déception d'avoir misé sur le mauvais cheval (Chiang plutôt que Mao), s'était ajouté le traumatisme combien plus profond de la guerre de Corée: des *boys* par milliers furent tués et l'armée américaine avait été, à la fin de 1950, presque rejetée à la mer. Le *lobby* chinois, si puissant à Washington par ses classiques menées d'agiotage, aurait maintenant l'oreille attentive de l'opinion et des milieux politiques officiels surtout au sujet de Taïwan et du détroit. La «question chinoise» était toujours renvoyée à plus tard. Il faudra attendre la tragédie du Viêt-nam, qui deviendra à la fin de la présidence de Johnson le problème *intérieur* numéro un, pour que le virage abrupt qui s'imposait se discute au moins comme hypothèse intellectuelle. En dehors des canaux officiels, il conviendrait de rappeler les rôles, importants à point nommé, du général de Gaulle, du célèbre journaliste américain Edgar Snow et même d'André Malraux[73].

L'inspirateur à Washington sera, une fois de plus, Henry Kissinger, avec Richard Nixon comme grand exécutant, et ce dernier d'abord en sa qualité de candidat républicain à la présidence. En octobre 1967, il avait signé dans une revue prestigieuse[74] un article prônant la reprise du dialogue avec l'ancienne grande alliée plutôt que de la laisser cultiver ses haines et menacer ses voisins. L'allusion était claire à l'affaire vietnamienne: comment, en effet, espérer se sortir de ce bourbier sans pouvoir compter sur une espèce de neutralité compréhensive du géant au nord? Kissinger, ancien conseiller de Nelson Rockefeller, avait suggéré à l'autre candidat républicain ce programme de «subtiles relations» triangulaires, grâce auxquelles Washington pourrait favoriser sa politique de détente non seulement avec Moscou mais également avec Pékin. Le conseiller Kissinger se trouvait à une exacte longueur d'ondes de son nouveau patron devenu président. De cette collaboration allaient sortir l'extension de la «doctrine de Guam» en «doctrine Nixon» et le message au Congrès du 18 février 1970, contenant cette affirmation: «Il est dans notre intérêt de prendre les mesures nécessaires en vue d'améliorer nos relations avec Pékin». La question du désengagement militaire au Viêt-nam allait désormais être liée au projet, diplomatiquement aussi périlleux, d'une réconciliation avec la Chine populaire, ou «communiste» (selon une qualification qui avait toujours cours).

Et ce sera le début d'un ballet fort «compliqué» et «subtil» qui enchantait Kissinger longtemps après dans l'évocation de ses années *À la Maison Blanche*[75]. Le 11 décembre 1969, les pourparlers reprenaient au niveau des ambassadeurs chinois et américain à Varsovie; quelques jours plus tard, l'autorisation était accordée aux filiales étrangères des sociétés américaines de commercer avec la Chine, à l'exception des produits stratégiques: allait suivre tout une série d'autres concessions commerciales. L'affaire du Cambodge (Sihanouk renversé, réfugié à Pékin) va pendant un temps ralentir les approches conciliatrices entre les deux parties. Elles reprendront au printemps 1971 selon le nouveau code du bon usage du tourisme et du ping pong en diplomatie[76].

Mais l'occasion déclic, embrayant véritablement le processus de la reprise, fut le signal que Mao lui-même donna à son grand ami le journaliste Edgar Snow lors d'une interview accordée le 18 décembre 1970, mais publiée en différé dans le magazine *Life* le 27 avril 1971: oui, en quelque qualité que ce soit, comme touriste ou comme président, Nixon serait le bienvenu en Chine. Quelques mois auparavant, le 5 octobre 1970, Nixon avait fait savoir au magazine *Time* qu'il désirait connaître la Chine. Tant de sollicitude de part et d'autre ne pouvait que susciter les conditions propices aux retrouvailles espérées. Kissinger partit donc, au mois de juillet, en voyage secret pour Pékin afin de mettre au point avec Zhou Enlai le projet du voyage[77]. Une semaine plus tard, le 15 juillet 1971, la Maison Blanche pouvait annoncer la visite du président à Pékin avant le mois de mai de l'année suivante.

Il aura lieu en février. Le fait qu'à l'automne les États-Unis aient encore soutenu le principe de la double représentation chinoise à l'ONU[78] n'avait pas entravé l'exécution du projet. Le voyage du président Nixon fut hautement *publicisé* par les médias du monde entier, y voyant justement l'un des faits les plus spectaculaires de l'histoire d'après-guerre: l'initiale poignée de mains Zhou Enlai-Nixon, le Grand Timonier recevant amicalement le Président au thé, la visite de la Grande muraille, etc. Les choses sérieuses se discutaient entre Zhou Enlai et Nixon ou Kissinger. Hors les deux points de désaccord majeur — Taïwan et l'Indochine —, les discussions sur les autres questions montraient des points de vue «froidement identiques» selon une expression de Kissinger.

Le communiqué conjoint émis à la fin du voyage portait la marque de beaucoup de positivité et d'une rare cordialité. Des passages d'inspiration moraliste parsemaient le document: «Aucun pays ne devrait prétendre à l'infaillibilité et chaque pays devrait être prêt à réviser ses propres positions dans l'intérêt du bien commun (...). La Chine ne sera jamais une superpuissance et s'oppose aux politiques d'hégémonie et de puissance quelles qu'elles soient.» Sur les questions de désaccord, le communiqué exposait dans un esprit de franche explication les positions des deux parties. En particulier, les

États-Unis convenaient, comme «il n'y a qu'une seule Chine», de l'objectif que «toutes les forces et installations militaires doivent être retirées de Taïwan». Le passage relatif à l'Indochine était plus court: «En l'absence d'un règlement négocié, les États-Unis envisagent le retrait final de toutes les forces militaires américaines de la région en accord avec l'objectif d'autodétermination des peuples d'Indochine.» En tête des principes communs aux deux pays, se trouvait naturellement celui qu'«un progrès vers la normalisation des relations entre la Chine et les États-Unis est dans l'intérêt de tous les pays»[79].

Des commentateurs occidentaux, pour lesquels cette «normalisation» en soi n'avait guère de valeur objective ou globale, firent ressortir que Nixon avait abandonné plus de choses qu'il n'en avait gagnées. D'autres personnes, comme George W. Ball, ancien sous-secrétaire d'État, se demandaient si une telle initiative était nécessaire, compte tenu des risques de méfiance qu'elle éveillait chez les alliés et amis[80]. Mais le ton général était plutôt dans la ligne du commentaire de James Reston qui voyait dans l'événement «*Mr. Nixon's finest hour*»[81]. Son confrère, Joseph Kraft, qui faisait aussi partie de la caravane des journalistes sur place, sentait le besoin de mettre ses compatriotes en garde contre la création d'un nouveau mythe chinois[82]. Les milieux de presse à Moscou, qui avaient dès l'origine dénoncé une entreprise aussi incongrue, continuaient de la trouver dépourvue de réalisme et laissaient même percer de l'irritation. André Fontaine commençait une analyse dans *Le Monde* en signalant d'abord l'énormité du phénomène: «Le chef de file des brigands impérialistes chez le chef d'orchestre du complot gauchiste, on a beau dire, malgré les bombardements de l'Indochine et l'entassement, aux quatre coins du globe, des armes les plus meurtrières, c'est la détente». Juste sous ces lignes, l'humoriste maison du même journal, Robert Escarpit, écrivait par ailleurs qu'il était naturel qu'un tel voyage ne fût pas accompagné des fastes des voyages officiels: «Après tout, ce n'est qu'un touriste sans visa, dans un pays sans existence. Américains et Chinois se parlent par-dessus le mur des fictions légales»[83]. C'était bien, aussi, l'autre dimension, en quelque sorte tragico-comique, de l'événement. Plus tard, Richard Nixon, redevenu simple citoyen, l'évoquera dans ses mémoires par l'expression quelque peu ampoulée de «cette semaine qui a changé le monde» et que nombre de journaux reprendront en «bonnes feuilles» lors de la sortie de cette publication.

*   *   *

Dans la dynamique générale de la détente en ces premières années de la décennie 1970, le voyage à Pékin s'insérait entre le récent accord des Quatre sur Berlin, le 3 septembre 1971, et le premier sommet Brejnev-Nixon à Moscou, projeté pour le mois de mai 1972. Dans son cours au Collège de France à cette époque, Raymond Aron articulait ainsi la portée de ces événements: «Le voyage à Pékin représentait une étape sur le chemin de Moscou, la négociation avec Pékin un commencement: la négociation avec Moscou devait couronner l'entreprise. Avec Zhou Enlai, c'est le fait même de la conversation qui, dans l'immédiat, était essentiel. Avec Brejnev, c'est l'accord sur la limitation des armements stratégiques et la déclaration finale sur les règles de la coexistence qui symbolisent la fin de la guerre froide, l'aube d'une ère nouvelle»[84]. Mais il y avait aussi des perdants, soit ces «oubliés de la détente», les peuples du tiers monde[85].

Après ces années de Détente, assez cahoteuse surtout pendant les douloureux épisodes proche-oriental et indochinois, mais tout de même plus prolongée qu'en aucun autre moment de l'après-guerre, «l'ère nouvelle» sera celle d'une Paix froide dont les fondements allaient être établis par l'Acte final de la conférence européenne d'Helsinki, le 1er août 1975. Le règlement du contentieux allemand, figé depuis un quart de siècle, avait été l'indispensable préalable à une détente territoriale et militaire en Europe: le fait même des travaux sur la sécurité européenne, malgré leurs piètres résultats, en devenaient le conséquent et le signe visible. La détente en Europe prenait forme et acquérait de la substance à l'articulation de ce «préalable» et de ce «conséquent».

Pendant ce temps, l'influence des deux Grands extraeuropéens ne continuait pas moins à peser sur l'Europe; mais leurs entretiens, partiellement fructueux sur la question cruciale de la limitation des armements stratégiques, consacraient l'esprit de la détente au-delà du cadre européen. Un tel phénomène n'aurait pas été possible dans la période de la Guerre froide classique, ni même dans celle de l'après-Guerre froide jusqu'en 1970. Cette dernière période pourrait s'interpréter, après coup, comme ayant été la longue préparation à une mise en place d'une Détente véritable et générale, mais qui, par ailleurs, ne trouvera guère à s'épanouir au-delà de 1975.

3

L'éphémère Paix froide (1975-1979): d'Helsinki à Kaboul

La notion ambiguë de «détente», non moins que l'usage sans doute excessif du concept, permet d'en traiter tout autant dans la phase de son déclin que dans celle de son épanouissement. Au milieu des années 1980, la *détente* constitue toujours un couple dialectique avec la *guerre froide*: l'une contredit l'autre et l'exclut dans les faits; le mauvais état de la détente fait craindre un retour de la guerre froide; etc. Pendant toute la décennie 1970, le fait et la formule de la «détente» ont été le sujet dominant des controverses de la pratique et de l'analyse internationales. Chaque puissance la présentait comme le nécessaire idéal à promouvoir, mais que l'autre Grand hélas! contrecarrait ou ne servait pas suffisamment. On n'a jamais, en effet, autant discuté de la «détente» que lorsque les dirigeants américains se mirent à contester l'opportunité de l'expression, sinon la substance du phénomène. Pour leur part, les Soviétiques en brandissaient l'oriflamme avec la même insistance qu'ils avaient montrée naguère pour prôner la «coexistence pacifique», première mouture de la «détente» des années 1970.

Même dépouillée de ses éléments de propagande et de contre-propagande, la détente, en tant que phénomène objectif et objet d'analyse, reste chargée d'équivoques. Les Américains et les Soviétiques prônaient «leur» détente particulière; et tant les uns que les autres se gardaient bien d'en fournir des définitions claires qui auraient facilité la tâche des analystes. Pour inférer le fait de la «détente», il ne suffit pas, en effet, de la contraster sommairement avec la «guerre froide», notion tout aussi lourde d'ambiguïtés.

Il restera indispensable de distinguer la Détente, dernière phase des rapports inter-Grands vue au chapitre précédent, de la plus longue histoire de la Guerre froide dite «classique», la période de l'entre-deux (1963-1970) ayant été caractérisée dans un chapitre intermédiaire comme celle de l'après-Guerre froide. C'est selon ces appellations qu'on a cru devoir présenter, en autant de chapitres, les trois subdivisions chronologiques, signalant les trois degrés d'intensité décroissante de la rivalité entre les deux Grands depuis la fin de la dernière guerre mondiale. Il s'impose maintenant de justifier le titre du présent chapitre pour caractériser une autre phase d'évolution qui ne semble plus être de Guerre froide (1945-1962), ni d'après-Guerre froide (1963-1970), ni même exactement de Détente (comme entre 1970 et 1975).

La notion minimale et la plus claire de la *détente* est la contradictoire de la *tension*, ainsi qu'il a été dit lors de l'exposition du problème en introduction. Au-delà de sa signification historique, le concept de détente recouvre un processus spécifique dont on a pu reconnaître diverses composantes: une série d'attitudes et d'efforts des deux Grands pour limiter les dangers d'une compétition trop vive et aussi pour prévenir les surprises de l'inattendu et de l'imprévoyance, principalement grâce aux moyens éprouvés d'une négociation continue et d'une coopération privilégiée au moins partielle. Il est moins malaisé de décrire la Détente comme une tranche d'histoire que de définir, dans l'abstrait, la détente comme concept et mode de conduite internationale.

La Détente prolongée de la première moitié de la décennie 1970 a été suivie d'une autre phase d'une durée comparable, faite de suffisamment de tensions diverses et nouvelles pour qu'on la caractérise autrement; et autrement, aussi, que par la menace plus sérieuse d'une résurgence de la guerre froide (ce qui allait se produire quelques années plus tard, au tournant des années 1980, et dont nous faisons l'objet du chapitre suivant). L'objet de ce chapitre qui commence à l'été 1975, sera qualifié de la notion intermédiaire de *Paix froide*, parce que s'ouvrant par une *Paix* européenne ayant suffisamment de caractères formels propres aux grandes paix de l'histoire[1], bien que manquant de la dynamique substantielle qui marque les grandes ruptures historiques pour pouvoir l'assimiler vraiment à celles-ci — en quoi elle n'est apparue, trente ans après l'événement qu'elle devait clore, que comme une Paix *froide*.

C'est selon cette large perspective historique que seront présentés ici les résultats de la Conférence sur la sécurité et la coopération en Europe sous la forme de son *Acte final*, signé à Helsinki le 1er août 1975. Hommes politiques et commentateurs des temps présents n'accorderont généralement pas à cette rencontre toute spéciale, ni au texte qui en est sorti, une telle importance à cause de ses suites piètres et décevantes. Helsinki 1975 a tout de même été l'apogée formelle et institutionnelle de la Détente, quoiqu'en une célébration tardive et signalant plutôt une fin qu'un commencement. L'Europe et l'Allemagne, ou les deux Europes et les deux Allemagnes, n'y ont pas été réorganisées, mais structurellement consolidées en l'état où elles se trouvaient depuis un quart de siècle: ce qui n'était tout de même pas un résultat négligeable.

Dans les années qui vont suivre, les relations entre les deux Grands seront moins faciles, surtout au sujet de leur commune entreprise, vitale pour tous, de la limitation des armements stratégiques. En outre, les implications diverses de chacun des deux Grands au Proche-Orient et en Indochine vont transformer ces régions en théâtres seconds de leur rivalité fondamentale. Elles seront toujours des zones d'instabilité, mais les deux Grands n'y auront, pas plus que par le passé, une responsabilité initiale ou une influence déterminante. Dans l'affaire des otages américains à Téhéran, les Soviétiques n'auront aucune part. Enfin, ce sera au sujet d'affaires du tiers monde, d'Afrique et principalement d'Angola, ou d'Amérique centrale et singulièrement au Nicaragua, que les Grands commenceront à se recycler dans le langage de base de «guerre froide» et même dans l'utilisation de ses moyens risqués. L'invasion soviétique de l'Afghanistan dans les derniers jours de 1979 ouvrira véritablement une époque nouvelle pendant laquelle la tension globale semblera l'emporter sur la détente, et bientôt la paix européenne de l'été 1975 ne semblera plus guère qu'un souvenir ayant commencé tôt à s'estomper.

I. La paix froide d'Helsinki, trente ans après Yalta et Potsdam

Quand trente-trois chefs d'État et de gouvernement européens, auxquels s'étaient joints le président des États-Unis et le premier ministre du Canada, se rencontrèrent dans la capitale de la Finlande, en juillet 1975, pour mettre au point et signer les textes que la Conférence sur la sécurité et la coopération en Europe (CSCE) avait établis après des travaux qui avaient duré deux ans, un tel rassemblement devenait un événement historique majeur et tout à fait inédit en cet après-guerre. Il faisait penser aux grands *Congrès* qui, de siècle en siècle depuis Westphalie, avaient réorganisé l'Europe à la suite d'une tourmente générale: en conclusion de la guerre de Trente ans et après celle de la Succession d'Espagne sous l'Ancien Régime, à la suite des guerres napoléoniennes et de la Première Guerre mondiale à l'aube des deux derniers siècles. Cette fois-ci, à Helsinki, l'ordre du jour ne comportait pas de remaniements territoriaux, ni d'octrois ou de retraits de souveraineté. Ce n'était pas une réunion entre vainqueurs pour décider du sort de vaincus. Et même les deux groupes de puissances, de l'Est comme de l'Ouest, n'y gagnaient rien d'explicite qui n'ait d'abord été juridiquement établi par la série des accords européens établis entre 1970 et 1973 (dont rendait compte le précédent chapitre).

   Par son ampleur et sa solennité, la parade diplomatique avait quelque chose d'anachronique et comme se déroulant en style *rétro*. Mais autant les Occidentaux, qui auraient pu s'en passer, que les Soviétiques, qui y tenaient beaucoup[2], profitèrent de l'occasion pour entériner, ou ratifier, la détente elle-même, pour en quelque sorte la concélébrer ou la sanctifier. La cérémonie ne ferait de mal à personne! Toute l'Europe y était présente, à l'exception des Albanais et des Andorrans: 35 États en tout, comprenant des neutres, des isolés volontaires ou non, des mini-États, et évidemment, tous les membres de l'Organisation du Traité de Varsovie et de l'OTAN, dont les deux puissances d'outre-Atlantique, les États-Unis et le Canada.

Chefs d'État et chefs de gouvernement allaient donc apposer les trente-cinq signatures au document officiel selon un ordre protocolaire quelque peu bizarre, auquel on pouvait attribuer la portée symbolique d'une reconnaissance du duopole des Grands[3]. On aurait pu en déduire que les deux Grands (après leurs quatre Sommets et leurs accords sur la limitation des armements stratégiques, en ces dernières années) encerclaient, comme pour la protéger, toute cette «clientèle» à deux branches... Par ses côtés formels et symboliques, par la presque universelle représentation européenne, l'Acte final d'Helsinki prenait aussi l'allure d'une «paix» de suppléance, sinon de rattrapage, à celle qui n'avait pas été possible après l'armistice de 1945 par suite de la Guerre froide naissante...

Côté substance, l'Acte final, contenait beaucoup, mais aussi assez peu sous l'aspect de la nouveauté. Constitué d'une juxtaposition de textes portant sur les questions les plus diverses, il était plutôt long: une soixantaine de pleines pages, sans divisions par chapitre ni numérotation d'articles. Pour s'y retrouver, un homme d'État finlandais proposa de parler des trois «corbeilles» contenant l'ensemble des dispositions. Dans la première corbeille se trouvait le texte capital, soit les questions relatives à la sécurité en Europe. La pièce de substance énonçait les dix principes constituant une espèce de code de bonne conduite dans les relations mutuelles entre États[4]. Tous ces principes normatifs étaient longuement explicités; et on prévoyait même, en une seconde partie, une «mise en pratique de certains des principes énoncés ci-dessus». Cette prévision du *suivi* de la conférence faisait encore l'objet d'un texte spécial à la toute fin de l'ensemble de l'Acte final: «Suites de la Conférence», et annonçait en particulier une prochaine conférence, à Belgrade en 1977. Un autre document portait sur les mesures de confiance et certains aspects de la sécurité et du désarmement. Il importait de «renforcer la confiance» dans une politique visant à diminuer les tensions et à promouvoir le désarmement. Aussi prônait-on la notification préalable des manœuvres et mouvements militaires d'envergure ainsi que de l'échange d'observateurs à ces occasions[5].

La deuxième «corbeille» contenait le plus long document (le tiers de l'ensemble) comprenant un vaste programme de Coopération dans les domaines de l'économie, de la science et de la technique, et de l'environnement. Sous une telle rubrique, il était question de tout, allant des «facilités et contacts d'affaires» jusqu'à la «formation des cadres» en passant par la «recherche spatiale» et la «protection de l'environnement marin». Enfin, la troisième «corbeille» portait sur le reste, soit la Coopération dans les domaines humanitaires et autres. Là aussi, tout y passait: éducation, culture, information (accès, diffusion, échanges), contacts entre les personnes (familles, mariages), jusqu'aux langues et civilisations étrangères, aux méthodes pédagogiques, etc. Ces principes allaient servir d'amorce aux luttes à venir sur la question des droits de l'homme.

Ce sec résumé peut donner l'impression d'un texte fort hétéroclite, ce que l'Acte final était bien, comme tous les assemblages du genre; mais chacun de ces documents autonomes était relativement bien composé et cohérent. Le défaut de cohérence se verrait plutôt entre les principes proclamés au début et les programmes y correspondant par la suite. Un défaut plus grave atténuait considérablement la portée de l'événement, car il s'agissait d'un instrument diplomatique dépourvu du caractère d'obligation juridique de l'aveu même des signataires. L'insertion de cette clause restrictive en a, du reste, singulièrement facilité la signature. La dernière page de l'Acte final le déclare, en effet, non recevable pour être enregistré comme «traité ou accord international» au titre de l'article 102 de la Charte des Nations unies. Avant comme après la conférence d'Helsinki, chefs d'État et de gouvernement ont multiplié les précisions à cet égard[6].

Les nombreux accords consignés dans l'Acte n'ont donc pas force de droit pour les signataires; ils constituent une commune déclaration d'intentions sans plus. En particulier, les droits — délicats — de l'homme, tels qu'explicités dans la troisième «corbeille», n'auraient pas entraîné l'adhésion unanime dans une pareille interprétation restrictive. Malgré tout, c'est cette question qui allait susciter par la suite les accusations et les polémiques les plus constantes. Il reste que les dispositions de l'Acte final constituent «à tout le moins un étalon de mesure qui permet d'apprécier le comportement des États»[7]. Mais peut-on violer ce qui n'est qu'une déclaration d'intentions? L'intention justificative de tant d'efforts et d'un si solennel déplacement était ainsi proclamée dans le préambule de l'Acte: «...élargir, approfondir et rendre continu et durable le cours de la détente». Seulement, la détente n'est pas une catégorie de droit, n'engendre pas d'obligations au sens juridique strict.

Cet aspect primordial de «détente», était prolongé certes par l'Acte final d'Helsinki, mais plutôt artificiellement: le meilleur en était passé. Aurait-on pu, du côté occidental, refuser sa participation à ce qui était tout de même plus qu'un simulacre? Une telle abstention dans les circonstances aurait, avec raison, été interprétée par l'Est comme un sérieux facteur de tension. C'est bien ce que pensait Kissinger, n'ignorant pas lui-même que la détente avait vécu ses plus beaux jours. Sa voie contrastait avec celle du prophétisme catastrophique d'un Soljenitsyne qui, en exil aux États-Unis, commençait à gêner ses hôtes[8]. Il est exact que ceux-ci et, de façon générale, les Occidentaux se trouvaient à reconnaître officiellement ce que les tenants de la ligne dure appelaient «les conquêtes des Soviétiques en Europe centrale et orientale», mais cela était acquis bien avant Helsinki et par l'effet d'autres instruments juridico-diplomatiques que l'Acte final. Que de chemin parcouru, toutefois depuis l'époque où Kennedy, en pleine crise des Caraïbes de l'octobre 1962, déclarait ne pas reconnaître comme permanente la domination de l'Europe orientale par l'URSS...

À Pékin, le *Quotidien du Peuple* voyait dans la cérémonie «l'inconscience» des Occidentaux, devant l'expansionnisme soviétique en Europe, pour avoir signé un «traité trompeur, ambigu, une duperie», le texte ne valant pas «le papier sur lequel il est écrit»[9]. De son côté, le maître du Kremlin, auteur de la «doctrine» interventionniste portant son nom, ne se faisait pas faute de souligner que «nul ne devrait essayer de dicter aux autres peuples la manière dont ils devraient conduire leurs affaires intérieures»[10]. Pour Erich Honecker de la RDA, l'élément décisif était bien la reconnaissance de l'inviolabilité des frontières en Europe et, singulièrement, entre les deux Allemagnes. Du côté des dirigeants de pays occidentaux (Wilson du Royaume-Uni, Giscard d'Estaing de France), on entendit des commentaires mesurés qui, selon le lieu commun euphémique, ne débordaient pas d'enthousiasme. À Washington, le président Ford n'allait pas au-delà de sa déclaration du 25 juin (citée à la note 6). Il valait tout de même la peine de signer ces engagements moraux pour contribuer à réduire les tensions en ménageant de nouvelles voies de communication entre les pays de l'Ouest et de l'Est.

Simple «gadgeterie» diplomatique ou occasion de sacrifier au «snobisme de la paix»[11], la conférence d'Helsinki aura tout de même des suites et produira même des effets pervers à l'encontre de ceux qui, depuis plus de vingt ans, s'étaient faits les ardents promoteurs de quelque chose de semblable. Pour les Soviétiques, elle ne serait bientôt plus qu'une espèce de manteau d'hermine qui pare somptueusement mais sans protéger des intempéries… En particulier, les suites de la troisième «corbeille», relative aux échanges de personnes et d'idées[12], allaient les gêner considérablement jusqu'à ce jour. En Pologne, en RDA, en Tchécoslovaquie (la charte des 77), mais aussi en Union soviétique (comités Sakharov et Orlov), les dirigeants soviétiques seront mis en accusation pour leur non-respect constant des droits de l'homme, en flagrante contradiction avec ces provisions d'Helsinki auxquelles ils avaient adhéré.

Le président Carter, élu l'année suivante, fera de la défense des droits de l'homme un des points majeurs de sa politique extérieure, mais n'obtiendra toutefois qu'un succès fort relatif. Plus de cinq ans après la conférence, lors de la réunion de la CSCE à Madrid, les Soviétiques seront encore l'objet de condamnations passionnées pour leur invasion de l'Afghanistan, en un théâtre pourtant situé bien loin de l'Europe. L'après-Helsinki, dont les résultats furent décevants des deux côtés, va signaler la dégradation générale et progressive de la détente dans la dernière moitié de la décennie 1970. En conséquence, la Paix morale et politique (entendons au sens d'opportunité) d'Helsinki deviendra de plus en plus froide. Et Brejnev lui-même mettra en garde, sinon contre un retour à la «guerre froide» de naguère, du moins à une situation pouvant y mener et qu'il qualifiait de «guerre tiède» ou «fraîche» [13].

L'année même d'Helsinki n'était pas encore terminée que Brejnev croyait devoir avertir [14] «certains milieux de l'Europe de l'Ouest» de ne pas faire marche arrière dans le processus de la détente, statutairement confirmé quelques mois plus tôt. Après la déchéance de Nixon en 1974, Kissinger s'efforçait aux États-Unis de défendre la ligne de la détente des années précédentes mais avec une force diminuée de persuasion. Pour sa part, le président intérimaire, Gerald Ford, se mettra à parler plutôt de la «paix par la force» que de «détente», suggérant même de mettre au rancart ce dernier slogan qui «n'est qu'un court mot qu'on a forgé». Ces paroles prononcées lors d'une interview télévisée étaient dans l'intention manifeste de barrer la route à l'étoile montante du parti républicain, Ronald Reagan. En campagne pour les élections primaires, l'ancien gouverneur de la Californie et futur président critiquait vivement la politique de la détente comme si elle devait subir les contrecoups de la mauvaise fortune du président déchu. Et même le secrétaire d'État Kissinger, qui avait été l'instrument principal de cette politique, avait commencé à reviser son propre langage. Le mois précédent à San Francisco, il rattachait subtilement l'idée nouvelle de la détente à l'ancienne de l'endiguement (*containment*) et, notèrent des journalistes, il n'employait plus le terme de «détente» qu'entre guillemets [15] comme si elle était devenue une valeur douteuse ou, tout au moins, un phénomène révolu.

À cette époque de la redécouverte du *Goulag*, la détente s'était donc dévalorisée et le dernier en date des grands dissidents soviétiques n'y voyait guère qu'un «somnifère»[16]. Quand au candidat démocrate aux élections présidentielles, Jimmy Carter, il promettait de ne pas l'exploiter comme un slogan ainsi que l'avaient fait Nixon, Ford et Kissinger. Il se proposait d'être «plus ferme dans les négociations avec l'URSS». Dans son premier exposé important de politique étrangère, le candidat démocrate revenait sur l'obligation que l'URSS «tienne ses engagements en ce qui concerne les droits de l'homme»[17]. Cette question allait devenir ce qu'on pourrait appeler son cheval de bataille idéologique une fois qu'il serait élu président.

Lors de la passation des nouveaux pouvoirs à Washington, il apparut clair que le Kremlin ne créerait pas une situation de tension ou de crise pour sonder la détermination du nouveau président et de son gouvernement ainsi que, par exemple, l'avait fait en 1960 Khrouchtchev à l'égard de Kennedy et de son équipe. Mais, avant même l'installation de Carter à la Maison Blanche, Brejnev faisait savoir toute l'importance qu'il attachait à la conclusion d'un accord portant sur les SALT II antérieurement à l'expiration de l'accord des SALT I en octobre 1977. En l'état où se trouvaient les pourparlers stratégiques alors, espérer un pareil résultat paraissait fort optimiste. Pour sa part, le nouveau président, lors de son discours d'investiture, réaffirmait l'«objectif final» de son pays, soit «l'élimination de toutes les armes nucléaires de cette terre»: à optimisme, idéalisme et demi... La veille, Brejnev avait profité d'une cérémonie d'un symbolisme pacifique[18] pour exposer un programme d'ensemble devant régir les relations inter-Grands, et dont la cessation des polémiques autour des engagements d'Helsinki relativement à la «troisième corbeille» (d'échanges culturels, droits humains, etc.) formait une des cinq composantes[19]. C'était évidemment là où le bât blessait le plus les Soviétiques.

En se posant comme défenseur de l'héritage moral de

Woodrow Wilson, Jimmy Carter ne s'accordait pas que les moyens d'agir sur une mauvaise conscience présumée des Soviétiques et de contrer leur propagande, il se trouvait aussi à redorer le blason des accords d'Helsinki dont le contenu des deux autres «corbeilles» n'était pas considéré par plusieurs critiques de son pays comme ayant été une très bonne affaire[20]. Devant le congrès des syndicats soviétiques en mars 1977, Brejnev, de son côté, adoptait un ton des plus sévère. Il trouvait «inconcevable» un «développement normal des rapports soviéto-américains» si les États-Unis continuaient à s'immiscer dans les affaires intérieures de l'URSS par le soutien qu'ils accordaient aux dissidents, «des gens qui agissaient à l'encontre de leur propre patrie, des complices sinon des agents de l'impérialisme»[21]. Les arrestations de dissidents se multipliaient alors en Union soviétique et spécialement parmi les membres du groupe de surveillance des accords d'Helsinki: Guinzbourg, Roudenko, Tokhonov, etc., et le président de ce groupe, Orlov, était l'objet d'une sollicitude par trop pesante de la part de la police soviétique... L'indignation devint vraiment à son comble à Moscou lorsque le président et le vice-président Mondale acceptèrent de recevoir Boukovsky après que celui-ci ait eu l'occasion de s'entretenir avec les membres de la Commission sur la sécurité et la coopération en Europe. Et le dernier dissident soviétique en vogue dira à ses invités qu'il était «stupéfait de la cécité des gens de l'Occident»[22].

Le président Carter portera sa campagne devant l'Assemblée générale de l'ONU, y affirmant que le soutien de son pays aux droits de l'homme est un véritable engagement et non pas quelque faux-semblant diplomatique. Comme première mesure institutionnelle, il proposait de ramener de Genève à New York la Commission des droits de l'homme de l'ONU et, pour lui donner plus d'autorité, de la chapeauter par un organisme du type «haut-commissariat». Son rapport bi-annuel sur l'application des accords d'Helsinki, soumis au Congrès une semaine avant l'ouverture de la Conférence de Belgrade, insistait sur le fait que l'URSS n'avait pas modifié fondamentalement son attitude au sujet des droits de l'homme. Les Soviétiques, pour sauver les apparences, s'en tenaient à une politique seulement symbolique et toujours sélective. En particulier, l'application du droit à l'émigration de ses citoyens, notamment des Juifs, restait toujours soumis à l'arbitraire.

Quand se tint, à l'été et à l'automne 1977, la Conférence de Belgrade, expressément prévue dans l'Acte final pour en évaluer l'application après deux ans, les problèmes litigieux au sujet du respect des droits de l'homme eurent plus d'importance que la question politique centrale de la détente entre les deux Grands et les rapports entre les deux Europes. L'URSS et les pays de l'Est y furent abondamment mis en accusation. Au terme de ses travaux s'étalant sur dix-neuf semaines, la Conférence se termina avec la transaction laborieuse d'un communiqué édulcoré, ne faisant même pas mention du principal sujet de discussion, l'Union soviétique s'y étant objectée! On s'était tout de même mis d'accord pour convoquer une troisième conférence qui aura lieu à Madrid à la fin de 1980. Bien auparavant, on s'était rendu compte des effets *contre-productifs* de la grande campagne humanitaire: il ne devenait pas plus facile pour les citoyens de l'Est de quitter leur pays; les hôpitaux psychiatriques étaient toujours remplis de patients récalcitrants; des dirigeants de pays de l'Est, comme en Bulgarie alourdissaient encore la répression policière. Mais, à la vérité, il n'y avait pas que les pays des dictatures socialistes à violer outrageusement les droits de l'homme les plus élémentaires: les dictatures de droite, de style militariste ou même fasciste, présentent toujours le même triste bilan d'après les relevés d'Amnistie internationale.

Toutefois, la politique américaine des droits de l'homme sera graduellement mise en sourdine: elle finissait par exposer davantage ceux qu'elle prétendait protéger. Orlov, par exemple, subira un procès pour «agitation et propagande anti-soviétiques»[23]. Il sera offert à Sakharov l'alternative de deux exils, l'extérieur ou l'intérieur: il choisira le second. Au quatrième anniversaire de l'Acte final, le président Carter avait beau proclamer que «l'esprit d'Helsinki est encore vivant»[24], le gros de sa communication portait sur les constantes violations de droits humains dans l'Europe de l'Est. Viendra, quelques mois plus tard, l'affaire de l'Afghanistan et, l'année d'après, la Conférence de Madrid dont l'échec était scellé avant même qu'elle ne commence. Quelle voix pouvait encore célébrer l'Helsinki de l'été 1975, et son «esprit» humanitaire qui, à l'usage, divisait davantage qu'il ne réconciliait? En 1980, il était devenu courant d'évoquer comme un regret la détente du début des années 1970 et dont l'Acte final d'Helsinki, au milieu de la décennie, devait être la consécration paneuropéenne et transatlantique.

II. Le duopole technologico-militaire sous les SALT II

Il eût été étonnant que la dégradation politique de la détente entre les Grands ait permis un épanouissement inverse de leur conduite duopolistique sur la question de la limitation de leurs armements. Mais peut-être conviendrait-il de se surprendre autant que des pourparlers bilatéraux du type des SALT aient pu continuer malgré de forts vents contraires? Pour s'être considérablement amenuisée, l'espèce de connivence, toujours méfiante mais nécessaire entre les duopoleurs, a persisté, suffisamment en tout cas pour maintenir à flot l'entreprise commune. Avec quelques années de retard et à travers un long blocage suivi d'une crise au printemps 1977, le jeu hautement ésotérique du duopole militaire en négociation a fini par aboutir à la conclusion de nouveaux accords, signés à Vienne par les chefs d'État américain et soviétique à la mi-mai 1979. Avec la pérennisation du statu quo territorial européen, le fait même de la continuation des SALT était à peu près ce qui restait de la «détente» de la phase précédente. Il convient certes de ne pas tout ramener à cette question, pour centrale et décisive qu'elle fut. La Paix froide d'Helsinki ne trouvait guère à s'appliquer hors du théâtre européen, ainsi que l'examen, sous d'autres sections, de la rivalité inter-Grands va le montrer.

Le caractère le plus marquant d'accords du type des SALT est leur nature intérimaire: ils se négocient en attente d'autres accords et en les appelant. Il est bien impossible d'en faire un bilan fixe. Chacun des négociateurs, futurs contractants, se voit engagé dans une course-poursuite de l'autre en vue d'atteindre le résultat d'une *parité* stratégique. Mais celle-ci s'entend toujours relativement, en plus d'être, de sa nature, instable. La partie américaine, forte au départ de son avance technologique et prétendant la garder, s'est vue rejointe, plus tôt qu'elle ne l'avait prévu, par la partie soviétique, pourvue au départ de nets avantages quantitatifs.

Aux États-Unis, la doctrine Schlesinger, raffinant la doctrine McNamara des années 1960, visait à raffermir la base de crédibilité de la dissuasion américaine en Europe. De la doctrine de la codestruction de masse (MAD), on était passé à celle d'un «clavier nucléaire» avec ses différentes touches de «réponse flexible», de «deuxième frappe», etc., le tout reposant sur l'hypothèse qu'un conflit nucléaire puisse rester limité par des objectifs militaires sélectifs. Mais la partie soviétique, géographiquement mieux placée, pouvait continuer à menacer les populations européennes tout en pouvant atteindre les cibles militaires de l'adversaire, ce qui risquait d'entamer la crédibilité de la dissuasion globale par la partie américaine. Non seulement les Américains devenaient-ils inquiets mais autant, et justement, les Européens[25].

Telle était devenue la préoccupation essentielle des Américains entre la conclusion des accords des SALT I en mai 1972 et les accords de Vladivostok de novembre 1974. Bien que prévus pour une durée de dix ans, ces derniers, étant intérimaires, devaient être complétés par les arrangements à venir des SALT II. Allait s'ensuivre une période de confusion à divers niveaux, et pour toute une série de raisons diverses: les nouvelles armes du bombardier (dit «Backfire») des Soviétiques et du missile de croisière («Cruise») des Américains ne faisaient pas partie de l'entente de Vladivostok; à l'indécision mal surmontée du président Ford succédaient les incohérences de Carter, colombe forcée de se donner des allures de faucon; nombre de *congressmen* firent des accusations répétées à l'effet que les Soviétiques avaient transgressé ou violé des clauses spécifiques des premiers accords conclus, ce que niait Kissinger; conception plus rigide des rapports inter-Grands inspirée maintenant par «l'architecte» Brzezinski plutôt que par «l'acrobate» Kissinger; réussites spectaculaires des Soviétiques en matière de missiles lourds et annonce de prochains déploiements; nécessité de sortir de l'état de prostration nationale après Watergate et le Viêt-nam par une nouvelle politique américaine prétendant combiner la force et l'imagination; etc.

À la fin de la présidence de Ford, les entretiens soviéto-américains de Vienne durent s'interrompre et la déclaration commune du 21 mai 1975 ne contenait, avec la sèche énumération des sujets discutés, qu'un seul accord de principe sur une nouvelle ronde d'entretiens. Ils reprirent à la fin mars 1977, après l'élection de Carter. Au renouvellement des arrangements numériques de Vladivostok proposés à nouveau par les Américains, les Soviétiques opposèrent une brutale fin de non-recevoir. Ils n'y virent qu'un plan destiné à procurer à l'autre partie des avantages unilatéraux avec l'effet de durcir encore les problèmes en suspens. À l'été suivant, Carter donnera son aval à la fabrication de la bombe à neutrons et le Sénat s'empressera d'en voter les premiers crédits[26]. Les deux Grands persistaient donc dans l'intention de développer leurs systèmes nucléaires stratégiques.

Mais les SALT n'étaient pas abolis, seulement en sursis. Toutefois, il faudra deux autres années pour dénouer l'impasse. Un premier rapprochement à l'automne 1977 fournit la base de nouvelles discussions, plus ardues et secrètes que jamais, et qui allaient durer toute l'année suivante. Deux ans après l'expiration des accords des SALT I, les documents composant les ententes des SALT II furent enfin signés par les présidents Brejnev et Carter à Vienne le 15 juin 1979. Ils prenaient en compte les armes qui n'étaient pas incluses dans l'accord de Vladivostok, le Cruise et le Backfire; surtout, ils prévoyaient la réduction, et non seulement la limitation, de lanceurs (les ramenant de 2400 à 2250). Du côté des vecteurs, les Soviétiques possédaient un net avantage, ce qui n'avait pas échappé à l'attention des sénateurs américains appelés à ratifier l'accord et qui s'y refuseront.

En décembre, le conseil ministériel de l'OTAN, comme mesure compensatoire, va autoriser le déploiement de Pershing 2 et de Cruise sur le territoire de la République fédérale. Une autre époque «stratégique» et «pacifiste» en contrepartie allait s'ouvrir en Europe. Aux États-Unis, le président Carter faisait adopter, avant de quitter le pouvoir, le plus fort budget militaire du pays afin de permettre le développement de la capacité «anti-forces» avec les sous-marins Trident et les fusées intercontinentales du type MX[27]. Le gigantesque projet de l'Initiative de développement stratégique (dit communément *Star Wars,* Guerre des étoiles) au milieu de la décennie suivante sera la reprise élargie des recherches que Carter lui-même avait autorisées dès janvier 1977[28]: l'ère des satellites anti-satellites ou anti-fusées n'a pas commencé avec le second gouvernement Reagan.

Sous Nixon et Kissinger, les règles internes du duopole étaient clairement perçues, sinon exactement suivies, de part et d'autre. Sous Carter et Vance, la politique du *linkage*[29], aussi imprudente que bien intentionnée, contribuera à brouiller encore davantage des questions déjà suffisamment complexes. Relier le respect des droits de l'homme ou la politique éthiopienne et angolaise aux négociations des SALT n'était pas le moyen idéal de faire avancer celles-ci, non plus que de contrer la pénétration soviétique en Afrique. Un universitaire américain écrit: «Le plus grand reproche que l'on puisse faire au gouvernement Carter est de n'avoir pas indiqué ce qu'il attendait des relations entre l'Union soviétique et les États-Unis. Il n'a pas su décider et faire savoir, par ses actes ou ses paroles, quelles activités soviétiques étaient intolérables, et lesquelles étaient compatibles avec la conception américaine de la compétition bipolaire. Le gouvernement Carter a ainsi désamorcé ses propres intuitions et intentions novatrices»[30]. Pendant ce temps, les grands alliés européens ne s'étaient pas laissés gagner par l'aspect croisade du *linkage* et préféraient pratiquer, pour leur propre compte, des politiques ponctuelles et moins engagées moralement. Une perception nouvelle de la diminution de la dissuasion américaine entraînait une sérieuse crise de confiance au sein de l'alliance occidentale. Bientôt, les pacifistes européens prendront la rue pour protester non pas contre l'installation des SS 20 soviétiques pointés vers eux, mais contre le futur déploiement sur leur sol des Pershing 2, pourtant destinés à les protéger.

Deux ordres d'observations s'imposent, qui doivent être clairement distingués: sur la structure duopolaire du jeu lui-même; sur l'évaluation de la partie à telle phase donnée, en l'occurrence après les SALT II, en 1979. Les accords de 1972 condamnaient les Américains à se maintenir en tête dans la course qualitative pour leur avance technologique; mais les Soviétiques s'y trouvèrent tôt à égalité tout en pouvant maintenir un certain avantage quantitatif: d'où la crise persistante de 1974 à 1977. Mais ce mode courant d'exposition présente l'inconvénient de tenir trop d'un mode de raisonnement traditionnel comme s'il s'appliquait à des armements conventionnels.

Les SALT ne constituent pas un jeu dont l'objectif général serait d'amener l'adversaire les épaules au plancher; il ne s'agit pas non plus d'une partie à somme nulle où l'avantage de l'un doit être immédiatement porté comme une perte pour l'autre. Les joueurs ne s'affrontent pas en une succession de rondes dont chacune permettrait une nette comptabilisation des pertes et gains avant de s'engager dans la suivante. Ils manœuvrent à l'intérieur d'une seule grande partie, interminable à moins d'en sortir abruptement par la guerre, ce qui est exclus au principe même du duopole consenti. Cette partie unique à plusieurs coups dispense un vaste champ, aussi bien qualitatif que quantitatif, à chacun des joueurs pour compenser, dépasser et même pour circonvenir un désavantage partiel ou momentané. Toute l'histoire technologico-militaire des deux Grands depuis Hiroshima montre qu'ils ont la volonté et les moyens, qualitatifs-quantitatifs ou l'inverse, de rattraper les écarts et pertes de vitesse relative. Il en est encore de même à l'ère «stratégique», comme hier à l'ère «nucléaire», ou avant-hier à l'ère «atomique».

Il importe que cette partie se joue d'après ses règles spécifiques sans *linkage* d'autres considérations que d'elle-même, car ces dernières sont susceptibles d'énerver la partie et d'en fausser l'interprétation. Au lieu de proposer un gel sur les armements pour pouvoir négocier «le reste» ou encore pour marchander certains de ses éléments, il faudrait procéder à l'inverse: *pour le seul déroulement ordonné de la partie*, geler «le reste» ou déclarer un moratoire, de sa nature transitoire, sur telle ou telle question de l'actualité litigieuse. Telle serait la précondition indispensable pour que la partie, suffisamment ardue en elle-même, se déroule proprement. Ce dernier adverbe, lâché au fil de la phrase, ne devrait pas détonner malgré l'envergure terrifiante de l'objectif de la partie. Trouverait-on plus «propres» que cette super-partie diplomatique des SALT le retour aux procédés débridés de guerre froide, l'accentuation des sombres activités du KGB et de la CIA ou de l'espionnage «sélect» (scientifique, diplomatique, etc.) pour ne pas dire gangstériste ou terroriste? Elles continuent, certes, ces activités, entretenues par l'antagonisme idéologique fondamental mais n'est-ce pas une raison de plus pour maintenir la négociation officielle et civilisée?

Aussi s'impose-t-il, à un plan supérieur officiel, que les exercices continus du type des SALT exercent leur *pédagogie* très particulière sur les joueurs. Elle permet à de forts esprits des deux Grands l'apprentissage, en la matière la plus ardue en même temps que la plus vitale pour l'humanité, de leur comportement obligé de duopoleurs. Les négociateurs n'ont pas à se distribuer que les arguments de la persuasion ou de la méfiance; ils s'échangent des informations techniques requérant tout le temps d'être doublement contrôlées et minutieusement examinées. La partie leur impose de se mettre continuellement à nu dans leurs intentions actuelles ou à venir. Ils s'éduquent mutuellement à un niveau qui doit fonder, à tout le moins, une forme supérieure de respect réciproque. Ce dernier point est capital, qui ne peut s'avouer dans les communiqués officiels.

Le jeu n'en est pas un de «modération» au sens banal ou vertueux: il ressort plutôt de la catégorie des jeux d'attaque-défense, mais sans être un duel qui comporte l'esquive et implique la mise hors de combat. Les entretiens SALT sont une forme de transaction ultra-raffinée et consciente de mener une longue course à étapes dont aucune ne peut être conçue comme décisive. On chemine vers des formules d'équilibrations mutuellement dissuasives. La notion de «parité» s'est imposée justement pour enlever le caractère trop strictement symétrique de l'égalité ou de l'équilibre: elle ne se conçoit que par des *équilibrations* successives et auto-reproductrices.

Quand ils recherchent la *parité* par ensembles composites des deux côtés, les négociateurs finissent par y arriver: ce qui s'est produit à la phase de conclusion des SALT I, à Vladivostok, puis en 1978 pour sortir de l'impasse des SALT II. Quand ils recherchent l'*égalité*, soit de la même façon ou pour des avantages identiques, ils échouent: c'est la phase des blocages, des impasses et des temps morts, constituant des périodes plus longues que les rares moments de convergence péniblement acquis. Comme c'est le propre du duopole de ne pouvoir disposer de tiers recours, il n'y a pas lieu de procéder autrement. En outre, tant qu'il dure, le jeu duopolistique consolide le fonctionnement du duopole comme structure d'opération. Et, tant qu'il ne présente pas d'alternative à lui-même, ce mal nécessaire devient un bien relatif dont tout le monde est forcé de s'accommoder.

III. Atlantismes et eurocommunismes

Parler comme Giscard d'Estaing de «la vacance de l'Europe»[31] c'est aussi évoquer le paradoxe des effets européens du duopole américano-soviétique: plus celui-ci s'affirme en lui-même et est effectif à l'extérieur, moins la double protection qu'il dispense rassure véritablement les protégés des deux côtés. Séparés depuis trente ans en deux camps selon une ligne inamovible, qu'au surcroît Helsinki vient de solennellement confirmer, les Européens ont dû apprendre à vivre avec la conscience inconfortable d'être *agis* au plan stratégique et de ne pouvoir dépasser la condition d'acteurs seconds dans cette lutte pour la puissance. D'ailleurs, l'état parcellaire de la mosaïque européenne l'explique autant que cette division fondamentale patronée par les deux Grands. Enfin, la Paix froide de l'après-Helsinki couvre la même période que celle des très ardus, et retardataires, accords des SALT II.

Pas plus que par le passé, à l'Est la direction soviétique du duopole ne peut être contestée ni même être vraiment discutée; à peine peut-elle être nuancée de temps à autre et sans qu'il ne s'ensuive quelque modification notable. À l'Ouest, où l'hétérogénéité n'a pas à s'excuser ni à demander de permissions, la direction américaine finit toujours par être acceptée, souvent en bougonnant, parce qu'il n'y a pas de moyen de modifier une géostratégie essentielle. À la fin des années 1970, l'émergence des eurocommunismes a toutefois permis un début d'osmose entre l'homogénéité imposée à l'Est et l'hétérogénéité relativement sélective à l'Ouest.

Sans qu'Helsinki n'y ait vraiment été pour autre chose que la confirmation d'une évolution déjà engagée et même s'achevant, les rapports se sont tout de même assouplis entre les deux Europes en cette période de Paix froide. La normalisation entre les deux Allemagnes définissait un *modus operandi* pour la première fois satisfaisant après trente ans. En continuant à penser à «l'autre Allemagne», tous les Allemands ont dû s'accommoder de leur rêve nostalgique; mais «l'autre Allemagne» n'y trouvera plus place comme éventuel recours objectif et mental. Il devait s'ensuivre une situation d'apaisement collectif des deux côtés de *la frontière*. Mais d'où vient, se demande un politicologue allemand, qu'en République fédérale spécialement «la stabilité objective ne va pas de pair avec un sentiment subjectif de sécurité»? D'où vient ce «syndrome d'anxiété»? Un arrière-plan de désastres (en 1918, 1933 et 1945) s'imposerait comme première explication, à laquelle s'ajouterait celle du manque d'enracinement profond de traditions et institutions démocratiques. Mais il faut également prendre en compte le facteur extérieur bien que ce ne soit pas le propos de l'auteur[32]. L'américanisation culturelle en ce pays, plus voyante peut-être qu'en tout autre de l'Europe occidentale, ne découle pas d'un sentiment grandissant de sécurité dans l'environnement international. Ce pourrait bien être tout le contraire, selon un paradoxe qui ne serait qu'apparent.

Comme il n'y a pas d'option ouverte à la RFA, le chancelier
Schmidt, qui s'opposait peu auparavant aux politiques américaines susceptibles de mettre en péril les réalisations de la
détente, fut le premier à réclamer, à partir de 1977, le
déploiement de fusées nucléaires américaines sur le territoire
de la RFA afin d'annuler l'avance balistique qu'avaient prise
les Soviétiques en RDA.

Bien que moins immédiatement exposés, d'autres pays
de l'Europe de l'Ouest se sont trouvés devant le même
dilemme. Ils continuent à mal supporter la protection américaine après tant d'années, comme les Américains continuent
à s'en impatienter tout en cachant peut-être plus adroitement
que naguère leur irritation. Une Europe «vautrée sur le sofa
de la détente»[33], a eu le réveil dur. Kissinger, maintenant
dégagé des responsabilités d'un secrétaire d'État, pouvait
déclarer abruptement, en 1979 à l'occasion du trentième
anniversaire de l'OTAN: «Nos alliés européens ne devraient
plus continuer à nous demander de multiplier les assurances
stratégiques que nous ne pouvons pas leur donner, ou que si
nous leur donnions, nous ne voudrions pas mettre à exécution en risquant ainsi la destruction de la civilisation»[34]. Les
Américains ne peuvent compter, comme les Soviétiques, sur
ce qu'il appelait «une supériorité locale et régionale», i.e.
européenne. Il leur faut donc viser l'impératif d'une supériorité globale de leur puissance stratégique. Mais comme celle-
ci requiert des points d'appui, ou de déploiement pour leurs
missiles sur le sol européen, le problème reste entier en
Europe. Ces révisions de la grande stratégie américaine
étaient bien engagées avant même l'invasion de l'Afghanistan, qui n'atténuera pas les anxiétés aussi bien européennes
qu'américaines.

Au total, l'Europe occidentale de 1975-1976 ne se trouvait pas en une mauvaise situation politique malgré les difficultés économiques croissantes. La fin des dictatures ibéri-
ques avait été saluée avec le soulagement d'avoir évité un
grave danger: dans l'année suivant la mort de Franco, la
démocratie s'était installée en Espagne, moins péniblement
qu'on ne l'aurait craint; la révolution portugaise finissait par

se résorber sans avoir établi un régime «à la soviétique». En Angleterre, Callaghan assurait la continuité générale des politiques de Wilson; et, malgré l'adhésion décisive au Marché commun l'année précédente, ces insulaires invétérés de Britanniques continueront à ne se reconnaître qu'une demivocation européenne. Il y avait plus d'originalité du côté de Paris et de Bonn. Giscard d'Estaing plaidait au Kremlin même, autant que «la Détente dans le domaine des armements», «la Détente dans la compétition idéologique»[35]. Pour sa part, le PC français ne venait-il pas d'abandonner le dogme sacro-saint de la dictature du prolétariat? Le président français abordait l'ensemble des problèmes avec ces deux superpuissances selon une même longueur d'ondes que le chancelier de l'Allemagne fédérale. Et la confiance relative, qu'ils vouaient notoirement au leadership intellectuel du président Carter, n'avait pas de quoi les inhiber. La Détente en Europe devait aussi être sauvegardée par les Européens.

L'Union soviétique, qui se mit à prendre des risques jusque-là inédits, en Afrique notamment, continuait toutefois à se comporter avec plus de prudence en Europe. L'ordre territorial fixe, qu'avait consacré Helsinki après que ses dirigeants l'aient réclamé pendant plus de vingt ans, lui accordait le répit assuré d'une espèce de «front statique». Les conditions étaient favorables aux Soviétiques pour procéder à un renforcement de leur potentiel militaire au niveau stratégique comme au niveau conventionnel (si tant est que, sur ce dernier plan, une augmentation pouvait être significative). Leurs motifs d'inquiétude étaient d'une autre nature et assez probablement inattendus.

La vogue récente des *eurocommunismes*, qui éveillaient la méfiance des Américains, n'allait pas sans embêter encore plus considérablement les Soviétiques pour des raisons inverses. Quel mauvais exemple pour les dirigeants des pays de l'Est! La conférence des 29 partis communistes européens, plusieurs fois reportée, put enfin se tenir à Berlin-Est à la fin juin 1976. Après avoir déploré la lenteur des travaux des SALT («Franchement, ce n'est pas notre faute») et servi le traditionnel couplet aux dirigeants maoïstes de Pékin qui souhaitent une troisième guerre mondiale, Brejnev défendit l'orthodoxie soviétique de «l'internationalisme prolétarien», que des partis communistes occidentaux avaient remise en question[36]. En particulier, il n'avait pas prisé diverses sorties comme celle du secrétaire-général du PC français au sujet des dissidents. Marchais, de la tribune du XXIIe congrès de ce parti, avait pris position, quelques mois auparavant, contre «certains faits survenus en Union soviétique» qualifiés par lui d'«actes injustes et injustifiés» de répression[37]. Au congrès des PC européens, Roumains et Yougoslaves ne se faisaient pas faute de parler un langage identique à celui des Italiens et des Français au sujet d'une nécessaire marge d'indépendance de la ligne de Moscou.

Pour les dirigeants de l'Ouest, et singulièrement pour les Américains, les audaces eurocommunistes étaient diversement appréciées selon qu'elles venaient de pays de l'Europe orientale ou de ceux de l'Europe occidentale. La moindre fissure, tactique ou idéologique, dans le monolithisme soviétique n'était certes pas une mauvaise nouvelle; mais les tendances eurocommunistes dans des pays comme l'Italie, la France ou le Portugal pouvaient bien recouvrir quelque subterfuge ou piège alors qu'il était question de «regroupement de la gauche», de «programme commun» ou de «compromis historique», etc. Les dirigeants américains adressèrent nombre de mises en garde aux Italiens et aux Français contre les conséquences dangereuses d'une possible participation des communistes au pouvoir gouvernemental. Kissinger, encore pour un temps au secrétariat d'État, disait douter du degré d'indépendance réelle des eurocommunistes occidentaux, faisant surtout observer que leurs récentes positions «coïncident manifestement avec leurs intérêts électoraux»[38]. Un mois plus tard, devant une réunion de directeurs de journaux, il caricaturait un communiste membre d'une coalition gouvernementale en Occident comme une espèce de «de Gaulle à l'envers»[39]. Pourtant, à quelques jours des élections italiennes des 20-21 juin 1976, Berlinguer, figure de proue des eurocommunismes occidentaux, disait nettement espérer voir son pays demeurer dans l'OTAN plutôt que d'adhérer au Pacte de Varsovie: «Je me sens plus en liberté où je suis, mais je me rends compte que, même ici, on tente de restreindre notre liberté»[40].

La performance électorale des communistes italiens sera impressionnante; mais ils ne participeront pas à la responsabilité du pouvoir. Mitterrand fera bien appel à quatre élus communistes pour la constitution du premier ministère Mauroy après la victoire de la gauche du 10 mai 1981; mais, à une apparente satisfaction commune, le compromis historique n'aura guère duré. La menace réelle d'une participation communiste aux gouvernements de pays occidentaux avait été grandement exagérée. Telle était, entre autres, l'avis des trois auteurs d'un rapport de la Commission trilatérale dont les membres n'ont précisément rien des «compagnons de route» ou des «crypto-communistes» de naguère[41]. De toute façon, c'est une majorité de droite qui avait été reportée au pouvoir lors des élections législative en mars 1978: et c'était un PCF sur son déclin manifeste qui allait devoir se contenter de ne fournir que quatre ministres après les élections de mai 1981. (Et la droite reviendra au pouvoir à l'occasion des législatives de 1986.)

Après avoir fait quelque effervescence aux élections de juin 1976, les communistes italiens ne connaîtront plus de succès aussi marquants. Mais le ministère Andreotti, complètement débordé par la crise économique et les effets de l'assassinat sauvage d'Aldo Moro, secrétaire-général de la Démocratie chrétienne, avait besoin au moins de l'abstention des votes communistes. Berlinguer trouva bientôt que ce soutien par l'absence finissait par compromettre le PC et son chef. Peut-être même y avait-il quelque rapport entre cet appui équivoque des communistes et la montée du terrorisme d'extrême-gauche? La polémique sur les eurocommunismes allait s'étirer encore quelque temps dans les publications idéologiques avant de finir par se perdre dans d'autres actualités plus pressantes. Dès l'origine, l'eurocommunisme avait été davantage un fait nationaliste que continentaliste.

À l'Ouest, des Européens vont continuer de parler de

«l'Europe», de «faire l'Europe», etc., ainsi qu'ils le faisaient depuis vingt ans et comme s'il ne s'agissait pas que d'une moitié du petit continent. Mais même cette demi-Europe se traîne, de projet en projet non réalisés, depuis sa naissance par le traité de Rome de 1957. Le projet d'une Union politique et monétaire prévu, lors d'une rencontre des Neuf en 1972, pour l'année 1980 fut tôt passé aux oubliettes. Le pouvoir décisionnel, portant principalement sur des matières économiques, relève toujours du couple Conseil (des ministres) et Commission (organe intégré). La dernière audace novatrice, le suffrage direct pour l'élection des membres de l'Assemblée en juin 1979, n'a suscité nulle part d'enthousiasme populaire (39% d'abstentions en France; presque 70% au Royaume-Uni). Il en est sorti une majorité de centre-droite par l'effet d'un tassement des forces de gauche dans la plupart des pays membres. À quelques jours de ces premières élections au suffrage populaire, le directeur du *Monde* prononçait ce diagnostic sévère: «Les États nationaux arrivent au bout de leurs moyens; l'Europe, elle, est au seuil de ses moyens. Qui ne voit, qui ne sent que la Communauté est comme suspendue au-dessus d'un grand vide culturel et politique qu'il faudra combler? La simple élection au suffrage universel d'une Assemblée déjà existante n'y suffira pas»[42]. Les élections suivantes de juin 1984 n'auront apparemment pas changé la perception populaire négative d'un parlement européen donnant toujours l'impression de son impuissance au-delà des avis qu'il donne.

Les Américains n'ont pas plus de raison de compter sur une Europe fédérée que les Européens n'y croient effectivement eux-mêmes. Une Europe simplement *trilatéralisée*, entre l'Amérique du Nord et le Japon, leur paraît plus conforme à la réalité des choses. Mais la conception centrale de leur stratégie globale se fonde toujours sur une *eurostratégie* que la géographie, statique, et l'histoire, peu évolutive, n'ont pas modifiée substantiellement depuis le déclenchement de la Guerre froide en 1947 et 1948. La prospérité, inégalement relative des deux Europes leur permettrait d'aspirer à devenir davantage que des succursales sous-traitantes pour les deux superpuissances. Elles doivent vivre avec la conscience d'être, comme au premier jour, l'enjeu central et le terrain d'appui de la rivalité duopolaire. La recherche d'une parité stratégique entre les deux Grands ne produit pas, dans la même proportion, l'effet corollaire du sentiment de sécurité qui devrait s'ensuivre en l'une ou l'autre Europe. Hors d'Europe, quels visages avait l'éphémère Paix froide dans la dernière moitié des années 1970?

IV. Permanence de l'instabilité au Proche-Orient et crise au Moyen-Orient (Iran)

Seulement un lustre plus tôt — en pleine guerre d'Octobre 1973 —, qui aurait cru que le président Sadate irait un jour se recueillir dans la ville sainte des Hébreux et qu'il ferait, devant la Knesset, un discours vibrant d'émotion en faveur d'une amitié à retrouver entre Israël et l'Égypte? Qui eût pensé qu'une semblable démarche, tellement à contre-courant de l'histoire des dernières trente années, ne serait qu'un prélude aux accords du Camp David de 1978 grâce à la médiation obstinée du président Carter, et qu'en outre ces premiers engagements devaient être complétés, six mois plus tard, par un traité de paix israélo-égyptien en bonne et due forme? L'antique et grande nation égyptienne, la terre d'exil selon la Bible et maintenant «qui se disait arabe»[43], concluait donc avec l'ennemi juré depuis 1948 une paix séparée et qui semblait avoir d'honnêtes chances de durer. Pour ajouter encore à l'extraordinaire symbolique de l'événement, il n'est que de rappeler que les risques de Sadate en acceptant la conciliation américaine constituaient l'aboutissant d'une spectaculaire politique de renversement d'alliance avec l'Union soviétique (vue au chapitre précédent).

Bien que les suites n'aient pas confirmé la promesse de l'événement, il s'agissait de l'une des plus notables politiques de *rapprochement* de l'après-guerre. Le phénomène était comparable à l'entreprise de réconciliation franco-allemande du Plan Schuman de 1950 ou à la reprise des relations sino-américaines après la visite du président Nixon en Chine de

1972. On apprendra suffisamment tôt que cette politique conciliatrice ne suffira pas à amener un apaisement définitif dans la région proche-orientale, à tel point qu'on pourra parler du «mythe de Camp David»[44]. Pour avoir réussi à pacifier la plus chaude et la plus instable frontière de l'époque, le président égyptien voyait son pays mis au ban par la quasi unanimité[45] du «bloc» arabe, portant bien son nom en l'occurrence. Et lui-même devait payer de sa vie la hardiesse de l'entreprise en tombant sous les balles d'intégristes musulmans le 6 octobre 1981.

La pacification n'avait réglé que la question de la frontière israélo-égyptienne et laissait entier le problème douloureux des Palestiniens, toujours à la recherche, à défaut d'une patrie, d'une base d'opération qu'ils tenteront de trouver au sud Liban. Ce sera le début d'une autre guerre, durant depuis dix ans, infiniment confuse comme guerre à la fois civile et internationale, et tout le temps atroce et absurde. Le trio Sadate-Carter-Begin avait finalement rendu possibles les arrangements du camp David. Mais en leurs suites, logiques ou accidentelles, il faudra tenir compte de bien d'autres intervenants: les Palestiniens et le chef de l'OLP (Organisation pour la Libération de la Palestine), Yasser Arafat, les dirigeants syriens et le peuple libanais, ce dernier tiré à hue et à dia par tant de factions et de sectes qu'il ne s'y reconnaît que par les dévastations interminables qu'on lui fait subir.

Par comparaison avec la phase antérieure, l'Union soviétique est relativement peu présente à tous ces événements sans toutefois être absente dans une région importante pour sa sécurité et où elle entretient quelques amitiés circonstancielles. Des pays européens comme la France, tout en reconnaissant pleinement les droits d'Israël à exister, participent à la sympathie nouvelle que s'est gagnée la cause palestinienne, d'autant plus qu'une inclination politique pro-arabe ne constitue pas un mauvais placement pour les besoins pétroliers dont ces pays industrialisés ont vitalement besoin.

La nouvelle guerre du pétrole! Elle n'a pas eu lieu littéralement, mais se livre encore économiquement. Comme parenthèse introductive à l'ensemble de la question politico-militaire du Proche-Orient, il importe d'en rappeler ici des éléments pertinents au propos de ce livre[46].

Ce qu'on allait appeler le «choc pétrolier» de 1973 mettait en cause bien d'autres pays producteurs que ceux du Moyen-Orient, mais ceux-ci de façon initiale et principale. Dès le début de la crise le président Nixon mit en garde leurs dirigeants contre le recours à des politiques abusives en leur rappelant le cas du premier ministre Mossadegh dans l'Iran de 1955: «Du pétrole sans marché, prévenait-il, ne sert à rien à un pays»[47]. En pleine guerre d'octobre et pour faire payer aux États-Unis leur soutien à la cause israélienne, six pays du golfe Persique décidèrent de réduire volontairement leur production et de ne plus exporter de pétrole vers les États-Unis. Le 23 décembre 1973, les producteurs arabes doublaient le prix de leur pétrole. En cette fin de 1973, la rencontre des «Neuf» européens à Copenhague, dite le «sommet au coin du feu», s'était saisie d'une proposition du secrétaire d'État Kissinger pour un «groupe d'action de l'énergie», que d'aucuns allaient appeler un «pool» du pétrole. D'autres pays s'étaient dits intéressés, dont le Canada. Pendant ce temps Kissinger faisait une tournée moyen-orientale afin de préparer la conférence de Genève portant sur l'établissement d'une paix dans la région encore secouée par la guerre d'octobre.

Début janvier 1974, le secrétaire à la Défense, Schlesinger, avertissait «les Arabes» des dangers que «les pays producteurs» encouraient, eux aussi, en maintenant leur embargo pétrolier[48]. Un nouvel avertissement fut servi aux pays producteurs, projetant d'augmenter encore leurs prix. Le vice-président Ford, cette fois-ci se servait de «l'arme des aliments» contre «l'arme du pétrole»[49]. Des milieux de presse arabes commentèrent ces procédés d'intimidation par des propos allant de l'accusation d'une connivence des Grands pour une tutelle des pays pétroliers jusqu'au défi de faire sauter les puits d'exploitation. Le secrétariat d'État crut tout de même devoir démentir les rumeurs d'un plan d'occupation des champs pétrolifères au Moyen-Orient, d'autant que le journaliste Jack Anderson avait fait écho dans sa *column* à des rumeurs à cet effet circulant à Washington.

L'année internationale 1975 s'ouvrait par le tollé causé par les propos de Kissinger publiés dans le périodique *Business Week* auquel il avait accordé une entrevue. Les organes de presse en montèrent deux éléments en épingle: l'avertissement aux pays producteurs et une espèce de «psychanalyse européenne» qui, selon *Le Monde* du 4 janvier 1975, ne manquait pas de «pertinence». Sur le premier point, le secrétaire d'État, rappelant fort opportunément qu'il est «plus facile d'entrer dans une guerre que d'en sortir» (ainsi que l'illustrait la lamentable aventure vietnamienne tournant alors à sa fin), déclarait tout de même assez explicitement: «Je ne dis pas qu'il n'existe aucune circonstance dans laquelle nous n'utiliserions pas la force. Mais c'est une chose d'en faire usage en cas de litige sur les prix, c'en est une autre lorsqu'il existe une sorte d'étranglement du monde industrialisé.» En cas d'une «urgente gravité», soit ces menaces «d'étranglement», les États-Unis interviendraient par la force. Quant au second point, «l'incertitude intérieure» et «le manque d'orientation» des alliés européens des États-Unis, le secrétaire d'État l'attribuait à «un très grand sentiment d'insécurité. Ils reconnaissent que leur sécurité dépend des États-Unis et ils savent que nous avons essentiellement raison dans ce que nous faisons. Ainsi le sentiment d'impuissance, l'incapacité d'accomplir chez eux ce qu'ils savent être correct, résultent d'une certaine mauvaise humeur»[50]. Kissinger n'avait pas laissé passer l'occasion de sermonner les Européens de l'Ouest.

De tels propos, connus aux premiers jours de janvier alors que la nouvelle internationale se fait rare, avaient de quoi faire un tour de presse mondial. Une cascade de mises au point sur l'hypothèse de l'«étranglement» s'ensuivit à Washington: de la part du Pentagone, du président Ford, du vice-président Rockefeller, du secrétaire d'État lui-même à trois reprises en vingt-quatre heures. Explicités ou nuancés, les dires du secrétaire d'État ne furent pas désavoués[51]. La réponse du président Boumediène fut celle du stratège militaire qu'il avait été: «Très peu de moyens» seraient requis pour détruire des installations pétrolières; et «l'occupation d'un seul kilomètre d'un pays quelconque» équivaudrait «à l'occupation du monde arabe tout entier. Est-ce possible?[52]» Arafat fut davantage cinglant dans sa riposte: «Les Arabes (...) ne peuvent distinguer entre Américains et Européens quand ils suivent l'exemple de Samson dans le temple des Philistins: la catastrophe économique que nous susciterons s'étendra à tous les pays occidentaux»[53]. Les commentaires éditoriaux de la presse occidentale oscillèrent entre les thèmes de la maladresse et du machiavélisme dans leurs critiques de l'avertissement de Kissinger.

Pendant ce mois de janvier 1975, la presse américaine fit état de la préparation de trois divisions pour une éventuelle intervention dans la région du Proche-Orient. Tant et si bien qu'interrogé à ce propos lors d'une interview à la chaîne de télévision NBC, le président Ford soutint que le peuple des États-Unis «avait le droit d'être assuré que nous ne laisserons pas l'Amérique être étranglée à mort. Cela devait être dit (...). J'espère qu'il n'y aura pas de guerre pour de tels motifs. Je ne songe certainement pas à une telle action»[54]. La *guerre froide* du pétrole continuerait encore longtemps, mais au seul plan économique, ce qui, en soi, est un autre sujet. Pour lourdes qu'elles aient été pour les pays industrialisés, «les pertes» allaient en être encore plus insupportables pour les pays en voie de développement, à économie faible et s'endettant toujours. Mais pour la première fois de l'histoire, le tiers monde du pétrole avait inversé le cours, jusque-là unilatéral, de l'exploitation «colonialiste» des matières premières.

C'était moins le résultat d'une espèce de «match nul», sur lequel s'était terminée la guerre d'Octobre, que les éléments fondamentaux, historiques et structurels, de la région qui rendaient presque impossible l'établissement d'une paix générale dans la région proche-orientale. On y parvint pourtant, mais à moitié et au prix de quels extraordinaires efforts! À partir du cessez-le-feu du 11 novembre 1973, la route avait été longue qui avait mené finalement à l'accord intérimaire du 1er septembre 1975. La méthode des «petits pas» de Kissinger avait donné ce qu'elle pouvait; et celui-ci, fort déçu s'était vu forcé, le mois précédent, d'avouer son échec consacré. Les négociations auraient à se poursuivre dans le cadre de la conférence de Genève, sous la coprésidence des deux Grands. Kissinger avait rencontré Gromyko en mai pour conjuguer leurs efforts de médiation en vue de la prochaine conférence; le premier, depuis ses six ans de négociateur tous azimuts, avait confié n'avoir jamais trouvé le second autant détendu. Aux États-Unis, la cote arabe n'avait pas remonté et l'affaire de la diminution des livraisons de pétrole y était sans doute pour quelque chose. En particulier, une «lettre énergique», signée par 76 sénateurs — trois sur quatre —, enjoignait le président Ford de soumettre au Congrès un projet de loi pour satisfaire les besoins urgents d'Israël en aide militaire et économique[55].

Quand il fut connu, l'accord égypto-israélien du 21 août 1975 manifestait un changement d'esprit et de vocabulaire dans les relations entre les deux principaux belligérants de la région; mais, en outre de son caractère intérimaire, le texte ne comportait aucune mention de la question palestinienne. D'emblée, la *Pravda* commentait qu'en conséquence rien n'était effectivement réglé par ce type d'accord. Devant le parlement du Caire, Sadate s'éleva avec fougue contre les critiques syriennes et palestiniennes et davantage encore contre l'Union soviétique. Non contents d'avoir torpillé la mission de Kissinger de l'hiver précédent, les Soviétiques semblaient vouloir s'extraire de l'arrangement en refusant d'envoyer un observateur à la cérémonie de signature de l'accord à Genève. Pour n'être pas en reste, les États-Unis firent de même pour ménager une apparence de solidarité inter-Grands. Un reporter sur place décrivit la scène dépourvue d'apparat comme une espèce de «séance notariale, qui ressemblait plus à l'ouverture d'un testament, dont personne ne serait bénéficiaire, qu'à la signature d'un contrat de mariage heureux»[56]. Sadate continuera à fulminer contre les Soviétiques. Depuis l'expulsion des conseillers soviétiques en 1972, il avait choisi son camp; mais il attendra à la mi-mars 1976 pour faire abroger par l'Assemblée populaire égyptienne (à un vote de 307 voix contre 2) le traité d'amitié soviéto-égyptien du 27 mai 1971[57].

On était encore bien loin de ce qui allait être connu sous le nom des accords du Camp David du 17 septembre 1978. Toute cette diplomatie intense et abondante, soutenue par d'opportunes interventions d'un Ceaucescu de Roumanie et d'un Hassan II du Maroc, marquée par l'incroyable coup d'audace des parachutistes israéliens à Entebbe[58], fréquemment interrompue par des ruptures et de longs délais, ne se résume pas facilement tant les péripéties en furent nombreuses[59]. Pour le besoin du propos, il suffira de rappeler le rôle passionné et effectif d'un Sadate devant son homologue israélien Rabin, puis le plus coriace Begin; et l'action, par deux fois déterminante, du président Carter invitant d'abord chez lui les deux hommes d'État, pour permettre l'accord *in extremis* de Camp David et, six mois plus tard, s'entremettant une fois de plus pour amener la conclusion, à Washington du reste, du traité de paix du 26 mars 1979. En aucun de ces textes, il n'était fait mention du sort politique des Palestiniens. Deux ans plus tôt, Arafat avait dit sa «confiance en M. Carter» pour avoir «touché le cœur du problème» en ayant déclaré souhaiter «une patrie pour les réfugiés palestiniens qui ont souffert pendant tant d'années»[60]. Mais après les accords du Camp David il explosait littéralement contre cette «sale combine qui pue le complot»[61].

Le traité, qui reprenait l'essentiel des accords, stipulait que les Israéliens évacueront les deux tiers du territoire du Sinaï avant la fin de l'année et le tiers restant dans un délai de trois ans. Il allait en être bien autrement, de nombreux colons égyptiens s'empressant même de s'installer sur les territoires occupés. Lors du débat de ratification à la Knesset, Begin avait affirmé de la plus catégorique façon: «Israël ne reviendra *jamais* aux frontières d'avant la guerre de juin 1967. Israël ne permettra *jamais* et empêchera que soit créé un État palestinien en Cisjordanie. Jérusalem, unie et réunifiée, restera *pour l'éternité* la capitale d'Israël»[62]. Pour sa part, Sadate compensait peut-être pour ce qui s'annonçait être un échec avec son cocontractant en accusant l'Arabie saoudite d'avoir cédé au chantage au Front du refus et même d'avoir «payé» pour que des pays arabes rompent leurs relations avec l'Égypte.

L'effet de cette diplomatie de la réconciliation n'était tout de même pas entièrement négatif. D'avoir pacifié la frontière entre Israël et l'Égypte, d'avoir «normalisé» les relations belliqueuses entre les deux pays n'étaient certes pas un résultat négligeable. Toutefois, l'extraordinaire réseau de contradictions qui forme la base structurelle de la région ne pouvait se dissoudre par un arrangement qui, tout prioritaire qu'il fût, restait partiel. Cette région est probablement la seule du globe où les problèmes d'identification nationale et ethnique durent à l'état de crises aiguës. Les deux pays n'ont pu mener une politique aussi hardie qu'au prix de précaires coalitions internes, susceptibles de se défaire par les contrecoups des oppositions ne manquant pas d'arguments pour exacerber les désenchantements populaires. Quant à l'action se voulant tutélaire des deux Grands, elle ne put qu'avec prudence s'engager ponctuellement et modérément en faveur de l'un ou l'autre belligérant. Mais leur relative tempérance empêche cette double présence active d'ajouter encore aux risques d'explosion dans la région.

Les ententes entre l'Égypte et Israël laissaient ouvert le problème des Palestiniens: ou plutôt, elles n'auraient pu aboutir s'il en avait été question. Sadate ne s'en désintéressait pas, lui qui savait bien qu'il n'y aurait pas de paix permanente sans eux, mais il s'était refusé au dilemme du tout ou rien. Comme conséquence de la guerre d'Octobre, l'OLP avait reçu sa reconnaissance officielle du sommet arabe d'Alger. Les dirigeants soviétiques, d'abord réticents devant cette organisation de révolutionnaires que les rivaux de Pékin semblaient par trop affectionner, seront amenés graduellement à en tenir compte. Le leader Arafat connaîtra son apothéose lorsque l'ONU l'invitera à la tribune de l'Assemblée générale, où il brandira d'une main son «rameau d'olivier» et de l'autre son «fusil de révolutionnaire». Une dizaine de jours plus tard, les Palestiniens se voyaient reconnaître par l'Assemblée leur droit à l'autodétermination et même à l'indépendance et à la souveraineté nationale. De par le monde non arabe se multipliaient à l'époque les prises de position en faveur d'une patrie palestinienne. Considérant qu'une Palestine éventuelle mettait en cause l'existence même d'Israël, François Mitterand fut un des rares hommes politiques à avoir le courage de dénoncer une «hypocrisie de plus dans cette tragique affaire»[63].

Plus ou moins oubliés à la pointe d'un triangle fictif avec Israël et l'Égypte, les Palestiniens vont bientôt se trouver à un point d'angle d'un second triangle très réel avec le Liban et la Syrie. Déjà rudement chassés de Jordanie par Hussein en 1971, très étroitement contrôlés par les Syriens, ils aspiraient toujours à posséder enfin une base territoriale ferme leur laissant plus de liberté d'action. Au Liban, contigu à Israël, ils pouvaient opérer avec une plus grande faculté de manœuvre: pourquoi ne pas s'y installer plus complètement? Mais prétendre s'en emparer, c'était aussi en épouser toutes les contradictions de société, auxquelles les Palestiniens ajoutaient leur propre principe de contradiction où qu'ils s'établissent.

Justement une nouvelle guerre civile éclatait au Liban à l'hiver 1975: début d'une longue série d'horreurs de toutes sortes, s'engendrant mutuellement et s'entremêlant sans fin. L'intervention massive des Syriens en mai 1976 internationalisait le conflit, ou plutôt le complexifiait encore si possible. Après le cessez-le-feu entre Palestiniens et Syriens, survenu le mois suivant, on ne sait déjà plus très bien combien il y a de Libans, ou lequel est le principal: celui des Islamo-progressistes, des Maronites ou des Syriens? Suivront bien d'autres épisodes de confusion que la presse internationale s'essoufflera à vouloir rendre compréhensibles aux lecteurs[64]. Les Palestiniens estimeront avoir été joués par les Syriens en attendant d'être chassés par eux, puis avoir été trahis par les sommets arabes de Ryad et du Caire de l'automne 1976. Les participants à ces rencontres prétendaient assister d'urgence, à la fois, l'OLP et le gouvernement libanais.

Et les deux Grands? S'ils donnent l'impression de laisser faire, c'est peut-être que, comme tout le monde, ils ne s'y retrouvent plus très bien. On prêtait à Kissinger l'idée d'un plan de partage: le sud du Liban était dévolu aux Palestiniens pendant que la Syrie se servirait au nord pour compenser la perte du Golan qui reviendrait à Israël[65]. La politique officielle de Washington semblait trouver utile la médiation des Syriens dans les circonstances. Les Soviétiques, qui épousaient officiellement la thèse d'un «foyer national» palestinien[66], se trouvaient hésitants à cause de leur intérêt bien connu dans les affaires syriennes. Après avoir déjà perdu l'amitié et la considération égyptiennes, ils ne se sentirent pas en état de sacrifier le seul point d'appui sûr qu'ils avaient encore dans la région. La Syrie allait les récompenser en signant un traité d'amitié avec l'Union soviétique; et, à l'heure de la quasi-unanime désapprobation musulmane que Moscou allait encourir pour l'occupation militaire de l'Afghanistan, la Syrie fera bande à part.

Le Liban, cette «Suisse» de la région, qu'on présentait traditionnellement comme modèle d'équilibre entre les religions et les ethnies, entre les cultures et les langues, entre les groupes et les catégories sociales, n'était certes pas au bout de ses peines. Le pire est qu'à travers tant de fanatismes les plus divers, la plupart des Libanais ne savent même plus pour quelle(s) cause(s) ils subissent ce calvaire prolongé. Telle était déjà la situation pour la tranche chronologique couverte par ce chapitre. Les Israéliens, par leur soudaine intervention, dite «Paix en Galilée», ajouteront encore à l'horrible et durable confusion.

* * *

Au-delà du Proche-Orient dont les pays baignent la Méditerranée, mais en deçà du sub-continent asiatique s'étendant du Pakistan à la Thaïlande, se trouve le vaste Moyen-Orient qui va redevenir, en cette fin de la décennie 1970, un autre théâtre d'instabilité. On évoque aussi ce secteur du nom de région du Golfe (persique). Cette mer intérieure entre l'Arabie et la Perse fait communiquer avec l'océan Indien par le golfe d'Oman. Au centre, entre la Turquie et l'Irak à l'ouest et l'Afghanistan et le Pakistan à l'est, s'étale l'Iran, nom moderne de l'empire perse de l'Antiquité. Le vaste pays s'ouvre sur l'océan Indien — et sur le monde — par la liaison des golfes Persique et d'Oman; au nord, il est séparé de l'Union soviétique par une longue frontière que coupe en deux la mer Caspienne séparant elle-même l'Europe (l'Azerbaïdjan) de l'Asie (la Turkménie). Au carrefour de trois continents et d'un océan, une position géographique à tous égards unique, autant par ses avantages que par le risque de son voisinage immédiat avec l'URSS[67].

Depuis les débuts de la Guerre froide, l'Iran et l'Arabie étaient considérées par les puissances occidentales comme les deux «piliers» de la sécurité régionale, selon une expression de Nixon. À cause de sa position maritime privilégiée, lui était spécialement dévolu le rôle de «gendarme du Golfe» en ces jours agités de la soudaine prise de conscience de leur puissance par les pays producteurs de pétrole. L'actuel chah, Mohammed Reza Pahlevi, avait dû son trône en 1941 à la bonne grâce des Alliés qui avaient déposé son père, Reza Khan, pour défaut de coopération[68]. Il en avait, à son tour, été chassé douze ans plus tard lors de l'effervescence du mouvement nationaliste sous le docteur Mossadegh, qui avait décidé de nationaliser les pétroles. Réintégré peu de temps après, grâce aux intrigues combinées de sa sœur jumelle et de la CIA, le chah avait ensuite lancé la «révolution blanche», vaste entreprise de modernisation qui jouissait au début du support de la majorité du peuple iranien. En 1971, Mohammed Reza avait présidé les fêtes grandioses de Persépolis pour commémorer le deux mille cinq centième anniversaire de la fondation de l'Empire perse par Cyrus le Grand. Ces fastes avaient attiré ce qu'un slogan des organisateurs appelait «le plus vaste rassemblement de chefs d'État» qu'on ait jamais vu dans l'histoire de l'humanité[69]. Le chef d'une dynastie plutôt mal assurée, n'en étant qu'à une seconde génération, faisait la preuve d'une mégalomanie qui aurait pu paraître assez inoffensive si la magnificence de la célébration n'avait pas été si coûteuse.

Par son style de gouvernement, le chah prétendait faire se rejoindre la tradition de vingt-cinq siècles d'histoire à la modernisation de pointe d'un grand État. L'Iran contemporain était, d'apparence au moins, prospère grâce aux *royalties* et aux ventes énormes de pétrole. Depuis son retour de 1953, le chah jouissait de l'appui des puissances occidentales, en particulier des États-Unis. Des stéréotypes internationaux comme le «miracle iranien» ou le «Japon» du Moyen-Orient entretenaient cette image de stabilité et de prospérité. Mais la base sociale du «pilier» iranien était friable et le régime s'en remettait trop volontiers à des moyens de répression que la sinistre police de la SAVAK maniait lourdement. Par son armée, nombreuse et équipée d'armes les plus perfection-nées, en grande partie fournies par les Américains, l'Iran donnait l'impression d'une puissance internationale, tenant avec assurance un des bastions les plus stratégiques pour les pays ocidentaux.

Au plan régional, en effet, l'Iran se permettait cette tri-ple originalité d'être l'alliée d'Israël, de surveiller l'Irak et de faire la police du Golfe. Au nord, les relations du chah avec l'Union soviétique, où il se rendait fréquemment, n'étaient pas mauvaises. En particulier, le gaz naturel du pays était fort bienvenu dans le Caucase. Du point de vue politique, les Soviétiques, qui avaient leur propre problème de démogra-phie galopante dans leurs républiques musulmanes, n'avaient pas intérêt à soutenir trop visiblement le parti com-muniste iranien, le *Toudeh*. Au loin, la Chine applaudissait à l'alliance confirmée avec les États-Unis et s'accommodait de l'antisoviétisme mesuré du gouvernement de Téhéran. Le maître du pays, cette «vedette hebdomadaire de la presse du cœur»[70], par suite de ses avatars matrimoniaux pour s'assu-rer d'une descendance mâle, donnait l'image d'un bienveil-lant despote oriental à la moderne et, au demeurant, était personnellement sympathique.

Mais la révolution grondait, menaçait aux portes, c'est-à-dire en Irak, où s'était réfugié l'ayatollah Khomeiny, chef politique des musulmans chiites. Celui-ci y vitupérait le chah pour ses fastes païens, ce qui n'affectait guère le trône impé-rial. Plutôt que l'inciter à se taire pour éviter des complica-tions de voisinage, les autorités de Bagdad ne s'objectèrent pas à son départ. Khomeiny trouva refuge en France et s'ins-talla dans une petite ville de la banlieue parisienne. Contrairement aux sunnites, les chiites aspirent à l'exercice du pouvoir politique autant qu'au religieux. Près de 200 000 mollahs entretiennent l'espoir de l'avènement d'un «iman caché» qui exercerait la double domination. L'occasion des troubles sera la publication par un important journal de Téhéran d'un article violent dénonçant le comportement politique et les mœurs personnelles de Khomeiny. Des excuses demandées par l'ayatollah de la ville sainte étant refusées, une foule de 10 000 étudiants manifesta dans la rue. L'armée, appelée pour contenir la protestation, fit feu, tuant une vingtaine d'étudiants. Suivront d'autres manifestations et émeutes sanglantes. Cela durera de janvier au 1er septembre 1978, date d'un défilé monstre marquant la fin du Ramadan, et qui laissa plusieurs autres victimes gisant dans la rue.

Le déclenchement d'un processus révolutionnaire par enregistrement sur cassette, ça ne s'était jamais vu! Khomeiny débordait le mot d'ordre de grève générale, prévue pour le 7 septembre 1978, et demandait «le départ du chah et le démantèlement de son régime d'oppression et de pillage». Riposte gouvernementale: loi martiale pour une durée de six mois. Ce sera bientôt l'épisode du «vendredi noir» lorsque des opposants par milliers, marchèrent vers le parlement, furent arrêtés par l'armée et décidèrent d'ériger des barricades. Les affrontements avaient laissé quelque 4000 morts. La révolution suivra son cours, parsemée d'hésitations, d'abus, d'erreurs des deux côtés; mais le mouvement gonflera pendant des semaines, des mois jusqu'au tournant de l'année 1979.

Le plus étrange fut la lenteur avec laquelle le chah perçut le danger ou *qui* était le danger. Il fit appel sur le tard à Chapour Bakhtiar, un homme qui, beaucoup plus tôt, aurait peut-être pu redresser la situation. Le chah nourrissait cette conviction inébralable: «Tant que les Américains me soutiendront on pourra faire et dire ce qu'on voudra, je serai inamovible»[71]. Carter lui avait fait assaut d'amitié peu avant l'éclatement de la crise; et le conseiller Brzezinski ne recommanderait certes pas au président de laisser l'Iran glisser à l'anarchie: d'ailleurs, ne compte-t-on pas environ 50 000 militaires américains sur le sol iranien?

Hésitants sur la moins mauvaise solution à prendre, car ils avaient eu le temps de discerner parmi les forces en présence lesquelles avaient de l'avenir, les Américains se décidèrent finalement au départ du chah. Un adjoint du général Haig, commandant suprême des forces atlantiques en Europe, fut dépêché comme émissaire spécial; mais c'était pour lui demander quand il comptait partir? N'ayant pas le choix, le chah quittait son pays le 16 janvier, pour une durée indéterminée, précisait le secrétaire d'État Vance. Malgré les efforts *in extremis* du Bakhtiar pour maintenir ce qui restait d'État, le pouvoir, vociférant, était dans la rue et ne faisait que réclamer le retour de Khomeiny, qui aura lieu deux semaines plus tard, le 1er février. Aussitôt rentré, l'iman déclarait illégal le gouvernement du premier ministre: Bakhtiar devait prendre à son tour le chemin de l'exil.

La si forte et si fidèle armée, justement louée pour sa «modernisation», avait tôt compris que le pouvoir changeait de couleur, de langage et de légitimité. Après l'instauration de la Révolution, il se produira un phénomène inverse à cette adhésion massive, mais tout autant frappant. Des forces libérales, marxistes, ou généralement progressistes, qui n'avaient pu empêcher l'iman de s'installer au pouvoir mais en comptant que ce vieillard d'un autre millénaire s'éclipserait ou qu'ils en auraient raison, furent brutalement neutralisées ou éliminées. De hauts dirigeants furent conduits au peloton d'exécution, comme le ministre des affaires étrangères, ou contraints à l'exil, comme le premier président de la République islamique, etc. Au régime d'une droite impériale-militariste mais à préoccupations sociales, succédait, le 1er avril 1979, un intolérant régime d'extrême droite théocratique et encore davantage militariste bien que plus de la moitié des effectifs de l'armée aient déserté après la prise du pouvoir par Khomeiny. Ce régime dure encore comme survit l'octogénaire iman-khalife, tellement sorti d'une autre époque qu'il ne semble plus avoir d'âge.

La Révolution iranienne allait déclencher un second choc pétrolier à un moment où les économies occidentales s'étaient plus ou moins remises du premier. Israël perdait le fournisseur de la totalité de son pétrole, et la flotte américaine de la Méditerranée devrait s'approvisionner ailleurs. La réduction de moitié des livraisons de pétrole iranien (représentant 4% des ventes mondiales) était suffisante pour stimuler la montée des prix qui était en marche sans ce facteur d'accélération. Le président Carter déclarait trouver «intolérable» cette sujétion aux producteurs étrangers de pétrole. Cible en quelque sorte privilégiée de cette vague de fond de xénophobie universelle, les États-Unis perdaient un allié sûr dans la région et, plus prosaïquement, des postes d'observation à la frontière irano-soviétique, fort utiles en particulier pour surveiller les applications des accords SALT. À ce moment, le Sénat américain pouvait ajouter cette raison à d'autres pour fonder ses réticences à leur ratification.

Le chah continuait ses pathétiques errances d'exilé: à Assouan, au Maroc, aux Bahamas, au Mexique. Khomeiny et les foules hurlantes de Téhéran réclamaient son extradition. L'hospitalité américaine, qui lui avait été refusée au début de son exil, lui sera enfin ouverte pour un traitement au New York Hospital: il était effectivement malade d'un cancer des glandes lymphatiques. À Téhéran, on ne croyait évidemment pas à une maladie qui avait toutes les apparences d'être «diplomatique». L'on exigeait même qu'il fût examiné par des médecins iraniens, ce que, naturellement Washington refusa. C'est alors que se produisit un phénomène qui devait méduser l'opinion publique internationale.

Ne pouvant atteindre les États-Unis que par l'ambassade de Téhéran, des hordes d'étudiants envahirent l'hôtel et prirent tout le personnel[72] en otage! C'était d'évidence un acte de régression barbare des règles diplomatiques minimales, que respectent généralement les régimes les plus totalitaires et même les pays en temps de guerre. Fureur aux États-Unis et stupeur partout ailleurs... Washington riposta en décidant la cessation des achats de pétrole, se punissant davantage que le producteur, mais surtout en saisissant les avoirs iraniens aux États-Unis, représailles plus efficaces mais qui ne hâtèrent pas la solution de la crise. Sollicités pour exprimer leur solidarité active, les alliés des États-Unis observeront plutôt une politique de neutralité bienveillante envers les victimes, avant tout prudente comme en d'autres circonstances, pendant la guerre d'octobre 1973 notamment.

Les événements d'Iran portaient un dur coup à l'orgueil national américain. Les négociations à divers niveaux pour libérer les otages échouèrent toutes. Le ratage du coup d'audace d'un commando héliporté n'eut d'autre effet que de retarder encore la solution de la crise. La fin de la présidence de Carter s'achevait dans une ambiance malsaine de prostration, d'indignation et... d'espoir. Juste au moment de l'investiture de son successeur Reagan, les derniers otages étaient finalement libérés après quinze mois de détention, le 20 janvier 1981. On dira plus tard de cette date et de son événement qu'ils avaient signalé la fin du déclin international des États-Unis dont la retraite du Viêt-nam en 1975 avait été le début.

V. Prolifération des crises dans le tiers monde

Le grand événement asiatique du milieu de la décennie 1970 fut évidemment le départ complet et final des Américains du Viêt-nam, entraînant la réunification du pays. Agitée par le nouvel impérialisme vietnamien, la péninsule indochinoise allait s'enflammer à nouveau et connaître une autre situation de confusion générale. La dissolution en douce de l'OTASE (Organisation du Traité de l'Asie du Sud-Est)[73], à la fin septembre 1975, marquait à sa façon la fin d'une époque.

Par suite de l'absence américaine, se fera sentir plus naturellement le poids politique de la Chine, elle-même en processus de réaménagement de son leadership interne par suite des décès, coup sur coup en 1975, de Zhou Enlai et de Mao Zedong. Quelques années plus tard, à la fin de 1978, la Chine et les États-Unis finiront de «normaliser» leurs relations diplomatiques: il y aura fallu presque sept ans pour compléter l'opération qu'avait lancée Nixon lors de son célèbre voyage de février 1972. L'Union soviétique surveillait étroitement tout ce branle-bas dans la péninsule indochinoise, cette fois-ci s'y compromettant davantage que naguère: d'abord en aidant considérablement le Viêt-nam qui adhère au COMECON, l'association économique des pays de l'Est, puis en signant avec son nouveau «satellite» sud-asiatique un traité d'amitié le 3 novembre 1978. En conséquence de leur plus grande implication dans la région, les relations avec la Chine deviendront plus tendues que jamais. En particulier, les Soviétiques ne manqueront pas de dénoncer la «collusion» sino-américaine à cette phase spécialement critique de la conclusion des accords SALT II. Les subtilités de ce jeu trilatéral n'empêchaient toutefois pas le ministre chinois des Affaires étrangères de condamner ouvertement, à la tribune des Nations unies par exemple, «l'hégémonie des deux superpuissances, l'Union soviétique et les États-Unis» [74].

La visite en Chine du président Ford, dès la fin de l'année qui avait marqué l'effondrement de la politique américaine au Viêt-nam, montrait l'intérêt que Washington attachait, à ce moment-là, à ses relations avec Pékin. Il fut reçu correctement selon les règles millénaires de la politesse chinoise et la rencontre avec le président Mao fut importante (deux fois plus longue que celle qui avait été accordée à Nixon) et cordiale. Toutefois, malgré l'importance de l'événement signalée par le *Quotidien du peuple*, y consacrant presque toute sa première page, les observateurs notèrent l'absence de cette espèce de chaleur dans laquelle avaient baigné les retrouvailles avec Nixon. Outre que le phénomène n'était plus inédit, un thème d'une grande gravité dominait la rencontre, celui des dangers de la «détente» américano-soviétique.

L'interlocuteur privilégié du côté chinois était le vice-premier ministre, Deng Xiaoping, dont la fortune politique allait connaître une courbe en dents de scie jusqu'à l'éclat de sa propre visite aux États-Unis en janvier 1979. Parlant au nom du premier ministre, Zhou Enlai, alors immobilisé par la maladie et qui devait mourir un mois plus tard, le futur maître de la Chine déclarait lors du banquet d'État en l'honneur de son hôte: «Tous les efforts de rhétorique sur la «détente» sont impuissants à déguiser la réalité brutale du danger croissant de guerre» [75]. Il s'agissait d'une question autrement plus importante que celle de la normalisation entre les deux pays, ce qui laissait encore entendre que la question du statut de Taïwan n'était pas considérée comme prioritaire par Pékin. L'agence Tass trouvait les propos de Deng grossiers et haineux. *Chine nouvelle* et le *Quotidien du peuple* accentuaient leur campagne anti-soviétique [76]. Il devenait assez manifeste aux Chinois que le retrait forcé des Américains du Viêt-nam signalait le début de leur déclin en Asie.

La lutte pour le pouvoir à Pékin, après les deux deuils de Zhou (en janvier 1976) et de Mao (en septembre), sera suivie de l'éviction de Hua Gouofeng et de l'émergence finalement confirmée de Deng Xiaoping. C'est aussi le moment de la divulgation des intrigues dont Mme Mao (Jiang Qing) et les autres comparses de la «bande des quatre» auraient été les instigateurs avant d'en être les premières victimes, condamnées à la suite d'un procès spectaculaire. La rapidité et la vigueur du processus de *démaoïsation* allaient étonner le monde. La constante de la politique chinoise à l'intérieur du jeu triangulaire intéresse davantage notre sujet: dans la compétition entre les deux «hégémonies», toujours choisir la plus éloignée, la moins menaçante, et s'en accommoder le plus hardiment possible. Il ne semble pas que cette question ait été au fond des querelles de succession; en tout cas, Deng continuera en gros la même politique que Mao et Zhou.

Il n'est pas sans intérêt non plus de rappeler l'étrange visite que le simple citoyen Richard Nixon et son épouse effectuèrent en Chine à cette époque. Quatre ans jour pour jour après leur premier séjour et voyageant à bord d'un aérobus chinois, le célèbre couple arriva à Pékin, le 21 février 1976. Invités du gouvernement chinois, les Nixon avaient d'abord été accueillis par un de ses hauts fonctionnaires dès l'envol à l'aéroport de Los Angeles. L'ex-président fut reçu en Chine avec presque les égards dus à un chef d'État, dont un entretien particulier avec le président Mao, etc.: les hôtes affectaient de n'avoir jamais entendu parler du Watergate et du purgatoire politique du ci-devant président. Ce tourisme des Nixon n'aurait toutefois pas été favorable à son successeur Ford, alors en campagne pour les primaires du New Hampshire, qui était alors talonné par son rival, l'ex-gouverneur de la Californie, Ronald Reagan. Au fait, pourquoi toutes ces subtiles attentions jusqu'à fournir au président échu l'occasion d'un bain de foule sur la grande place de Pékin? Les spéculations allaient bon train tant dans la presse internationale que dans l'américaine, la moins fantaisiste étant que, probablement, les Chinois trouvaient avantage d'avoir un homme de contact ou un porte-parole officieux auprès d'intérêts privés aux États-Unis. Quoi qu'il en soit, la visite du secrétaire d'État Vance, au mois d'août de l'année suivante, afin de relancer officiellement le dialogue sino-américain aura suscité moins d'intérêt dans l'opinion, bien qu'ayant eu plus d'importance, à moyen terme, au plan des politiques officielles.

Le problème de Taïwan étant mis entre parenthèses, les questions indochinoises domineront les futures relations sino-américaines qui n'allaient être «normalisées», comme il vient d'être dit, qu'à la fin de 1978. L'Indochine d'après 1975, c'est maintenant l'histoire d'un géant, ce Viêt-nam unifié (plus de 50 millions d'habitants) qui sort d'une guerre glorieuse «contre l'impérialisme», et de deux nains à ses côtés, le Cambodge (sept millions) et le Laos (quelque trois millions). Les trafics de pouvoir entre les trois princes, en ce dernier pays, ne pouvaient aboutir à un régime viable, pour ne pas dire à une situation de stabilité. La poussée monopolisatrice du Pathet Lao menait directement au statut de république populaire, dès avant la fin de 1975. Le Laos était promis au rôle de premier satellite du Viêt-nam.

Le sort du Cambodge n'allait pas être différent mais d'après un schéma beaucoup plus compliqué. Deux mots résument cette histoire impossible à raconter en quelques lignes: les Khmers rouges et le nouveau nom du pays, rebaptisé Kamputchea. Le résultat: un régime de communisme intégral et utopique par les moyens d'un totalitarisme militaire allant jusqu'au génocide afin de casser tout potentiel de résistance. Deux dates marquantes: rupture entre le Viêt-nam et le Cambodge à la fin décembre 1977, invasion du Cambodge par les Vietnamiens à la fin décembre 1978. Entre ces deux dates, le 3 juillet 1978, la Chine, plus que méfiante de ce nouvel impérialisme à ses portes, avait cessé toute aide au Viêt-nam. Elle sera amenée à s'engager davantage: le 17 février 1979, le jour même où est signé un traité d'amitié khméro-vietnamien, elle intervient «punitivement» au Tonkin ou Viêt-nam Nord et en retirera ses troupes trois semaines plus tard. Déjà membre du COMECON, le Viêt-nam avait aussi consacré son alliance avec l'Union soviétique par un traité d'amitié le 3 novembre 1978, confirmant ainsi les appréhensions chinoises.

Du point de vue asiatique, un autre triangle est tout aussi important que le classique Moscou-Pékin-Washington, celui, plus resserré, dont Tokyo (au lieu de Washington) est le troisième point d'angle. Des négociations pour un traité de paix entre le Japon et la Chine se déroulaient depuis plusieurs années. Elles achoppaient sur la «clause anti-hégémonie» sur laquelle les Chinois insistaient en lui donnant une portée nettement anti-soviétique. Tokyo ne l'entendait pas ainsi qui espérait toujours récupérer les Kouriles (perdues à Yalta) tout en vendant de sa technologie aux Soviétiques pour le développement de leur sous-sol sibérien. Après six ans de négociations pour compléter, par un traité de paix en bonne et due forme, les accords de normalisation entre les deux pays, Tokyo et Pékin réussirent à s'entendre enfin sur une clause «hégémonique», mais ne mentionnant pas nommément l'Union soviétique.

Moscou, qui avait servi à Tokyo de sévères mises en garde contre l'insertion d'une telle clause, se sentit tout de même visée et dit hautement son irritation. L'agence Tass accusa les Japonais d'avoir cédé aux pressions chinoises en acceptant de signer un traité allant «contre les intérêts de la paix et de la détente» et constituant «un danger terrible» contre les pays du Sud-Est asiatique, «objet des aspirations agressives des dirigeants de Pékin» [77]. Pour des raisons inverses, Hanoï et Taipeh accueillirent le traité avec une égale mauvaise humeur. La relance des relations sino-nippones était aussi une bonne affaire pour les Chinois. Ils obtenaient, par suite d'un accord commercial, une aciérie de taille comparable aux plus grandes du Japon[78].

Les rapports sino-soviétiques étaient au plus mal depuis longtemps; mais ce traité de paix devenait un comble pour Moscou! La Chine cherchait des appuis d'importance pour rompre «l'encerclement soviétique» qui lui paraissait évident surtout depuis les incidents sanglants sur l'Oussouri en 1969. Il lui importait aussi de raffermir le côté Pékin-Washington du triangle. Relayant la politique de Nixon et de Kissinger, Carter et Brzezinski estimaient opportun de compléter le programme de normalisation avec la Chine. En mai 1978, de passage à Pékin, Brzezinski s'y faisait applaudir par des propos comme le suivant: «Ni la Chine ni les États-Unis n'envoient de maraudeurs internationaux qui se font passer pour des non-alignés afin de promouvoir les ambitions des grandes puissances en Afrique. Nous ne cherchons pas à forcer l'obédience politique de nos voisins par la force militaire (...). Seuls ceux qui aspirent à dominer autrui ont des raisons de craindre le renforcement des relations sino-américaines»[79]. Comme les Américains, les Chinois suivaient avec inquiétude les événements d'Angola, d'Éthiopie, des Yemens et, plus récemment (avril 1978) le coup d'État communiste à Kaboul. Non pas l'un ou l'autre de ces faits particuliers, mais l'ambiance générale qu'ils créaient incitait Pékin à débloquer les négociations en cours avec Tokyo d'une part, et à accentuer les relations avec Washington de l'autre. Le temps était venu pour les trois capitales de «tourner la page» du passé, dût Moscou crier à la constitution d'un axe Pékin-Washington-Tokyo, ce qui était quelque peu exagéré.

Afin d'arriver à cette normalisation complète des relations sino-américaines, annoncée dans les deux capitales à la mi-décembre 1978 et devant être effective à la date du 1er janvier suivant, Washington jouait une partie serrée avec chacune des grandes capitales communistes. Brzezinski, au courant des dernières négociations secrètes, se portait garant que Pékin n'avait, pas plus que par le passé, l'intention de s'emparer de Taïwan par la force; et, malgré l'abrogation du traité de défense mutuelle entre les États-Unis et la Chine nationaliste, la célèbre 7ième flotte américaine continuerait à patrouiller le détroit de Formose... Les négociateurs des deux pays s'étaient montrés mutuellement compréhensifs sur cette question ultra-délicate. Au début février 1979, la visite de Deng Xiaoping aux États-Unis sera proprement «étourdissante»[80]; mais cette amitié par trop voyante ne rendait pas plus faciles les rapports soviéto-américains, à ce moment délicat de la conclusion des accords des SALT II. Lors de son passage à Washington, toutefois, Deng Xiaoping avait eu l'occasion de s'entendre dire par ses hôtes qu'ils ne partageaient pas au même degré que lui la hantise de ce qu'il appelait «l'ours polaire». Washington tenait à affirmer une position équidistante entre Pékin et Moscou.

Mais l'autre côté du triangle, Pékin-Moscou, vibrait comme jamais d'accusations et d'invectives, surtout au moment de l'opération chinoise dans le nord du Viêt-nam. Les Chinois ne prirent pas au sérieux une très sévère note de Moscou au sujet de cette intervention. Comme pour ponctuer leur intention, les dirigeants soviétiques venaient tout juste d'annuler toutes les permissions de leurs militaires. Les Chinois prolongèrent leur «opération punitive» jusqu'au début mars, pour en finir avec ce qu'ils appelaient les «provocations armées» des Vietnamiens à leur frontière. Sinologues et soviétologues faisaient observer que jamais les relations n'avaient été aussi tendues entre Pékin et Moscou[81]. À une délégation de membres du Congrès en visite en Chine, Xiaoping déclarait même que son pays était prêt à collaborer à la surveillance des préparatifs militaires soviétiques en autorisant les Américains à implanter des stations d'observation orientées vers la Sibérie. Déjà Moscou acceptait fort mal l'intervention directe des Chinois pour barrer l'expansionnisme vietnamien dans la péninsule. Lors d'un dîner offert au président Giscard d'Estaing en visite à Moscou, Brejnev s'élevait contre la Chine — mais sans la nommer — pour «avoir voulu donner cyniquement une leçon à un pays voisin (...). Nous sommes pour la maîtrise de soi, pour une démarche pondé-

rée, mais nous sommes aussi pour une ferme riposte à l'agression si cela s'avère nécessaire»[82]. Des manchettes de journaux retinrent l'idée de la «ferme riposte». D'autre part, ces
derniers temps, Moscou n'avait pas manqué d'audace dans
la conduite de sa diplomatie africaine.

*   *   *

L'Afrique n'avait pas encore été un théâtre premier de
«guerre froide». Tout au plus, et pour de brefs épisodes, certains points de son territoire devenaient des théâtres seconds:
la Guinée de Sekou Touré se refusant à supporter un nouvel
impérialisme; au Zaïre, dans les années 1960, l'éphémère
république populaire à Stanleyville; l'Égypte de Nasser et,
plus récemment, le virage de Sadate dénonçant le traité
d'amitié égypto-soviétique[83]. Les profonds et durables bou-
leversements qui, pendant trente ans, ont secoué le continent
noir ressortissent à d'autres ordres de phénomènes: la décolonisation et les guerres de libération, les problèmes de la nouvelle indépendance et du développement retardé, les questions religieuses et tribales, l'illusoire solidarité continentale,
le racisme et les dernières luttes contre «le pouvoir blanc»,
etc. Bref, l'Union soviétique, pas plus que les États-Unis,
n'était ancienne puissance coloniale; elle y avait donc peu
d'accès, et, peut-être faudrait-il dire, peu d'inclination naturelle.

Mais, de façon générale et diffuse, elle y était *présente*
comme prototype du «modèle socialiste», auquel presque
tous les pays nouvellement indépendants se référaient. Mais
à l'épreuve de la collaboration effective avec les Soviétiques,
le plus souvent cette *exemplarité* ne faisait pas fureur... Assez
tôt et souvent par la suite, l'espèce d'orchestration par les
Soviétiques des chœurs du «tiers monde» ou plus tard, du
«Sud» aboutissait aux cacophonies du refus et de la méfiance.
Même les Chinois, pourtant plus pauvres et moins industrialisés, accusaient plus de présence utile, davantage visible en
tout cas, ici et là, en Mauritanie, en Tanzanie, etc.

Mais la révolution portugaise allait fournir aux Soviétiques l'occasion d'une nouvelle porte d'entrée, en Angola spécialement. Ils trouveraient, en ce pays et en bien d'autres endroits, les nombreux «conseillers» cubains à l'œuvre depuis longtemps. Fidel Castro s'était découvert une vocation de libérateur des peuples africains après n'avoir obtenu que des succès relatifs en son propre continent. Jamais l'Union soviétique ne s'était directement impliquée dans des combats aussi éloignés. Aux troupes cubaines engagées dans les luttes pour la libération angolaise, les Soviétiques fourniraient les services de logistique militaire et un efficace support de propagande. Mal remise de la double épreuve de Watergate et du Viêt-nam, Washington n'était pas en mesure d'exercer de vives ripostes qui auraient, de toute façon, été désastreuses pour l'image historique du premier peuple colonial libéré de l'histoire moderne.

Le frêle accord entre les trois principaux mouvements nationalistes angolais, conclus au début janvier 1975, pour entamer les pourparlers avec Lisbonne n'avait pas suffi à maintenir l'unité. Mais la révolution nationale progressait malgré les divisions internes, tant et si bien que deux républiques rivales proclamèrent l'indépendance de l'Angola le 11 novembre de la même année. C'est le MPLA (Mouvement populaire pour la libération de l'Angola), fort du soutien de Moscou et de La Havane, qui devait l'emporter contre le FNLA (Front national de libération de l'Angola), mouvement pro-occidental et recevant l'appui du Zaïre et de la Chine, et contre l'UNITA (Union nationale pour l'indépendance totale de l'Angola), mouvement créé en dissidence du précédent et qui bénéficiait de l'appui militaire et logistique de conseillers sud-africains. Washington dut se résigner, mais de mauvais gré, à la victoire du MPLA. Kissinger, qui disait n'avoir «aucune objection à l'égard du MPLA, pour autant qu'elle est une organisation africaine»[84], estimait résoudre la situation par des négociations puisque le Congrès avait prohibé toute intervention. Le président Ford servait toutefois à Moscou l'avertissement que l'action soviétique en ce pays risquait de compromettre les négociations en cours

des SALT et les chances d'un prochain sommet avec Brejnev. Cette rencontre projetée et plusieurs fois remise, n'aura
pas lieu[85].

Il faut convenir que, dans cette dernière tentative
d'auto-détermination des majorités noires de l'Afrique
australe[86], les Soviétiques avaient la partie belle en comparaison des Occidentaux dont la politique apparaissait aux
Africains plutôt en porte-à-faux. Américains et Européens
armaient le Portugal officiellement dans le cadre de l'OTAN
et ne soutenaient qu'officieusement et plutôt mollement les
mouvements de libération. De même, au sujet de la Rhodésie
(future Zimbabwe) et en Namibie (ancien sud-ouest Africain), ainsi que pour l'abolition du régime de l'*apartheid* en
République sud-africaine (où le pire était encore à venir), ils
semblaient principalement préoccupés par la sauvegarde des
personnes et des propriétés de la majorité blanche et toujours
dominante. La propagande cubaine-soviétique avait beau
jeu de dénoncer le recours à ces sempiternelles «négociations»
comme une autre de ces traditionnelles fraudes impérialistes,
alors que, d'évidence, il ne restait plus de recours efficace que
par la force armée. Pour tenter d'annuler les effets négatifs
des positions occidentales ou ex-impériales, le président Carter nommera comme représentant de son pays aux Nations
unies le Noir Andrew Young. Les Américains espéraient
n'avoir plus à encourir l'impopularité de politiques à rebours
qu'il y a fort longtemps leurs alliés avaient poursuivies dans
le continent noir[87].

En ces années 1976-1979, les Soviétiques ne firent des
gains qu'à l'occasion de l'éveil tardif de pays de l'Afrique
australe, mais ils opérèrent aussi une percée du côté de l'Est,
vers la célèbre «Corne» de l'Afrique. Sans s'attarder aux
arrière-plans historiques, pourtant utiles, l'évocation de la
guerre civile en Éthiopie, à la suite de la mort misérable de
l'empereur Hailé Sélassié, s'impose en premier lieu. Elle se
terminait par la prise du pouvoir du colonel Mengistu en
février 1977. Se proclamant d'obédience marxiste-léniniste,
le révolutionnaire fut reçu à Moscou, avec tous les égards dus
à la dernière recrue de la Famille. Mais le successeur préto-

rien du Négus avait, lui aussi, des problèmes de voisinage aux marches de l'ex-Empire: à Djibouti, en Érythrée, en Somalie, tous territoires situés à l'entrée de la mer Rouge, et dans la région d'Ogaden au sud-est du pays et que convoitait la Somalie. La dispute était spécialement vive au sujet de cette région entre l'Éthiopie et la Somalie, elle aussi dirigée par un régime se proclamant léniniste.

Deux illustres voyageurs en tournée africaine, les présidents Podgorny et Castro, avaient tenté de concilier les opposants à ce conflit à défaut d'avoir pu l'éviter. Soviétiques et Cubains se rangeront finalement du côté éthiopien contre la Somalie qui devra évacuer l'Ogaden; l'armée éthiopienne pourra ensuite s'employer à réprimer le séparatisme en Érythrée. C'en avait été assez pour que le gouvernement somalien ait déjà rompu avec Moscou en mars 1977. La position régionale privilégiée de Moscou, du point de vue stratégique aussi bien qu'idéologique, se voyait consacrée par le traité d'amitié soviéto-éthiopien du 20 novembre 1978. Il suivait d'une quinzaine de jours un traité de même nature que Moscou avait conclu avec les Vietnamiens. Pour ses «politiques périphériques», le Kremlin aurait désormais un second point d'appui en Afrique: après Luanda à Addis-Abeba, comme à Hanoï et à La Havane en leur continent respectif.

Mais le prix à payer par les Soviétiques pour leur politique audacieuse d'abord en Angola, puis en Éthiopie, restait considérable. Dans une perspective immédiatement régionale, leur position anti-somalienne leur vaudra du ressentiment des dirigeants de l'Arabie saoudite soutenant la cause de la Somalie. Plus largement, le grand dessein de la «détente» inter-Grands, bien que n'excluant pas, de part et d'autre, la classique «lutte idéologique», supporte beaucoup plus mal ce type d'assistance militaire directe, confirmant en particulier les accusations américaines d'«expansionnisme soviétique» dans des régions aussi éloignées.

Avec ce qui venait de se passer dans les Yémens du Sud et du Nord, le dessein stratégique des Soviétiques devenait transparent. On tuait beaucoup en ce temps-là de l'autre côté du détroit de Bab El-Mandeb: assassinats du président

Hamdi au Yémen du Nord le 11 octobre 1977, puis du successeur, Ghashmi, le 24 juin 1978; exécution du président
Salem Robaya du Yémen du Sud deux jours plus tard. En ce
pays, son dernier président subissait l'attirance du modèle
chinois; sa disparition marquait l'emprise nouvelle d'un gouvernement pro-soviétique. Quant à l'Arabie saoudite, ce
second «pilier» régional avec celui de l'Iran qui venait de
s'écrouler, elle menait une politique modérément anti-
soviétique en soutenant les rebelles d'Érythrée, en subven-
tionnant l'Égypte et le Soudan, ainsi que d'autres régimes
anti-communistes (au Zaïre, au Maroc, en Jordanie) et
même l'OLP: tout cela pour aider à contenir les pénétrations
soviétiques qui semblaient obéir à un vaste plan géostratégique. Le prochain coup — et il sera majeur — viendra du côté
de l'Afghanistan: son étude ouvrira le chapitre suivant.

*   *   *

Le tour de la planète s'achève en Amérique centrale avec
trois points d'arrêt en l'année 1979: à la Grenade, au Nicaragua et à Cuba. Dans la grande île des Caraïbes s'est produite
une troisième crise de «guerre froide», mettant en cause les
deux Grands: la deuxième avait eu lieu sous Nixon en 1970,
soit huit ans après la «vraie» menant à la redoutable confrontation entre Khrouchtchev et Kennedy de l'automne 1962.
Cette troisième crise, peu sévère en comparaison, comportait
une portée d'actualité toute spéciale du fait qu'elle se déroula
en même temps que la conférence au sommet des non-alignés
à La Havane; à part le caractère frappant de simultanéité il
n'y avait pas de corrélation réelle entre les deux événements.
Quant aux faits qui s'étaient produits dans l'île de Grenade et
au Nicaragua, ils avaient ceci de commun qu'ils deviendront, littéralement, intolérables en leurs conséquences pour
les dirigeants de Washington: deux régimes dits de gauche,
ou colorés au rouge, s'étaient emparés du pouvoir à Saint
George et à Managua.
      Ancienne Antille britannique, la Grenade est l'une des
petites îles les plus densément peuplées de la région. L'arri-

vée au pouvoir d'un groupe de gauche, par suite d'un coup d'État, le 13 mars 1979 fut à peine «couverte» par la presse internationale. Qui s'est jamais préoccupé de la Grenade, à part quelques touristes en instance de départ de vacances? La petite île au nom poétique et évocateur de la grande histoire d'Espagne fera, quelques années plus tard, les grandes manchettes quand Reagan réglera son «cas» d'une manière expéditive, faisant penser à l'expédition militaire contre Saint-Domingue en 1965.

Le Nicaragua était une affaire d'une autre dimension que la Grenade, et dont l'évolution se détériore encore. Depuis son indépendance en 1821, le pays a connu d'interminables guerres civiles; en ce siècle, elles ont provoqué des interventions par les *marines* des États-Unis, suivies de longues occupations militaires de 1912 à 1925, puis de 1926 à 1933. Un des chefs du maquis de cette dernière période, Cesar Augusto Sandini, avait été exécuté par Anastasio Somoza, alors chef de l'armée (dite Garde nationale) en 1934. À l'époque actuelle, le front de libération nationale se dénommera en son honneur: Front *sandiniste* de libération nationale (FSLN). Les Somoza, père et fils, avaient imposé pendant 43 ans (de 1936 à 1979) une dictature familiale, transformant le pays en un terrain d'exploitation éhontée. En juillet 1979, lors de la démission forcée du président, Anastasio fils dit «Tacho», la fortune familiale ne pouvait être évaluée que très grossièrement, entre 500 à 2000 millions de dollars, tant étaient nombreuses ses ramifications à l'étranger. Tous les moyens étaient bons pour sauvegarder et augmenter encore une fortune aussi énorme, comme, par exemple, le détournement de secours de l'extérieur lors du tremblement de terre de 1972. Un tel régime ne pouvait se maintenir que par la force armée de la garde nationale, ne reculant devant aucune forme de répression comme la torture constante et l'exécution sommaire.

D'inspiration guévariste, le mouvement sandiniste devint graduellement le fer de lance de l'opposition au régime en attirant à lui diverses fractions des partis de gauche et modérés. Il avait préalablement coupé les ponts avec le parti

communiste du pays. À partir de 1974, la tendance insurrec-
tionnelle tertiaire (*tercerista*) s'impose et prône la guerre civile
à partir de la guérilla urbaine. Sa réussite la plus spectaculaire fut, en août 1978, l'assaut des édifices du parlement de
Managua et la prise en otage de centaines de personnes. Elle
avait révélé au monde la force des rebelles. Les somozistes
avaient dû céder aux exigences des sandinistes en libérant des
prisonniers politiques et en payant une rançon importante.
La guerre civile allait s'étendre à presque tout le pays. Il y
avait longtemps déjà que le système Somoza était déconsi-
déré à l'étranger à cause des énormes abus qui avaient rendu
possible une telle longévité.

Washington était informé de ces faits et allait se trouver
devant un dilemme. Carter commença à réduire considérablement l'aide militaire consentie par ses prédécesseurs. La
guérilla faisant toujours de spectaculaires gains, la Maison
Blanche hésita, reprit l'aide militaire puis la suspendit à nouveau. Entre temps, le mouvement sandiniste avait pris l'importance d'une insurrection nationale, tenant sous contrôle
de grandes parties du pays. En juin 1979, le secrétaire d'État
Vance se rendit à l'évidence et céda aux pressions de plusieurs membres de l'OEA (Organisation des États américains), en abandonnant Somoza à son propre sort. Moins
d'un mois plus tard, il fuyait la capitale de justesse, se réfu-
giait provisoirement à Miami; l'année suivante, il allait être
assassiné dans son refuge du Paraguay. Vingt ans après le
castrisme, le sandinisme semblait contester l'hégémonie
américaine sous son flanc sud; le Nicaragua allait devenir,
dans les années 1980, l'un des principaux foyers de la «nouvelle Guerre froide». (Le chapitre suivant reprendra le fil de
cette histoire.)

La politique africaine de Castro n'avait rien pour rassurer Washington, d'autant qu'elle se faisait en conjugaison
avec celle des Soviétiques. La «collusion» sino-américaine sur
le même continent était loin d'avoir la même assiduité et efficacité. Cette politique cubaine contrecarrait les premiers
essais d'ouverture de Washington pour un début de
«normalisation»...[88]. En septembre 1975, William Rogers,

alors responsable des affaires de l'Amérique latine au Secrétariat d'État, faisait parvenir aux deux chambres du Congrès, un mémoire qui disait: «Nous sommes entièrement prêts à améliorer nos relations avec Cuba. L'hostilité n'est pas un trait permanent et inaltérable de notre politique. Nous sommes disposés à entamer un dialogue avec Cuba, mais il faut que ce soit sur une base de réciprocité», et de proposer que cessent les «injures délibérées à l'adresse de la partie adverse»[89]. Les sénateurs Pell, Javits, Edward Kennedy, le représentant Bingham parlaient dans le même sens en prônant diverses mesures concrètes de conciliation. Le secrétaire d'État Kissinger donnait son approbation à des gestes symboliques[90] comme préludant à de meilleures relations.

Mais lorsque Castro se mit à soutenir la cause des nationalistes porto-ricains, la position américaine pour des relations plus normales se refroidit nettement. En voyage à Cuba au mois de mai 1975, l'ex-candidat démocrate à la présidence, le sénateur McGovern, s'entendit dire: «Cuba renoncerait plutôt à normaliser ses relations avec Washington qu'à soutenir l'indépendance d'un parti frère»[91]. Ces difficultés n'empêchèrent pas les négociations d'aboutir pour l'échange de consuls, la libération de dix ressortissants américains détenus pour trafic de drogue, des assouplissements aux restrictions faites aux diplomates cubains accrédités à l'ONU, etc. Mais l'aide de La Havane aux sandinistes allait entraver, et sans doute pour longtemps encore, le développement de la normalisation avec Washington.

Fin août et au début septembre 1979, se tenait donc à La Havane la conférence des non-alignés dont la rapide évocation fermera ce tour d'horizon. C'est pendant ces assises que se produisit une petite crise, ou «crise» heureusement avortée, dans les rapports soviéto-américains au sujet de Cuba. En un tel lieu, toute friction entre les Grands peut évoluer en crise grave. Mais ce sera, cette fois-ci, moins sérieux qu'en 1970, lors de la deuxième crise au sujet de la construction d'une base de sous-marins soviétiques à Cienfuegos. En se rappelant que la base navale de Guantanamo sur la pointe sud de l'île, où sont toujours stationnés en permanence quelque 3000 militaires américains, Cuba est, à part Berlin, probablement le seul lieu de la planète où cohabitent, mais, cette fois-ci à respectable distance, des forces militaires des deux Grands.

De classiques «indiscrétions» de journaux furent à l'origine de l'affaire. Se trouverait stationnée à Cuba une brigade soviétique de combat de quelque deux ou trois mille hommes: qu'en était-il, se demandait-on à Washington? Après quelques explications peu claires et visiblement embarrassées d'officiels américains, car il ne s'agissait pas des «conseillers» courants, le secrétaire d'État Vance, en conférence de presse le 5 septembre 1979, confirmait le fait qui n'était pas nouveau puisqu'il datait au moins du milieu des années 1970.

Mais «la mission spécifique de cette brigade n'est pas claire»[92], disait encore le secrétaire d'État. Elle était composée de bataillons d'infanterie motorisée, de bataillons de blindés et d'artillerie, ainsi que de leurs éléments de soutien logistique; elle n'était cependant pas pourvue d'appui aérien et naval lui permettant une capacité d'attaque. Vance profitait de l'occasion pour servir un ferme avertissement à Moscou car ce «sérieux problème», qui «affectait les relations entre les États-Unis et l'URSS», ne se résolverait pas dans le statu quo. Il n'allait pourtant pas jusqu'à réclamer le retrait de ces troupes. Il pressait toutefois l'ambassadeur Dobrynine, alors en vacances dans son pays, de rentrer le plus tôt possible afin de fournir les explications attendues. Le Sénat qui, entre autres questions à son ordre du jour, étudiait celle des accords des SALT II, ne manquait pas de membres pour arguer de cette présence soviétique à Cuba à l'appui des autres raisons justifiant un refus de ratification.

Visiblement pour sauver ces accords, le président Carter demanda aux sénateurs de rester calmes et minimisa le fait en répétant que cette brigade de combat ne constituait pas une menace pour les États-Unis. Pas plus que son secrétaire d'État, il ne sommait les Soviétiques de rapatrier au plus tôt leurs soldats. Et Dobrynine tardait à rentrer à Washington à cause du décès de son père. «C'est le moment de faire preuve d'une diplomatie ferme, disait le président, mais il ne faut ni paniquer, ni exagérer»[93]. L'efficacité du travail d'*intelligence* était aussi mise en cause, devenant une question d'une importance primordiale pour l'exécution contrôlée d'accords comme ceux des SALT. La dernière question cubaine, en son fond, était mineure en ce sens qu'elle n'éclata pas «en crise», mais elle aura peut-être contribué à l'échec final de la ratification de ces accords et, partant, à une continuation de la course aux armements[94].

Cuba, accueillant alors la conférence des non-alignés ou présumés tels, fut l'objet du ressentiment américain consécutif à la désagréable «surprise». Le conseiller du président pour la Sécurité nationale, Brzezinski, s'en prenait à Castro, cette «marionnette de l'URSS», d'avoir fait de son pays un «client dépendant». Quant à la prétention au non-alignement, il affirmait qu'il n'y a «pas un seul exemple que Castro se soit écarté de la politique officielle soviétique»[95]. Un mois plus tard, Carter se félicitera d'avoir «désamorcé d'une façon adéquate» l'affaire de la brigade de combat soviétique à Cuba, mais il réaffirmera son intention ferme de contenir «l'aventurisme» cubain dans les Caraïbes et dans le monde, tout autant que «l'expansionnisme» soviétique en Europe[96]. Car ce jour-là, le gros de son exposé portait sur la menace stratégique que comportait le remplacement par les Soviétiques d'anciens bombardiers par les Backfire ultra-modernes, et surtout des SS-4 et SS-5, fusées porteuses d'une seule bombe, par des missiles SS-20, porteurs des trois têtes nucléaires très précises et pouvant atteindre tout le territoire européen.

Du grand trio du non-alignement, il ne restait plus que Tito, Nehru et Nasser étant morts depuis longtemps. Octogénaire avancé, il sera avec Castro l'autre figure marquante de la conférence de La Havane. Depuis quelques années, il ne se faisait guère entendre que comme le chantre toujours fidèle mais sur un mode anxieux, pour ne pas dire désabusé, du non-alignement entre les deux «hégémonismes». Cette espèce de testament moral d'un homme de 87 ans, il allait le porter chez l'hôte de la conférence qui n'avait pas la même conception que lui du «non-alignement», ce concept qui tire sa positivité d'une négation.

Parmi quelque 90 pays non-alignés, Castro pouvait s'appuyer sur les plus «progressifs» qui avaient fait l'actualité récemment: l'Afghanistan, l'Angola, l'Éthiopie, le Laos, le Yémen du Sud, considérant tous le bloc soviétique comme «l'allié naturel du non-alignement». La commune mesure s'établissait en force par les trois membres fondateurs du mouvement: l'Égypte, l'Inde et la Yougoslavie, celle-ci représentée par son vieux président prestigieux. Les pays qui suivaient cette dernière tendance n'acceptaient pas les attaques virulentes contre l'impérialisme américain, en collusion avec sa nouvelle alliée, la Chine. L'admissibilité du régime cambodgien, successeur de la dictature de Pol Pot, l'expulsion de l'Égypte pour avoir voulu traiter avec Israël furent l'occasion de rudes batailles.

L'intervention pondérée, courte mais ferme du président Tito, parlant assis pour économiser ses forces, sauva ce qui pouvait l'être d'une rencontre, vouée à l'échec, et d'une idée[97] qui avait connu bien des avatars depuis son lancement à Bandung en 1955. Elle avait surtout valeur de continuité symbolique, venant d'un homme qui, dès 1948, à l'époque de la Guerre froide naissante, s'était volontairement mis à l'écart et avait prétendu, pendant plus de trente ans, s'y maintenir: position qu'il était, mieux que quiconque, apte à proposer comme idéal de vie internationale au reste du monde.

4

Une nouvelle Guerre froide (1979-1985): de Kaboul à Genève

L'invasion de l'Afghanistan par l'Armée rouge, dans les derniers jours de 1979, marquait avec retentissement les limites territoriales de la «Paix (européenne) froide». Les dirigeants soviétiques avaient recours pour la première fois à l'intervention militaire massive dans un théâtre du tiers-monde, en dehors de la zone de protection garantie par eux à Varsovie en 1955, puis, vingt ans plus tard, avec trente-quatre autres pays à Helsinki. Dans les circonstances, Moscou ne pouvait avancer quelque principe de nécessité s'appuyant sur la «doctrine Brejnev» qui s'était appliquée durement au cas tchécoslovaque en 1968. Se trouvait aussi contredit au moins «l'esprit d'Helsinki», enfin ce qui subsistait encore de ses prolongements plus ou moins mythiques. La hardiesse de cette sortie brusque du théâtre premier de la rivalité inter-Grands pouvait faire craindre la fin de la Détente-Paix froide de la décennie 1970 puisque les Soviétiques se permettaient maintenant le recours à la force ailleurs qu'en Europe. Par le fait de l'initiative d'un des deux Grands, l'affaire de l'Afghanistan accentuait considérablement la détérioration générale des rapports Est-Ouest, perceptible depuis quelques années.

L'événement, s'étant produit à l'époque de Noël 1979, fut d'abord assourdi par les festivités de cette période de l'année; mais la nouvelle confirmée suscitera dans les capitales occidentales une indignation vive, qu'accentuait encore l'effet de totale surprise. De quel danger immédiat les Afghans pouvaient-ils bien menacer l'Union soviétique? Il ne semblait pas y avoir de commune mesure entre l'ampleur des moyens employés par le géant et l'objectif de calmer son inconfort du moment d'avoir à Kaboul, la capitale, un leader peu sûr à la tête du nouveau régime communiste institué à la faveur d'un récent coup d'État. Il devait bien y avoir d'autres raisons plus sérieuses, de géostratégie fondamentale notamment, pour mettre en branle ce vaste déploiement de force dans une aventure où tous les risques n'étaient pas du côté le plus faible.

Dans la période subséquente, sujets et moments de tension vont se multiplier, et même s'amplifier, sur d'autres questions. En particulier, une autre pointe de nervosité sera atteinte après le 1er septembre 1983 lorsqu'un avion civil sud-coréen fut abattu par la chasse soviétique au-dessus de la mer du Japon. La glaciation des rapports inter-Grands avait commencé antérieurement à ce 24 décembre 1979, alors que les premières divisions soviétiques franchirent la frontière de l'Afghanistan. Après la Détente, déjà éventée en une Paix froide non moins ambiguë, analystes et commentateurs trouvaient naturellement à s'interroger sur un possible recommencement de la Guerre froide à ce tournant des années 1980. Les faibles chances de ratification américaine des accords SALT II furent enterrées dans les sables de l'Afghanistan, selon l'expression définitive de Brzezinski. La course aux armements reprendra son cours illimité. Surtout le ton général des rapports officiels entre les Grands montera et certains de leurs alliés y attacheront parfois leur grelot. Aux États-Unis même, où se livrait «la contre-offensive des anxieux», c'est «Carter lui-même, qui, en 1980, donna le signal du retour à la guerre froide» [1].

La nouvelle en coup de tonnerre de l'invasion de l'Afghanistan qui suivait de peu l'affaire des otages à Téhéran, à la fois incongrue et sinistre, réveillait rudement le peuple américain que la droite de ce pays trouvait endormi. À Washington, dorénavant les faucons marqueraient des points sur les colombes. Jamais la région moyen-orientale n'avait autant attiré l'attention avec cette nouvelle affaire de l'Afghanistan, pays plus inconnu encore que mystérieux, situé entre l'Iran, à la révolution régressive, et le Pakistan, allié des États-Unis mais au régime fort précaire. Le Moyen-Orient devenait subitement un théâtre chaud de la rivalité inter-Grands, à l'instar de l'Amérique centrale, avec ses situations virtuellement explosives au Salvador et surtout au Nicaragua. Pendant ces premières années 1980, les états de tension en Afrique ne comporteront pas l'intensité qu'ils avaient dans la dernière moitié de la décennie précédente; mais c'est, à l'exception de l'Afrique du Sud surtout à partir de 1985, une situation unique à tous égards et ne relevant pas directement de la rivalité inter-Grands. S'il y avait lieu de craindre une nouvelle «guerre froide», ce pourrait bien être aussi par la diversité continentale de ses lieux de tension.

La gouverne interne des deux Grands allait se renouveler dans les années 1980. Un Brejnev, souvent malade, s'éclipse parfois de l'actualité mais y revient inopinément, démentant ainsi les rumeurs sur son impotence, voire sur l'éviction de ce trop preux chevalier de la «détente». L'octogénaire Mikhaël Souslov, le dernier des idéologues de l'ère stalinienne et qui avait facilité l'ascension de Brejnev, mourra le premier, le 26 janvier 1982. Avant la fin de l'année, le président Brejnev disparaîtra à son tour. Suivront les successions intérimaires d'Andropov (15 mois) et de Tchernenko (13 mois) jusqu'à ce que s'impose enfin l'étoile montante de la jeune génération, Mikhaïl Gorbatchev, à l'hiver 1985. Cette chaîne de rapides successions n'entraînera pas de visibles modifications dans le leadership de la politique étrangère soviétique. Élu en novembre 1980, installé à la Maison Blanche en janvier suivant, Ronald Reagan ne sera entré en contact avec aucun de ses quatre équivalents soviétiques et, à vrai dire, il n'aura pas pressé les circonstances pour y arriver pendant son premier mandat d'office. Dans le champ de la politique étrangère tout au moins, le nouveau président républicain va d'abord négocier allègrement le virage pris dans les derniers mois par son prédécesseur démocrate; mais il le fera selon un nouveau style plus «musclé».

Après l'ambivalence et l'esprit d'indécision qui avaient marqué les politiques d'un Carter, les Américains venaient de se donner comme président une espèce de mythe vivant: celui du cowboy viril et affable, redresseur de torts, et semblant s'être distribué, à l'âge de la retraite, un rôle de shérif mondial. Mais la politique étrangère n'était pas précisément le point fort du nouveau résident de la Maison Blanche. Il ne lui accordait pas de priorité de principe; et s'il devait s'en occuper de plus en plus, c'est que l'y contraignaient les impératifs du nouveau corps de pensée stratégique régnant à Washington non moins que les récentes déceptions de politique étrangère. Reagan arrivait à point nommé comme candidat de la «nouvelle droite», et non pas une quinzaine d'années trop tôt comme ce Barry Goldwater, défait décisivement par Lyndon Johnson en 1964. Cette droite, qui n'est pas «la plus bête au monde» ne serait-ce que parce qu'elle sait s'ajuster aux évolutions ne dépendant pas d'elle comme l'avait démontré l'ère de Nixon, a aussi dû son succès à des raisons d'un autre ordre: à la personnalité avenante et respirant la force, malgré un âge avancé, du candidat républicain, au surcroît excellent communicateur, mais aussi à une conjoncture internationale plutôt déprimante où l'absurde le disputait à l'inattendu. La barbare affaire des otages de Téhéran n'était pas encore réglée que voici l'armée rouge se portant à la conquête de l'Afghanistan, tout à côté de l'Iran!

L'affaire de l'Afghanistan s'impose comme première question à examiner dans ce chapitre, non pas tellement pour l'ordre chronologique, mais parce que l'événement modifiait substantiellement la dynamique internationale et qu'il allait surplomber, par son côté inquiétant, le cours des événements à venir. Cinq ans plus tard, dans les analyses-bilan de fin d'année, un thème s'imposera à la réflexion des chroniqueurs de politique internationale: *1984*, cette année orwellienne, n'a pas été après tout si mal, en tout cas moins mauvaise qu'on ne l'avait craint depuis le départ de la décennie. *Big Brother* reste toujours menaçant; et chacun a le *Big Brother* de ses craintes particulières. Au niveau international, ce n'est peut-être pas encore la Guerre froide de naguère; toutefois, la situation devient suffisamment grave, à maints autres indices, pour qu'on se mette à en craindre le retour. Le spectre n'en disparaîtra pas complètement à la suite de la laborieuse quête pour une rencontre au sommet, qui aura finalement lieu, à Genève, les 19-20-21 novembre 1985.

I. L'Armée rouge en Afghanistan ou le «Viêt-nam» des Soviétiques

Dans les ouvrages de géopolitique ou de politique internationale, l'Afghanistan est cité comme l'exemple typique de l'*État-tampon* entre des empires finissant par trouver avantage mutuel à ne pas se toucher, du moins de pas trop près: en l'occurrence, entre la Russie tsariste, dans sa poussée en Asie centrale, et l'Empire britannique, se déployant au Sud et soucieux de protéger les marches occidentales de son empire des Indes. Trois guerres en trois quarts de siècle (en 1839-1842, 1878-1879 et 1919) avaient conduit à un désistement partiel des deux empires. L'indépendance de l'Afghanistan sera finalement acquise en 1921. Le démantèlement de l'Empire des Indes en 1947 laissait la voie libre aux Soviétiques, qui semblèrent se satisfaire d'une pénétration économique, et encore restreinte. Coincé entre l'Iran, le Pakistan et l'Union soviétique, peu développé et d'un accès terrestre difficile, l'Afghanistan est aussi privé d'un débouché sur la mer. Sa population est constituée de peuples professant la foi islamique, menant une existence retirée sur de hauts plateaux et qui sont parmi les moins connus de la planète. Une telle géographie, que l'histoire «des autres» a explicitée, suggère une première réflexion. Faut-il se surprendre qu'un de ces jours l'Afghanistan ait été au point de mire des visées géostratégiques des Soviétiques? L'étonnant ne serait-il pas plutôt que cela ne se soit pas produit plus tôt?

Au temps finissant de sa grandeur impériale, le chah, paraît-il, «lorgnait» du côté de l'Afghanistan[2]. Mais c'est du nord que les pressions se feront sentir. À la fin d'avril 1978, un coup d'État communiste réussit à Kaboul, et le président Daoud fut assassiné. Le leader Hafizullah Amin devint chef du gouvernement onze mois plus tard. À la mi-septembre il faisait exécuter le président Taraki et prenait sa place. Le même sort lui échoit à la fin septembre et un nouveau leader est imposé par Moscou, Babrak Karmal. Ces nouvelles n'avaient guère plus d'importance dans la presse internationale que celle de faits divers, sauf la toute dernière annonçant, en même temps, l'entrée des forces armées soviétiques!

À partir de ce moment, l'Afghanistan fera les grandes manchettes pendant presque toute l'année 1980. Les Soviétiques n'avaient pas été absents à la gestation de ces événements qu'on ne pouvait assimiler à de classiques révolutions de palais. L'intervention militaire directe ne pouvait que signifier la nette volonté d'empêcher la sortie d'une toute nouvelle recrue du camp soviétique, tant le pouvoir de Karmal était impopulaire et risquait de se voir rejeté par la masse de la population. Alors que l'Occident n'avait pas encore eu le temps de considérer l'Afghanistan comme un satellite forcé de Moscou, on pouvait s'inquiéter à bon droit de cette extension de la doctrine Brejnev à la région du Moyen-Orient.

Les événements d'Iran ont probablement agi comme l'autre accélérateur de la détermination soviétique. Washington avait été extraordinairement patient dans l'affaire des otages. Mais il n'était pas exclu que les Américains, après avoir raté le raid héliporté pour les libérer, en viennent à considérer une opération militaire de plus grande envergure. Il devenait naturel que les Soviétiques, craignant qu'ils ne s'y installent, les gagnent de vitesse dans le pays voisin dont le chef sur place était, de surcroît, incommode et n'avait qu'une autorité mal assurée. Ce serait donc en pensant aux Américains, et avant que ceux-ci ne s'installent en Iran, que les Soviétiques auraient risqué une décision de cette portée? Selon cette perspective géostratégique, elle paraît en tout cas moins disproportionnée. Cependant, les Américains n'ont pas tenté de prendre pied en Iran pour renverser la révolution de Khomeiny, tandis que les Soviétiques sont toujours en Afghanistan, et peut-être même fermement décidés à y rester malgré leurs déclarations contraires. Le résultat net après six ans est qu'ils s'y enlisent — comme naguère, l'autre Grand au Viêt-nam.

Un président plus hardi que Carter aurait-il eu un réflexe plus énergique, du genre d'un ultimatum aux Soviétiques d'avoir à vider les lieux? Outre qu'il n'était pas du tempérament de cet homme d'agir en butor, les grandes règles du jeu stratégique en situation duopolaire ne le permettaient guère. La décision américaine de jouer modérément pouvait aussi se fonder sur une considération de géopolitique élémentaire: si les Américains avaient pris la relève française en Indochine pour remettre un peu d'ordre à l'autre bout de la planète, comment empêcher les Soviétiques d'en faire autant à leurs portes pour appuyer un récent gouvernement à leur dévotion, mais chancelant? Tout cela relativement parlant, bien entendu, car la force militaire brute comme moyen d'intervention devenait proprement inadmissible. Contre cette occupation, les Américains seront les premiers, mais non les seuls, à avoir recours à la rhétorique sincère de l'indignation. Personne ne trouvera mieux que de se retrancher derrière l'argument peu compromettant de l'opiniâtreté de la résistance afghane. Les appuis de l'extérieur ne seront guère que platoniques, à l'exception du Pakistan voisin et soutenu par les Américains.

À l'Ouest, on inaugurait la décennie nouvelle par un concert de requiem sur «feu la détente»... Carter dit hautement son désabusement: «Mon opinion des Russes a changé plus radicalement au cours de la dernière semaine que dans les deux ans et demi qui l'ont précédée.» Et d'accuser Brejnev de ne lui avoir pas «donné les faits avec précision»[3]. Quelques jours plus tard, il soutient qu'un Afghanistan occupé par les Soviétiques «menace à la fois l'Iran et le Pakistan et constitue un pas vers leur contrôle possible d'une grande partie des réserves pétrolières du monde»[4]. Le secrétaire américain à la Défense, Harold Brown, se trouvant ces jours-là à Pékin, reçut de Deng Xiaoping l'assurance que la Chine était prête à aider le peuple afghan, à contrer «les actes soviétiques d'agression et d'expansion»[5]. Brejnev laissa d'abord les journaux soviétiques répondre du tic au tac; mais quand il se décida, après quelques semaines, à donner la réplique, il adopta un langage sarcastique pour réfuter «des montagnes de mensonges». Les Américains ne sont que «des hypocrites qui se croient tout permis dans l'arène internationale, témoin le Viêt-nam, et qui ont choisi le prétexte de l'affaire afghane pour satisfaire leurs tendances militaristes»[6].

Un mois après l'entrée des Soviétiques, lors de son discours sur l'état de l'Union le président exposait cette proposition hardie qu'on qualifiera, un temps, de «Doctrine Carter»: «Toute tentative par une force extérieure de prendre le contrôle de la région du golfe Persique sera considérée comme un assaut contre les intérêts vitaux des États-Unis. Pareille tentative sera repoussée par tous les moyens nécessaires — y compris la force militaire[7]». Le président laissait aussi entendre un retour éventuel à la conscription: cette partie de son message fut moins louée aux États-Unis que l'avertissement de fermeté à l'intention de l'Union soviétique. L'agence Tass trouvait absurde et démagogique de proclamer la région du golfe Persique comme «sphère d'intérêts vitaux des États-Unis». Au chapitre des diverses représailles (embargo des céréales, boycottage des jeux olympiques de Moscou, emploi de «critères plus restrictifs» pour les exportations de technologie), la mesure la plus crainte par les Soviétiques semble avoir été la fourniture de matériel militaire aux Chinois. L'indice le plus sûr, selon des observateurs à Moscou, en était bien le fait que la presse soviétique gardait le silence sur ce sujet, alors qu'elle se faisait prolixe dans ses attaques sur les autres mesures annoncées, les ramenant, en cette année des présidentielles aux États-Unis, à des calculs électoraux du président et futur candidat démocrate. Un groupe d'experts de l'OTAN estimait aussi que «le prestige perdu» par l'Union soviétique lui faisait déjà plus de mal que les futures sanctions économiques.

Dans la ligne de la présumée «doctrine Carter»[8], un porte-parole du département de la Défense, Thomas Ross, avait lancé à des journalistes: «Nous disposons d'armes nucléaires et, par principe, nous n'excluons pas leur utilisation où que ce soit», ce que Brzezinski précisait en tempérant quelque peu: «Nous pouvons certainement nous engager militairement dans la région du Golfe, sans tout d'abord considérer un recours aux armes nuclaires»[9]. Cette mise en garde du «pas plus loin que l'Afghanistan» était encore rappelée par le secrétaire d'État, Cyrus Vance, devant la Commission des Affaires étrangères du Sénat: «Nous ne cherchons pas la guerre froide, ni une confrontation indiscriminée (...). Nous ne cherchons pas à briser le cadre des relations Est-Ouest et nous ne demandons pas à nos alliés de le faire, mais nous leur demandons de prendre des mesures pour décourager de nouvelles aventures de la part des Soviétiques qui pourraient entraîner de nouvelles crises[10]». Au sommet de Venise des sept pays du monde capitaliste, en juin 1980, il fut inévitablement question du coup de force soviétique en Afghanistan. Alors que Carter tâchait de rallier les participants de la rencontre à diverses mesures de sanction, des observateurs sur place ont noté un soudain effet démobilisateur produit par une courte dépêche de Tass, datée de Kaboul, annonçant le retrait de certaines unités militaires dont la présence en terre afghane n'était plus nécessaire.

Le «prestige perdu» par l'Union soviétique s'évaluait mieux devant le forum, plus représentatif d'une humanité bigarrée, de l'Assemblée générale des Nations unies. Par une écrasante majorité (104 voix, 18 contre et 18 abstentions), l'Assemblée avait voté, dès le 14 janvier 1980, une résolution demandant le «retrait immédiat et inconditionnel des troupes étrangères» de l'Afghanistan. En faisant le décompte des pays qui, en toutes circonstances, sont acquis à l'Union soviétique, on pouvait parler d'une quasi désapprobation universelle. L'unanimité fut atteinte à la conférence d'Islamabad du 29 janvier 1980, groupant les ministres des Affaires étrangères de 36 pays islamiques, avec une résolution condamnant «l'agression militaire soviétique» comme une «violation flagrante des règles, conventions et normes de conduite internationales». L'Iran de l'intégriste Khomeiny n'allait pas être en reste en condamnant «l'occupation de l'Afghanistan» et en promettant même son aide à la résistance des Afghans. Le 9 février 1981, la Conférence des pays non-alignés de New Delhi exigeait encore le retrait des troupes étrangères de l'Afghanistan aussi bien que du Cambodge.

C'est au Pakistan contigu que devait s'organiser la résistance afghane à l'étranger: le 4 mars 1980, cinq des six mouvements de résistance afghans s'y unissaient en une Alliance
islamique pour la libération de l'Afghanistan. Cette «agression» avait de quoi susciter une sorte de symbole négatif de la
grande internationale de l'Islam. La plupart des pays islamiques réagirent en cohérence à l'appel de la solidarité transna-
tionale. Mais comme il est d'usage — et assez tactiquement
inévitable —, les divisions ethniques au sein de la résistance
intérieure empêchent encore celle-ci d'obtenir des résultats
plus marquants. Les résistants serrés de trop près continuent
à trouver refuge au Pakistan, ce pays fournissant encore l'espèce de plateforme d'où la résistance afghane peut coordon-
ner ses efforts, recevoir et distribuer des équipemente militaires. Mais selon l'expression de deux collaborateurs du *Monde
diplomatique*, ce «bastion fragile» [11] reste en dépendance étroite
de l'aide américaine [12].

Au-delà de la première année, la question afghane allait
tomber petit à petit dans une espèce de demi-oubli. Non pas
tant parce que l'intérêt de l'inédit s'émousse tôt en toutes
choses, mais la complexité du terrain et la grande mobilité
des diverses résistances rendent difficile de tenir les cartes
d'opération et de mesurer la résistance réelle des partisans.
Après plus de cinq années, il semble bien qu'en lançant une
armée moderne pour reprendre un tel pays en main, les
Soviétiques n'ont probablement pas fait un compte exact des
divers obstacles qu'ils allaient rencontrer. Mais pour eux,
est-il si grave qu'ils s'y enlisent littéralement puisque, contrairement aux Américains en terre vietnamienne, ils n'auraient pas d'intérêt stratégique à en sortir le plus tôt possible?

À l'été 1981, ils ont refusé carrément le projet, patronné
par des pays européens, pour une conférence de négociation
sur l'Afghanistan. Par longue habitude, ils sont peu sensibles
aux résolutions de blâme d'où qu'elles viennent: de l'ONU,
des pays islamiques, des non-alignés, des Occidentaux. Mais
le coût moral reste lourd à supporter. D'autre part, les résistances afghanes resurgissent toujours, qui pourront tenir
longtemps, à moins que des mesures de déportation pour

«endoctrinement» ou même de «génocide» ne produisent finalement leurs désastreux effets. Selon des rapports qu'ils nièrent, les Soviétiques utiliseraient même des armes biochimiques sous la forme de l'effroyable «pluie jaune». Les entreprises colonialistes de toutes les époques ne sont jamais belles à raconter. Tout finit par s'oublier, certes; mais on ne voit pas comment «l'alignement» forcé de l'Afghanistan par les Soviétiques puisse leur valoir de la considération dans les pays du tiers monde (non plus que les entreprises vietnamiennes au Cambodge).

L'ampleur du risque (objectifs et surtout moyens employés) que Moscou a assumé en Afghanistan déconcerte encore les analystes. Il est peu conforme au schéma comportemental d'un système duopolaire, ainsi qu'aux buts patiemment poursuivis par les Soviétiques dans la décennie précédente. Castoriadis y voyait la preuve du peu de «cas» qu'ils se font de la «détente» et des accords sur les armements stratégiques[13]. L'explication doit être moins sommaire. Celle du *court terme* de quelque cinq années (depuis Helsinki avec un ordre européen consolidé et l'effondrement américain au Viêt-nam) propose que les Soviétiques, ayant depuis peu davantage de moyens d'agir, sont incités à prendre des risques plus forts (en Angola, dans la Corne de l'Afrique, et maintenant en Afghanistan): le tout selon la conscience que le rapport des forces stratégiques leur étant provisoirement favorable, autant en profiter pendant que «cela dure». L'explication par le *long terme* rappelle que l'Union soviétique ne dévie en rien d'une constante d'expansionnisme depuis 1945, quitte à battre en retraite provisoirement ou partiellement si «cela chauffe» trop. Ainsi en fût-il pour les deux crises de Berlin, pour celle de Cuba de 1962 et en d'autres situations moins marquantes. Le procédé consiste à tâter, puis à pousser tant que la résistance n'apparaît pas ferme, décidée; et surtout, le terrain physiquement occupé, on ne se retire pas d'un centimètre.

La véritable interprétation se trouvait en une combinaison des explications du court et du plus long terme: le risque de l'opération paraissait soutenable aux Soviétiques parce que le contre-risque de même amplitude par les Américains, impliquant une guerre, eût semblé insoutenable à ceux-ci et inadmissible à leurs alliés[14]. L'affaire de l'Afghanistan constituait un trop gros morceau pour servir de pièce de transaction dans les pourparlers stratégiques par exemple, mais également un morceau pas assez gros pour risquer un conflit militaire entre les deux Grands. L'enjeu, réel et non négociable, du côté occidental reste la liberté d'accès au golfe Persique et aux richesses qui y transitent...

Il y a des limites de fait à l'exercice de la superpuissance duopolaire. Les Américains doivent souffrir le Cuba d'après 1962. Les Soviétiques ne pouvaient tolérer l'Afghanistan d'Amin, quoique pour d'autres raisons que la Tchécoslovaquie de Dubcek, mais ils auront à souffrir de ne pouvoir contrôler efficacement les peuples afghans qui ne les acceptent pas[15]. Et devrait-on ajouter qu'au plan de la justification peu élégante des motivations, le mauvais exemple de l'un sert l'autre. On imagine volontiers ce type de raisonnement dans quelque bureau de Washington, ayant à décider, en 1983, de l'expédition de la Grenade: «Allons-nous nous gêner après ce que les Russes viennent de faire en Afghanistan?» Quoiqu'il en soit, l'affaire afghane complétait «l'arc des crises» autour de l'océan Indien, dont avait parlé Brezinski quelque temps auparavant.

Tout le monde finira par s'habituer à l'occupation soviétique de l'Afghanistan du fait même de sa durée et de sa limitation territoriale. De temps à autre, des opérations militaires d'une certaine envergure rappelaient à l'opinion internationale, distraite par d'autres événements, que la résistance afghane continuait toujours le combat malgré ses moyens au début presque dérisoires. À chaque fin d'année, les anniversaires de l'entrée des troupes soviétiques constituaient autant d'occasions de rappel. À la date du 26 décembre 1984, la Maison Blanche émettait un communiqué présidentiel disant: «Nous ne pouvons ni ne voulons rester silencieux à propos de l'Afghanistan». Et, avec «d'autres membres de la communauté mondiale», le président en appelait à une «fin rapide et négociée de ce brutal conflit». En attendant, «les

États-Unis ont clairement fait savoir aux dirigeants du Kremlin que les forces soviétiques d'occupation constituent un sérieux obstacle à l'amélioration de nos relations bilatérales»[16]. Ailleurs dans le monde, la persistance du coup de force soviétique continuait d'être interprétée comme un retour au climat de «guerre froide» dont personne n'a jamais dit avoir gardé un bon souvenir.

II. Deux zones spécialement dangereuses:
le Proche-Orient (Liban) et
l'Amérique centrale (Nicaragua)

Sur les théâtres éloignés de leur rivalité, les deux Grands, bien loin de pouvoir manœuvrer à l'aise, ne choisissent ordinairement pas les occasions de leur implication. Des interventions aussi directes qu'en Afghanistan et qu'en Amérique centrale restent rares. La poudrière du Proche-Orient, danger constant depuis 1958, ne les attire qu'à leur corps défendant, dirait-on. Ils sont moins que jamais enclins à y jouer le rôle de chirurgiens de cette espèce d'abcès de fixation qu'est devenue l'affaire libanaise depuis une dizaine d'années. Cette question a des causes multiples et rebondissantes de toutes sortes, mais ne découlant certes pas de la querelle idéologique fondamentale entre les Grands. Autant observateurs médusés qu'inquiets, ils n'y sont guère présents que par association, par les liens généraux qui unissent, par exemple, les Américains aux Israéliens et les Soviétiques aux Syriens. En comparaison avec les années 1970, la présence des deux superpuissances s'est aussi moins fait sentir au Proche-Orient que dans les continents asiatique et africain. Hors d'Europe, leur compétition fondamentale a eu comme enjeux principaux l'Afghanistan et le Nicaragua, chaque pays engageant fortement le prestige moral d'un des deux Grands.

Comme successeur de Nasser, Anouar al-Sadate avait agréablement surpris les Occidentaux par sa solidité d'homme d'État et pour avoir, en particulier, détourné l'Égypte d'une alliance peu naturelle avec l'Union soviéti-

que. Après l'assassinat de Sadate, Moubarak n'allait pas
démériter de son prédécesseur. En Israël la succession de
Begin laisserait finalement nez à nez les chefs de parti Itzak
Shamir et Shimon Pérès qui auront à se partager le pouvoir.
Le contentieux israélo-égyptien n'avait pas complètement
été liquidé, surtout en rapport à la question des territoires
occupés; mais l'annexion du Golan par les Israéliens ne mettait pas en cause directement les Égyptiens. Ces dernières
années, il n'y aura pas eu de crise suffisamment grave dans
les rapports israélo-égyptiens pour faire craindre à une nouvelle guerre après celles de 1948, de 1956, de 1967 et de 1973.

Mais la guerre déchire le Liban depuis 1975, ou plutôt
une enfilade de guérillas qui n'en finissent plus de se repro-
duire. De l'entremêlement de ces facteurs multiples sortit, en
septembre 1983, l'épisode de la tuerie de Sabra et Chatilla
qui horrifia le monde. Le gouvernement israélien institua
une commission d'enquête pour étudier cette ténébreuse
affaire, pressé du reste par son opinion publique justement
indignée. Cette commission mit en cause la responsabilité du
premier ministre Begin et son ministre des affaires étrangères
Shamin; elle exigeait surtout le renvoi ou la démission du
ministre de la défense, Ariel Sharon. Entrés dans la bizarre
guerre libanaise avec «les bonnes intentions» d'une contribution à une Force multinationale, les Américains, de concert
avec les Français, les Britanniques et les Italiens, vont se sortir fort mal en point de l'opération consistant à désenclaver
Beyrouth et à permettre la reconquête au moins théorique de
la souveraineté du Liban.

Garants avec d'autres d'une mission de paix mal défi-
nie, les Américains s'étaient trouvés à appuyer une seule des
factions, les phalanges chrétiennes. La réaction des autres
factions fut presque immédiate et brutale: elle se solda par la
mort de 241 *marines* et d'un nombre cinq fois moins considérable de *paras* français. Avant d'être plus profondément atti-
rés dans ce bourbier, qui les avait amenés à contre-attaquer
en affrontant les Druzes soutenus par les Syriens (et même à
faire des opérations aériennes contre ces derniers), les Américains se retirèrent sans gloire et avec amertume d'une entre-

prise de police internationale où ils étaient entrés sans conviction particulière[17]. En une situation difficilement contrôlable, le risque était grand pour les Américains d'être entraînés
à un accrochage sévère avec les Syriens et, ultimement, à un
affrontement diplomatique avec la grande alliée de ceux-ci,
l'Union soviétique. Au total, concluait un analyste de cette
situation confuse, «l'année 1983-1984 au Proche-Orient a été
celle de tous les échecs, elle n'en est que davantage porteuse
de tous les dangers»[18].

L'horizon 1985 ne sera pas moins opaque. Les Américains n'avaient nulle intention de se laisser aspirer par une
situation encore plus inextricable que le Viêt-nam des années
1960. Quant aux Soviétiques, ils semblent vouloir continuer
à se tenir à une distance respectueuse et à n'avoir d'autre
ambition que d'agir occasionnellement par Syriens interposés
— pour, également, les surveiller. Qui profiterait d'un éclatement du Liban qui ne donnerait pas davantage une patrie
aux Palestiniens? Libanais et Palestiniens sont les perpétuel-
les victimes d'une situation pourrissante qui semble avoir
d'autant moins d'issue qu'elle s'éternise.

Le Proche-Orient est toujours cette région d'une infinie
complexité d'où peuvent surgir toutes espèces de surprises
désagréables. Prises d'otages, suivies de longs emprisonne-
ments, frappent à tour de rôle des citoyens américains, français et même soviétiques; certains furent assassinés dont un
diplomate de l'URSS. À l'été 1985, le détournement d'un
avion américain de la TWA, qui dut faire une curieuse odys-
sée en zig zag en zone méditerranéenne, fut une aventure
haletante mettant en danger, pendant plusieurs jours, la vie
d'une trentaine de citoyens américains. «Nous n'oublierons
pas», déclarera le président Reagan à l'intention de ceux qui
avaient laissé faire, sinon fomenté, l'entreprise. Au début
d'octobre, lors du spectaculaire raid aérien israélien au quar-
tier de l'OLP dans la banlieue de Tunis, Washington en première réaction approuvera la mesure audacieuse, se ravisant
dès le lendemain en se contentant de dire qu'on la comprenait
sans la légitimer pour autant. Quelques mois plus tard, l'acte
de piraterie contre le paquebot italien Achille-Lauro soulè-

vera encore plus d'émoi, surtout lorsque fut connu l'assassinat à froid d'un passager américain d'origine juive.

Les suites politiques de l'affaire seront plus durables
lorsque la responsabilité de gouvernements amis, égyptien et
italien, sera mise en question par Washington dans la chasse
aux terroristes, agissant apparemment hors de l'autorité de
l'OLP et de son chef. Un second détournement, par des
avions militaires américains, d'un Boeing égyptien faisant
route vers Tunis, avec les terroristes à son bord, fut le point
culminant d'une aventure doublement hors du commun.
Pendant qu'on exultait aux États-Unis, à la nouvelle de cette
«diplomatie musclée», la mesure terroriste de contre-
terrorisme était diversement appréciée dans des capitales
occidentales. Et l'acte justicier des forces armées américaines
aura laissé quelque amertume dans les milieux gouvernementaux italiens et beaucoup de rancœur dans l'entourage
du président Moubarak, lequel, ayant réclamé des «excuses»,
n'aura droit de la part de Washington qu'à des «regrets».
(L'expédition punitive américaine sur la Lybie à l'hiver 1986
sera le dernier et le plus important épisode de cette «diplomatie musclée» dans la région.)

Au cœur de ces difficultés interminables, se retrouve le
problème, toujours non réglé, des Palestiniens. Dans la
mesure où Arafat n'apparaît plus être le joueur-clé dans la
région, Hussein de Jordanie, qui a besoin de l'accord au
moins tacite de la Syrie et d'un Liban beaucoup moins turbu-
lent, devient un interlocuteur privilégié et qui a également
besoin du support américain. Mais, si Washington se laisse
trop tirer l'oreille, il pourrait bien accepter les armes dont il a
besoin du fournisseur soviétique. À l'automne 1985, l'initiative majeure appartient au premier ministre Simon Pérès qui
tente de mettre en place un damier diplomatique praticable.
Il fallait du courage moral à un chef de gouvernement israélien pour reconnaître, à la tribune des Nations unies, l'existence du problème palestinien et la nécessité d'y trouver une
solution honorable pour tous. En particulier, il a dû affronter
les dures critiques de son collègue, le faucon Ariel Sharon,
dont il a finalement accepté les excuses en forme d'éclaircisse-

ments. Mais quel sort sera finalement fait au «Plan Pérès» après le naufrage de tant d'autres plans pour rétablir un minimum de stabilité régionale? Tant qu'il y aura des Palestiniens apatrides et «occupés», désespérés et terroristes par destin? Quant aux deux superpuisances, elles n'ont pas besoin de se concerter pour se convaincre de la nécessité d'éviter par dessus tout de se laisser entraîner à nouveau dans le piège libanais.

Plus loin à l'est, la guerre irako-iranienne s'étire depuis l'automne 1980, marquée récemment par l'utilisation des tactiques de la «guerre des villes». Soviétiques et Occidentaux ne portent guère d'intérêt à cet affrontement dont la signification réelle semble leur échapper[19] et que, surtout, l'actualité oublie volontiers. Il n'en va pas de même pour les autres pays de la région du Golfe. La stabilité régionale préoccupe différemment les deux Grands. Dès le mois de décembre 1980 lors d'un passage à New Delhi, Brejnev avait proposé un plan de «non ingérence» pour la paix dans la région du Golfe. Il contenait la prohibition d'armements atomiques et l'interdiction de bases militaires par des puissances étrangères à la région, ainsi que l'obligation de ne pas interférer dans la politique intérieure de ces États et de respecter la liberté d'usage des voies d'eau.

Le plan reçut un accueil mitigé non pas tant à cause du contenu des propositions que par le fait du moment où il fut lancé, soit moins d'un an après l'invasion de l'Afghanistan, événement qui avait entraîné une très forte cote de défaveur pour les Soviétiques dans les pays musulmans. D'ailleurs, la visite du numéro 1 soviétique à New Delhi avait été soulignée par une impressionnante manifestation d'exilés afghans clamant leur hostilité à Moscou. Damas fut la seule capitale à réagir favorablement à ce plan qui prévoyait également la reconnaissance du statut de non-alignement des pays de la région. Dans les capitales occidentales, à Londres en particulier, on ne voyait guère dans le message de Brejnev qu'une simple opération de propagande. Dans les milieux de l'OTAN ainsi qu'à Washington, on faisait observer que Moscou, en revendiquant un droit de regard sur la région, cherchait surtout à s'introduire dans le réseau régional des voies du transport pétrolier. Du reste, comment pourrait-on considérer sérieusement de telles propositions tant que les Soviétiques ne retireraient pas leurs troupes du territoire afghan? La proposition Brejnev ne fera pas long feu.

Cette fin de non-recevoir de Washington n'impliquait pas que les Grands ne gardaient pas le contact officieux ou secret sur l'évolution des affaires dans la région troublée. En février 1985, ils renouèrent après sept ans d'interruption par un contact officiel entre deux responsables supérieurs de leur département des Affaires extérieures[20], qui eurent à Vienne une dizaine d'heures d'entretien. De ces discussions fort discrètes, les analystes furent réduits à spéculer sur des conjectures plausibles[21]. Le point à retenir est que, malgré le refroidissement de leurs rapports depuis la pénétration soviétique en Afghanistan, les deux Grands se reconnaissent toujours une co-responsabilité spécifique dans l'évolution d'un secteur qui est sans doute le plus complexe, et virtuellement le plus explosif au monde. Partout «noblesse (du duopole) oblige», et non moins en cette région tourmentée qu'ailleurs.

* * *

En Asie, l'événement majeur des dernières années reste «l'incident» de l'avion de la KAL abattu le 1er septembre 1983. Il paraîtra mieux indiqué d'en traiter dans une autre section de ce chapitre. Ce fait hautement dramatique, par la mort de 269 passagers civils, montrait au minimum la très grande importance stratégique que, pour le moins, les dirigeants de Moscou attachent à cette région de la mer du Japon[22]. Coréens du Sud, Japonais et Chinois n'étaient pas sans savoir que la mer d'Okhotsk et la péninsule de Kamtchatka étaient effectivement considérées comme des secteurs privilégiés de la défense sibérienne des Soviétiques. L'inquiétude dans ces trois pays d'Extrême-Orient avait été grande lorsqu'une rumeur circula qu'en cas d'éventuels accords aux pourparlers stratégiques soviéto-américains de Genève, les Soviétiques pourraient installer en Sibérie les SS 20 braqués jusque-là vers l'ouest européen. Andropov s'empressa de nier la rumeur et d'assurer les pays en cause des intentions purement défensives de l'Union soviétique dans la région.

Les Soviétiques considèrent le secteur comme le flanc le plus vulnérable de leur gigantesque territoire. Les relations sino-américaines d'une part, nippo-américaines de l'autre, sur le fond de la protection spéciale des États-Unis à la Corée du Sud, constitueraient en effet un réseau mettant virtuellement en danger la sécurité des provinces les plus lointaines qui, selon une expression de l'époque tsariste, ont «fenêtre sur le Pacifique». D'autant que l'Amérique de Reagan semblait avoir évacué le «syndrome vietnamien» et tenir, en tout cas, à signaler hautement son retour en force dans la région extrême-orientale. Le voyage de Reagan à Tokyo et à Séoul (novembre 1983) fournit l'occasion au président américain d'exprimer son souhait d'une alliance stratégique triangulaire avec le Japon et la Corée du Sud. Ce dernier petit pays maintient, et pour cause, sa tradition militariste depuis 1950, tout en accomplissant un «miracle» de performance industrielle lui permettant même d'envahir les marchés d'Occcident. Quant au Japon, la prouesse de Toyota battant General Motors à Détroit même montre assez la force plus symbolique du «troisième grand» industriel et commercial. Davantage, sous le premier ministre Nakasone qui avait déjà présenté son pays comme un «porte-avions insubmersible», le Japon augmentait en 1983 et 1984 ses dépenses militaires pour ajouter encore à ses capacités de lutte anti-marine et d'interception aérienne. Les Soviétiques ne prisèrent pas du tout l'augmentation de ce réarmement défensif et Gromyko poussait la délicatesse jusqu'à avertir les Japonais que leur pays avait déjà été la cible d'un bombardement atomique...

Les Chinois, observant ces développements, commençaient à se demander si l'heure n'était pas venue de procéder à un nouvel équilibrage du fameux «triangle». Au retour de son voyage en Chine au début février 1983, le secrétaire d'État George Shultz avait bien dû constater que les relations sino-américaines n'avaient plus la chaleur de jadis. D'autre part, à plusieurs signes d'un nouveau langage entre les deux grandes puissances du communisme mondial, des commentateurs commençaient à parler d'un possible «dégel» sino-soviétique. Les Chinois n'avaient pas oublié le vieux conten-tieux avec les Américains au sujet de Taïwan; et la politique récente, plus ferme mais risquée, de Reagan, avait probable-ment contribué à ce début de rapprochement entre Pékin et Moscou. La doctrine dite des «trois mondes», faisant de la Chine la tête du troisième contre «l'hégémonisme» des super-puissances, reprenait de la popularité en 1982, quelques années après avoir été lancée par Deng Xiaoping. On pou-vait aussi y voir l'indice que les dirigeants de Pékin n'étaient pas prêts à trop renforcer le côté sino-soviétique du classique triangle.

Mais l'application de la «réforme urbaine» et le pro-gramme, plus enveloppant, dit des «quatre modernisations», exigeaient que la Chine bénéficie d'une période de stabilité internationale. Le voyage en Chine du président Reagan en février 1984 ne semble pas avoir été l'occasion des réassuran-ces attendues de part et d'autre. À la fin de 1984, Yvan Ar-khipov, qui, comme vice-premier ministre, était le plus haut dirigeant soviétique à se rendre en Chine depuis 1969, con-clura trois accords de coopération économique et technique avec son homologue Yao Lilin au terme d'une visite de neuf jours. Les deux hommes avaient préalablement signé un accord commercial pour la période 1986-1990.

Malgré cet essor de leurs relations économiques, les Chi-nois ne manquèrent pas de rappeler à leur invité la persis-tance des classiques «obstacles» à une normalisation des rela-tions entre Pékin et Moscou, à savoir: l'intervention militaire en Afghanistan, le support donné par Moscou à la politique vietnamienne au Cambodge et la permanence du fort déploiement militaire des Soviétiques aux frontières septen-trionales de la Chine. Après les funérailles de Constantin Tchernenko, les observateurs de la scène moscovite notèrent que l'entrevue surprise du successeur Gorbatchev avec le vice-premier ministre chinois, Li Peng, fut le fait marquant des rencontres diplomatiques à cette occasion. Depuis ce moment, Washington s'inquiète d'un adoucissement possi-ble de la ligne de Pékin envers Moscou, bien que les Soviétiques maintiennent toujours leurs politiques controversées relativement à l'Afghanistan et au Viêt-nam. Mais le plus grand «obstacle» à de meilleures relations sino-soviétiques reste certes celui des concentrations de missiles soviétiques sur la frontière sibéro-chinoise.

En politique intérieure, les Chinois maintiennent leur régime totalitaire pour garder sous contrôle cette fourmilière d'un milliard d'individus. Si Pékin annonce la réhabilitation de 16 000 intellectuels de l'époque de la Révolution culturelle (1967-1976), il n'y est pas question d'abolir la peine de mort et Amnistie internationale, qui avait fait un rapport accablant, en est dûment notifiée. Pas question, non plus, de diluer la doctrine marxiste dans le rejet même de la direction idéologique de Moscou. Toutefois, six nouveaux membres, qualifiés de «réformistes» et d'une génération intermédiaire (entre 56 à 68 ans) accèdent à l'automne 1985 au Comité central du PC chinois. Le nouveau plan quinquennal de développement économique (1986-1990) a, entre autres choix, confirmé la ligne d'ouverture à l'extérieur en prônant l'invitation de capitaux étrangers pour le soutien de ses grands projets de croissance industrielle. Et pendant que Hanoï et Pékin s'échangent des accusations pour violations de frontières, les négociations sino-soviétiques pour une «normalisation» traînent en longueur.

La Chine avait cautionné en 1982 un gouvernement de coalition anti-vietnamienne au Cambodge (en zone neutre libérée) et présidé par le prince Sihanouk, depuis longtemps exilé privilégié à Pékin. Ses organes de presse comme *Chine nouvelle* applaudissaient aux succès des «rebelles» sans pour autant prendre le risque de faire à Hanoï une «seconde leçon» comme elle l'avait faite par ses incursions dans la péninsule à la fin décembre 1978. La confusion et la famine régnaient en ce malheureux pays du Kampuchéa. En avril 1985, le Viêt-nam a célébré avec pompe et défi le dixième anniversaire de l'effondrement américain. Journaux et réseaux de télévision américains ont également commémoré l'anniversaire pour dégager «les leçons» du plus désastreux échec de politique étrangère des États-Unis. On y assista à une espèce de débat national assez grinçant sur le «syndrome vietnamien», dix ans après le traumatisme d'avril 1975. Il y avait même quelque chose de pathétique dans l'argumentation à postériori que l'armée américaine n'aurait pas perdu cette guerre si elle n'avait pas été idéologiquement trahie à l'intérieur et vilipendée par l'opinion publique occidentale.

Les Philippines, dans le Pacifique, constituent un motif d'inquiétude des plus sérieux pour les États-Unis, surtout depuis l'assassinat du leader d'opposition Aquino à sa descente d'avion à l'aéroport de Manille. Complètement déphasé et visiblement corrompu, le régime Marcos tire à sa fin d'autant que le leader, malade, serait probablement renversé par les rebelles communistes si cessait soudainement l'aide américaine. À la fin octobre 1985, une foule de 7000 manifestants s'est dirigée vers le palais présidentiel en traitant le président d'«assassin»; le lendemain, 2000 femmes prenaient la rue. D'ailleurs, un peu plus tard, la veuve du chef assassiné prendra la tête de l'opposition. La capitale américaine s'inquiète; après enquête sur place, des sénateurs font des rapports alarmistes. Le président Marcos s'efforce de rassurer l'opinion américaine. Il annonce même des élections anticipées pour janvier 1986, mais sa démission ne sera effective qu'après la tenue des élections. Il s'accroche. À Washington, on craint l'effondrement d'un «nouvel Iran». En géostratégie du Pacifique, la perte du grand archipel serait encore plus désastreuse pour les Américains que ne l'a été l'écroulement du chah au Moyen-Orient. (Mais ce sera la bizarre révolution pacifique de l'hiver 1986...)

La région du Sud de l'Asie jouit d'une stabilité relative depuis quelques années. Par le poids de ses centaines de millions d'être humains et pour la portée symbolique unique, l'Inde est toujours la table tournante décisive. Un an après l'assassinat d'Indîrâ Gândhi, la succession par son fils Rajiv, immensément populaire à l'intérieur et considéré à l'extérieur, s'est déroulée sans que se soient produits les heurts de l'ampleur qu'on pouvait craindre. La tragédie de l'avion d'Air India a révélé au monde la gravité du problème Sikh. Au plan externe, la Nouvelle Delhi se reconnaît toujours le rôle de chef de chœur des non-alignés tout en revendiquant le statut de grande puissance atomique, n'excluant pas à priori de se doter un jour d'armes nucléaires[23]. Il est difficile d'oublier une certaine tradition militariste de ce pays, qui a connu trois guerres dans la région en quatre décennies; sans mentionner, par-delà l'Himalaya, le voisinage avec l'autre colosse démographique du monde. Mais une quarantaine d'années après son indépendance, les effroyables problèmes intérieurs de l'Inde continuent de solliciter davantage le gouvernement indien que la préoccupation immédiate de sa sécurité internationale.

*   *   *

La plupart des questions africaines qui défraient l'actualité (coups d'État récents en Ouganda, au Nigéria, au Libéria, etc.) n'ont pas d'incidence particulière sur l'évolution des rapports soviéto-américains. Les faits majeurs des dernières années sont le dernier combat qui se livre contre le dernier bastion de l'homme blanc en Afrique australe et l'effroyable famine de l'Éthiopie gagnant de proche en proche tout le Sahel. Il ne s'agit pas de phénomènes à imputer, même par leurs conséquences clairement analysables, à la rivalité hégémonique des deux Grands. À l'entendre rigoureusement, cette dernière formulation serait trop absolue. Les rapports entre l'Afrique du Sud et les voisins du Mozambique, de l'Angola et de la Namibie, la politique interne du premier pays en révision de l'infâme politique de l'*Apartheid* ne sont pas tout à fait hors d'un propos général de «guerre froide». Il est peu prévisible que les puissances occidentales nouvellement «sanctionnistes», États-Unis en tête, aillent jusqu'au bout de leurs moyens pour forcer la main à Prétoria. Conformément à sa logique de libérateur africain, Castro semble tenté par le risque d'une intervention plus militairement compromettante en Afrique du Sud[24]. Il reste que ce phénomène local est racial par essence, menant aux horreurs des massacres et aux répressions interminables des dernières années.

Au sujet de l'Éthiopie, il serait pertinent de pouvoir contrôler les allégations de diverses sources prétendant que le gouvernement éthiopien, dirigé par le marxiste Mengistu, affamerait à dessein des régions entières du pays. Ces deux questions, fort différentes, d'Éthiopie et d'Afrique-Sud sont trop complexes ou insuffisamment connues pour fonder des propositions analytiques précises sur la rivalité inter-Grands, si ce n'est celle déjà exprimée: chacune des grandes puissances dénie à l'autre le droit de considérer le continent africain comme une zone «d'intérêts vitaux». Comme dernière expression de ce principe, ce passage d'une allocution de Tchernenko, recevant justement Mengistu à Moscou, et proclamant que l'Union soviétique est «fermement opposée à ce que ce continent soit transformé en théâtre de confrontation politique et à fortiori militaire (...) Nous rejetons catégoriquement les tentatives de proclamer que l'Afrique ou certaines de ses parties soient les sphères d'intérêts vitaux de qui que ce soit»[25]. Plus d'une fois, Washington a tenu le même discours.

*   *   *

En Amérique latine et singulièrement en Amérique centrale, la politique américaine se fait autrement plus vigilante. Le Nicaragua est maintenant devenu un théâtre second de «guerre froide», à l'instar du Cuba d'avant la crise des missiles de 1962; et El Salvador a failli y passer, tandis que d'autres petits pays de la région sont eux-mêmes plus ou moins stables. Dans l'affaire du Nicaragua, Washington s'engage de plus en plus profondément, ou lourdement, disent ses critiques qui ne manquent pas, même aux États-Unis. Ce problème, dont l'arrière-plan a été rappelé au chapitre précédent, n'a fait que se détériorer ces dernières années. Rappelons d'autres faits dans le même hémisphère, comme ces expéditions militaires d'un autre âge que furent les «reconquêtes» des Malouines et de la Grenade: de l'âge des impérialismes colonialistes dans le premier cas, à celui du panaméricanisme de canonnière dans le second. Mais, en passant, il convient de rappeler des facteurs politiques plus réconfortants dans le continent latin: la remontée des forces démocratiques en Argentine, en Uruguay, au Brésil, ainsi que de façon moins marquante en d'autres pays.

Depuis l'arrivée de Reagan au pouvoir, le Nicaragua est devenu cette espèce d'os de poulet en travers de la gorge de l'Oncle Sam. Au printemps 1985, pour justifier la décision d'imposer un embargo commercial total contre ce petit pays, le président soutenait que «les politiques et les actes du gouvernement du Nicaragua constituent une menace inusitée et extraordinaire pour la sécurité nationale et la politique étrangère des États-Unis»[26]. Cette déclaration ne pouvait être crédible que par ceux des Américains qui craignent jusqu'à l'obsession l'irruption en Amérique centrale d'un nouveau «Cuba», non insulaire et plus dangereusement contagieux. Par ailleurs, elle soulevait, chez des esprits plus froids, l'appréhension d'une nouvelle aventure «à la Vietnamienne», analogie qui venait naturellement à l'esprit à l'époque du dixième anniversaire de ce qui fut vécu aux États-Unis comme un drame national.

Il convient plutôt d'évoquer le cas du Nicaragua comme un symptôme spécifique de récurrence de la «guerre froide» dans les années 1980. Selon cette perspective globale, c'est le cas analogue, plus direct et brutal aussi, de l'Afghanistan qui s'imposerait, du moins par les conséquences: en effet, sur ce théâtre, Washington est en train de perdre les «gains» que lui avait procurés, sans mérite de sa part, l'occupation soviétique de l'Afghanistan. Bien qu'il n'ait pas donné l'ordre d'occuper le pays, le président recueille avec sa politique du Nicaragua une part, pour ainsi dire, symétrique d'odieux dans l'opinion internationale.

Si le Nicaragua était effectivement devenu une base militaire en préparation, menaçant virtuellement la «sécurité nationale» des États-Unis, cela aurait fini par se savoir dans ce petit pays très ouvert aux curiosités des visiteurs et journalistes, des stagiaires et coopérants internationaux. Et Washington y aurait répondu autrement que par les machinations de la CIA, de connivence avec les débris regroupés des forces anti-sandinistes opérant à partir du Honduras. La révolution sandiniste n'a pu se maintenir en selle que par l'appui des paysans coopérateurs et d'une petite bourgeoisie agraire: aussi le régime peut-il bénéficier d'un fort soutien populaire, en particulier dans les régions rurales. Les conseillers militaires cubains y sont très actifs, comme ils le sont dans tant d'autres pays et jusqu'en Afrique; mais ce n'est certes pas La Havane, non plus que Managua, qui menace aujourd'hui le «ventre mou» de la sécurité continentale des États-Unis. Le transport d'avions de combat soviétiques, selon la rumeur qui avait cours lors de la réélection de Reagan, s'est révélé n'être qu'une livraison d'hélicoptères.

Les objectifs de déstabilisation du régime de Managua paraissent assez évidents: le forcer à engager de fortes sommes en armements, ainsi diverties des tâches urgentes de la réforme sociale; compter sur la radicalisation d'un gouvernement[27] marqué par l'idéologie marxiste mais non par l'aspiration d'un expansionnisme régional au bénéfice d'autres peuples, cubain ou soviétique. On eut compris que Washington manifestât sa mauvaise humeur en se contentant de couper ses crédits, comme elle le fait d'ordinaire envers des gouvernements orientés à gauche, encore qu'elle subventionne volontiers et sans trop de scrupules des gouvernements de tendances idéologiques contraires.

Washington recourait en outre à des procédés manquant de la correction qu'on est en droit d'attendre d'une grande puissance à l'encontre d'un petit peuple cherchant à retrouver son assiette politique après quarante ans de dictature somoziste: assistance planifiée et secrète de la CIA aux rebelles; aide d'abord secrète puis ouverte aux *contras*, ou guérillas antisandinistes; emploi de mines dans les ports du pays pour faire sauter des navires portant pavillon du Nicaragua. Traduit devant la plus haute instance judiciaire internationale pour cette violation flagrante de souveraineté, le gouvernement américain n'y fit pas bonne figure avec une mauvaise cause et choisit de boycotter la cour de La Haye le 18 janvier 1985. La rhétorique reaganienne appelant les rebelles anti-sandinistes «nos frères» et «soldats de la liberté»[28], comme Lafayette, Bolivar, et Kosciuszko, n'était pas faite pour rendre plus sympathiques la cause et les procédés employés. Il en était de même pour d'autres exagérations verbales: du président encore, parlant des «atrocités» et de la «cruauté institutionnalisée du gouvernement sandiniste» [29]; ou de son secrétaire d'État, Shultz, voyant le Nicaragua déjà «derrière le rideau de fer» [30] et ajoutant que «les démocraties ne peuvent tout simplement pas supporter une doctrine Brejnev en Amérique centrale» [31].

Le Congrès, qui avait déjà bloqué les fonds pour l'aide déguisée de la CIA (après l'affaire du minage des ports), se prononcera, à la fin avril 1985, sur une nouvelle allocation de fonds pour «aide humanitaire» aux *contras*, la Maison Blanche n'ayant pas osé demander une aide directe [32]. Ce sera une rude bataille dans les deux chambres. Les représentants refusèrent le projet d'aide aux *contras*, mais approuvèrent un projet de résolution accordant dix millions de dollars d'aide aux réfugiés nicaraguayens, ainsi qu'une somme moindre de quatre millions à l'application d'un éventuel plan de paix en Amérique centrale. Déçu, le président déclara qu'il reviendrait «à la charge sans arrêt auprès du Congrès» [33]. L'annonce dans les jours suivants de la visite du président Daniel Ortega à Cuba mais surtout à Moscou, aura l'heur d'irriter des membres du Congrès, d'en décevoir d'autres. Ce voyage «nous a embarrassés, pour être totalement sincères» [34], déclarait le président de la Chambre des représentants, Thomas O'Neill.

À l'occasion d'une tournée européenne d'une quinzaine de jours, le président Ortega pouvait donner l'impression de solliciter la tutelle de Moscou. Mais d'après l'agence Tass, il est loin d'en être certain: le communiqué faisait état de «l'assistance amicale» de Moscou à Managua, de «soutien diplomatique et politique» dans les «efforts destinés à défendre sa souveraineté» [35]; il n'évoquait pas l'attitude soviétique au cas où des forces américaines envahiraient le Nicaragua. Bref, Moscou, par la voix de son nouveau patron politique, Gorbatchev, semblait vouloir opter pour une prudence de bon aloi.

Mais les événements allaient vite. Quelques jours plus tard, le président Reagan décrétait l'embargo commercial total à l'encontre du Nicaragua. La mesure ne rencontrera guère d'assentiment dans les capitales occidentales: on la trouvera inappropriée, excessive et injuste tout en mettant en doute son efficacité pour les fins mêmes de la politique de Washington. Pendant ce temps, Ortega poursuivait sa tournée européenne et le président marquait visiblement des points en faveur du gouvernement de la petite république centre-américaine. C'était à qui ne se joindrait pas à l'embargo. La France en particulier trouvait l'occasion bonne de développer des relations économiques avec le Nicaragua et Mitterrand assurait le président Ortega de «l'attitude cordiale de la France»[36].

Il y avait eu avant cette dernière phase de détérioration, des amorces de négociations entre Managua et Washington. Fin février 1985, Ortega avait proposé devant le corps diplomatique de la capitale de renvoyer cent conseillers militaires cubains et de geler, pour une période indéfinie, les achats d'armements à l'étranger. «C'est une soi-disant offensive diplomatique assez sophistiquée visant à influencer le Congrès», disait un porte-parole de la Maison Blanche, Larry Speakes. À la veille des votes de fin avril, Ortega proposait un cessez-le-feu si le Congrès s'abstenait de fournir de l'aide aux *contras* en lutte contre le gouvernement de Managua: le secrétaire d'État Shultz n'y vit qu'«une supercherie» à la veille de votes cruciaux au Congrès. Encore plus tard, lors de sa visite européenne le président du Nicaragua proposait, en conformité au plan du groupe de Contadora[37], de renvoyer les 700 conseillers militaires cubains à la condition que les autres pays de la région en fassent autant à l'égard de leurs conseillers militaires américains... Cette proposition n'aura évidemment aucune suite. Washington avait décrété, deux semaines plus tôt, son embargo commercial et c'est sur ses applications imprécises et ses conséquences impopulaires principalement en Amérique latine[38] que s'achève le récit d'une histoire qui continuera de donner lieu à des rebondissements d'une grande gravité.

Ce résumé, en fin d'une section qui couvrait un si vaste horizon, est aussi insuffisant que pour les autres questions régionales évoquées plus haut. Il s'agissait de prendre en compte une situation virtuellement explosive en 1985, et qui n'avait fait que s'aggraver depuis 1981. La question nicaraguayenne est bien autrement complexe à l'intérieur et dans son environnement international immédiat que ce qui en a été dit. Comme ce fut le cas tout au long de ce livre, les questions nationales et régionales ne sont mentionnées que dans la perspective de l'antagonisme foncier entre les Grands. Que l'Union soviétique s'engage davantage que par «assistance amicale» ou par fourniture de pétrole[39], et la situation risquerait d'évoluer en crise majeure entre les deux Grands. Washington est d'une plus grande sensibilité pour tout ce qui peut se passer en son flanc sud que pour les situations lointaines d'Afghanistan, d'Angola ou du Cambodge.

Pour l'heure, Moscou joue de prudence et La Havane ne semble pas se départir d'un certain sens de la responsabilité, apprise par dure expérience. Le président Reagan est réfréné par les divers corps publics qui, à Washington, font une lecture différente de la sienne de l'évolution d'une situation certes gênante mais non forcément dramatique, tandis que des sursauts d'opinion publique signalent des refus de se laisser entraîner dans les erreurs manifestes du passé. La grande alliance occidentale est bien loin de soutenir son leader sur cette question. Ses seuls membres à parler en clair le font de façon plutôt favorable au Nicaragua, présenté souvent comme victime plutôt que comme fauteur de troubles ou menace réelle.

Comme il est fréquent à l'origine des crises internationales, on trouve ici les causes rassemblées de la peur latente, en l'occurrence d'une double peur. Comment Managua, en processus révolutionnaire mal assuré, n'aurait-elle pas eu peur lorsque la CIA prenait charge des mouvements de rébellion, minait ses ports après que les *marines* aient prestement réglé le cas de la minuscule Grenade? Sa politique cherche appui auprès des initiatives du groupe de Contadora, et non pas du seul Cuba; elle exerce des recours aussi bien à la Cour

internationale de Justice qu'au Conseil de sécurité, aussi
bien au GATT universel qu'au SELA continental. Dans une
géopolitique de chasse gardée, la peur de Washington reste
celle du fort devant le petit non conformiste mais qui ne cherche pourtant pas à le défier en recevant l'aide de Moscou.

La dialectique fataliste de la «doctrine des dominos»
s'est avérée fausse, une première fois, dans le Sud-Est asiatique. Au-delà de la mesure pré-militaire de l'embargo, et
dans la mesure de sa faible efficacité, Washington semble
devoir s'engager sur une voie irréversible pour amener la
chute du gouvernement de Managua. Pour mettre au pouvoir un gouvernement de *contras*, avec le risque de gâcher
complètement une situation de toute façon délicate? Si les
dirigeants de Washington voulaient précipiter la révolution
sandiniste «dans les bras de Moscou», s'y prendraient-ils
autrement?

III. Anxiétés polonaises et pacifismes européens

Deux facteurs internationaux devinrent spécialement anxio-
gènes dans l'Europe des années 1980: en Pologne l'évolution
de la répression du mouvement Solidarité susceptible d'entraîner
une intervention militaire soviétique et la montée, puis le
déferlement des pacifismes par suite du surarmement du continent par les deux Grands, protecteurs mais aussi *diviseurs*.
Ce second fait est un phénomène marquant du vécu politique
entre les blocs, tandis que le premier relève plutôt de la cohésion interne du bloc de l'Est, quoiqu'il produise certains
effets sur les conduites diplomatiques entre les leaders de
blocs. Ainsi en était-il, par exemple, à la Conférence de
Madrid sur la sécurité et la coopération en Europe en mars et
février 1982, qui vit les participants de l'Ouest mettre vivement l'Union soviétique en accusation au sujet de la politique
polonaise.

La question polonaise depuis 1980 est d'une énorme
signification culturelle et politique à tous égards, mais elle n'a
guère eu de conséquences spécifiques pour modifier substantiellement le cours de la rivalité soviéto-américaine. De ce

dernier point de vue, cette question reste d'une importance capitale, mais, pour ainsi dire, par négation ou par absence. En eut-il été différemment si «l'ordre régnait à Varsovie» (pour ressortir un atroce mot historique du siècle dernier) par la présence de l'Armée rouge, comme à Berlin-Est en 1953, à Budapest en 1956 ou à Prague en 1968? Encore aurait-il fallu que la réaction occidentale, américaine en particulier, fût moins molle qu'en ces occurrences.

Mais comment des interventions plus directes auraient-elles été possibles sans entamer irrémédiablement la règle des comportements duopolistiques en cette situation de reconnaissance mutuelle de la double hégémonie? La question polonaise interne est évoquée par les diplomaties occidentales comme phénomène accusant le système idéologique soviétique; mais, l'occupation militaire ne s'étant pas produite, la relative modération des dirigeants de Moscou en la circonstance se trouve à exonérer ceux-ci en partie.

Par position géographique et taille démographique, la Pologne impose le respect. Son histoire aussi, l'ancienne et l'héroïque, avec ses multiples partitions et résurrections, mais aussi la récente et impressionnante histoire des derniers trente ans, à partir de l'insurrection ouvrière de Poznan de 1956. Ce pays, depuis lors, arrache sa «libéralisation» par petits morceaux, à travers des crises éclatant à intervalles presque réguliers: 1968, 1970, 1975-1976, 1980-1981, 1983, ces deux dernières étant les plus graves. Il sait aussi secréter les hommes de la situation: Gomulka, Gierek, Kania, Jaruzelski créant la nécessaire illusion qu'en deçà du diktat extérieur, les choses finissent par s'arranger «entre Polonais».

Les circonstances particulières de la grande crise de 1980-1981 retinrent Moscou de recourir à l'intervention militaire pour obtenir l'effet de surprise qu'ils eurent à Prague en 1968 ou, au début, en Afghanistan. Il eut d'ailleurs été explosif qu'une occupation militaire de Varsovie se répétât aussi tôt après celle de Kaboul. En outre, les Soviétiques n'étaient pas sûrs qu'en cas d'une expédition militaire de «normalisation», de larges segments de l'armée polonaise, par réflexe patriotique plusieurs fois séculaire, n'aient pas résisté, déclenchant peut-être même une guerre civile qui n'aurait pas manqué de «partisans».

En cette hypothèse, les Occidentaux se seraient lavé les mains en toute mauvaise conscience, assez peu fière d'elle-même. Après le coup du général Jaruzelski au nom du Conseil militaire de salut national, le 13 décembre 1981, le ministre français des Affaires étrangères, Claude Cheysson, dit tout haut ce que pensaient ses homologues dans les chancelleries des pays occidentaux: «Bien entendu, nous n'allons rien faire». Comme à l'accoutumée, Washington annonça des sanctions économiques auxquelles à peu près personne ne s'associa. Lech Walesa reste le symbole d'une force *humaine* plus vraie dans sa simplicité obstinée que la personnalité glorieuse du Prix Nobel de la paix.

La récente affaire Popieluszko a montré, au-delà de l'horreur que peut engendrer le zèle dans un système policier, que le régime politique ne peut tout valider au nom de la sacro-sainte idéologie. Le procès qui a été fait à ses trois assassins semble s'être déroulé selon les règles procédurales d'usage dans les régimes de la démocratie libérale. L'expérience polonaise relève de l'analyse des limites que peut rencontrer, hors de l'Union soviétique, le totalitarisme d'État à la soviétique.

En août 1985 à l'occasion du cinquième anniversaire de la naissance de Solidarité, Lech Walesa pouvait encore dénoncer le gouvernement de Varsovie «en train de ruiner le pays économiquement et culturellement». Un rapport de 16 pages soumis à la presse, sommaire d'une étude non publiée de 500 pages sur la situation sociale du pays, répétait ce jugement sans équivoque: «Les méthodes de direction autocratiques, la peur, les restrictions et la répression contre les initiatives indépendantes n'aboutissent qu'à une passivité totale»; et, pour libérer «l'immense potentiel créatif» des Polonais, «il faut que l'État, l'organisation économique et le travail aient un sens humain»[40]. Et, devant le monument commémoratif érigé à l'entrée des chantiers navals de Gdansk, Lech Walesa invitait un millier de ses compagnons à prononcer ce serment: «M. le Général, nous ne rendrons jamais août 80»[41].

Un mois plus tard, «M. le Général» s'en prenait à la tribune des Nations unies à «l'ostracisme» et aux campagnes au «vitriol» dont la Pologne est injustement victime de la part de «certaines capitales»[42], mais sans nommer l'Ouest ou l'Occident. Il s'agissait manifestement d'un appel du pied à Washington et à d'autres capitales occidentales pour que celles-ci renoncent à «l'arme économique» contre le gouvernement de son pays. Dans une interview au *New York Times*, il admettait que les autorités avaient tiré les leçons de certaines de leurs erreurs et n'avaient pas totalement éliminé Solidarité comme «notion, comme une certaine idée née du résultat de protestations ouvrières». Quant à Walesa, «il a toutes les chances, non seulement pour le dialogue, pour la coopération et même pour la co-participation dans le système d'autorité»[43]. Lors des élections du 13 octobre, l'Église se tint à l'écart, attitude facilitée par l'absence du cardinal Glemp, alors en séjour au Vatican. Solidarité, qui avait appelé au boycottage de ces élections, soutiendra que la participation électorale à Gdansk et à Wroclaw n'aura pas dépassé 47% tandis que les porte-parole gouvernementaux établiront ces chiffres, respectivement à 70 et 78%. Solidarité, par la voie d'un sondage secret à travers le pays, se faisait fort de valider ses propres chiffres. Elle était loin l'époque où le taux de participation à des législatives s'établissait à 98,87%, comme au printemps 1980.

Début novembre 1985, le général Jaruzelski démissionnait de son poste de premier ministre pour devenir président du Conseil d'État, poste honorifique correspondant à celui de chef de l'État. Le remplaçait à la tête du gouvernement un économiste technocrate, Zbigniew Messner. Cette nouvelle était rendue publique au moment où la police faisait irruption chez Lech Walesa l'intimant de passer un examen médical et de subir un interrogatoire chez le procureur. Le leader syndical, bien connu pour sa franche prolixité, s'en remettra désormais à la résistance du silence[44]. Le classique «problème polonais» des manuels d'histoire et des blagues populaires n'a pas fini de se perpétuer…

*   *   *

Les pacifismes sont mal nommés dès lors que le terme s'entend par son contraire, les bellicismes populaires qui n'existent plus depuis la fin des fascismes. C'est même le trait culturel mondial le plus incontestable de l'époque d'après-guerre que ce rejet universel et unanime du recours à la guerre générale dont la «totalité» répugne absolument à tout esprit qui n'a pas perdu le sens. Les pacifismes s'attaquent opportunément à des situations concrètement vécues de *bellicosité* d'où pourrait sortir la guerre dans les efforts mêmes faits pour l'empêcher. Ils proviennent du réflexe de la peur viscérale devant l'holocauste refusée avec angoisse, mais toujours possible. De l'atomique, en passant par le nucléaire, jusqu'au stratégique, cette peur n'a fait que s'amplifier ces récentes années, à la mesure même de l'approximation graduelle du danger. Aux formules d'hier, *«Better red than dead»* ou «Plutôt Hitler que la guerre», se substituerait celle d'aujourd'hui: «Je me refuse d'être avec les vainqueurs pour avoir la chance de ne pas mourir le premier».

Les années 1980 jusqu'à maintenant font penser à la dernière moitié des années 1940, alors que s'aboutait à la guerre mondiale, à peine terminée, la Guerre froide naissante. Comme à l'époque, les questions de sécurité européenne redeviennent centrales et les problèmes de défense en découlant s'imposent prioritairement aussi bien à l'Ouest qu'à l'Est. L'Europe, ou la démarcation entre les deux Europes, est à nouveau le théâtre premier d'une possible résurgence de la Guerre froide, comme elle avait été celui du déclenchement de la Guerre froide «classique». Hiroshima avait terminé abruptement la Seconde Guerre mondiale; des masses d'Européens prennent maintenant la rue pour clamer leur refus d'un *Euroshima* qui déclencherait — en la terminant? — la troisième. Entre Américains et leurs protégés européens, persiste, selon l'expression de Kissinger, un même «malentendu transatlantique» au substrat profond des consciences: pour les premiers, gagner cette guerre si on ne peut vraiment l'empêcher; pour les seconds, empêcher absolument cette guerre qui ne peut être gagnée par nous, Européens, premières victimes obligées. Dans ces conditions, renforcer les moyens de défense de l'Europe de l'Ouest pour rattraper l'avance globale prise par les Soviétiques depuis peu reste pour les Américains une politique éminemment difficile à faire accepter.

Le courant pacifiste récent prit sa source en 1977-1978 lors des controverses sur un possible déploiement de la bombe neutronique («bombe à neutrons»). Il s'élargit considérablement par l'effet des politiques occidentales de défense prises lors de la «double décision» de l'OTAN en décembre 1979: d'une part, implanter des Pershing 2 et des missiles Cruise en Europe de l'Ouest; de l'autre, discuter avec les Soviétiques, dans le cadre des négociations INF de Genève, du nombre global des euromissiles en l'un et l'autre camp. Soit, réarmer en même temps qu'on discute. Les négociations tournèrent en rond, s'achevant sur le refus soviétique de «l'option zéro» proposée par le président Reagan.

L'opposition grandissante des mouvements pacifistes n'allait pas empêcher le déploiement des euromissiles américains commençant à la mi-novembre 1983. Cette «année des euromissiles» fut aussi celle du point culminant des protestations anti-nucléaires selon un phénomène contagieux de transnationalité pacifiste. Les médias furent remplis de reportages de ces manifestations impressionnantes par la masse et le désarroi des participants[45]. Par la suite, le phénomène commencera à décliner.

Pourquoi ces manifestations pacifistes? Ou plutôt, pourquoi en ce moment de 1982-1983? Sans oublier les réflexes de base au sujet de cette «guerre des autres» ou de la «destruction mutuelle assurée», il faut évoquer la portée éducative efficace de la propagande des mouvements pacifistes. Depuis trois ou quatre ans, les pacifistes avaient fait leur classe sur l'évolution des doctrines stratégiques. Ils étaient devenus au fait de ces trois points articulés: 1) la précision et la souplesse des nouvelles armes stratégiques permettant d'atteindre les dispositifs et centres de commandement, ainsi que les concentrations de forces; 2) la tentation ou l'incitation éventuelle d'un adversaire à frapper le premier pour n'être pas dépourvu de ses moyens de contre-attaque; 3) ces deux dangers étant d'autant plus grands que la tendance commune à l'accroissement de puissance chez les deux Grands va dans le sens d'une parité stratégique globale ne s'arrêtant pas, toujours aspirée par l'escalade. La situation nouvelle provenait de la prise de conscience de trois échecs. L'esprit de «détente» s'était évanoui; la maîtrise des armements entre les Grands avait donné le peu qu'elle pouvait et, pour le reste, faisait faillite; la persistance de la crise économique ajoutait encore à la dureté des temps présents, spécialement pour la jeune génération ne se trouvant pas devant des horizons d'avenir dégagés.

Mais c'est peut-être la crise de la *dissuasion* elle-même qui domine tous ces phénomènes: elle ne persuadait plus ceux qu'elle protégeait. Dans le passé, elle avait trop bien réussi et si elle apparaissait maintenant moins rassurante, «c'est pour l'avoir trop été»[46]. Les Européens de l'Ouest, du moins parmi eux les activistes du pacifisme, entendaient le postulat de la nouvelle pensée stratégique des Américains à l'inverse de ceux-ci, s'éloignant de la position faussement sécurisante de la MAD. Ce paradoxe, un théoricien français l'exprimait en la forme d'un théorème: *à l'âge de la parité stratégique et des armements nucléaires modernes, le degré d'«acceptabilité» sociale de la dissuasion est inversement proportionnel à celui de sa crédibilité opérationnelle.* En d'autres termes, plus une posture de dissuasion est massive et radicale par ses effets, plus elle est abstraite, donc plus elle est acceptable par l'opinion. À l'inverse, plus une posture est «raffinée» dans ses options militaires, plus elle a de chances d'être opérationnellement crédible pour l'adversaire, mais plus elle a de chances de terrifier le corps social qu'elle est censé protéger»[47]. Il ne reste plus aux gouvernements en place que de se raidir en signifiant à leurs populations, au risque de voir leur popularité entamée: «Nous vous protégerons malgré vous».

La vague de pacifisme des années 1980 présente des analogies avec celle de la décennie 1950 qui culminait avec le célèbre Appel de Stockholm prohibant, en toutes circonstances, l'arme atomique. La démarche avait recueilli l'appui de 14 millions de signatures. La vague actuelle s'en distingue par le fait que, cette fois-ci, les pacifistes ne sont pas téléguidés par la propagande soviétique comme c'était peu ou prou le cas trente ans plus tôt avec l'influence prépondérante du Conseil mondial de la paix. Les mouvements pacifistes ou anti-nucléaires regroupent des membres dans tous les milieux; ils confédèrent plutôt qu'ils n'intègrent divers mouvements sociaux spontanés, souvent idéologiques et le plus souvent pluralistes. Ils rassemblent des éléments des partis de gauche, les écologistes en bloc, mais aussi de nombreux membres des groupements religieux: ce sont les trois grands pourvoyeurs. S'y agglutinent aussi des groupes également identifiables de jeunes, de féministes, de tiers-mondistes, d'eurocommunistes, de syndicalistes et de «petits bourgeois», etc. Bref, le pacifisme n'est pas le fait d'une intelligentsia si des intellectuels en sont souvent les porte-parole.

On a pu établir une géographie du pacifisme en Europe occidentale. Les pays nordiques et protestants avaient déclenché le courant; les pays méridionaux et catholiques lui emboîtèrent le pas avec quelque retard et même réticence. Des pays comme le Danemark et la Hollande — pour lesquels on a créé les termes de *danemarkisation* et de *hollandite* — avaient leurs pacifistes à l'œuvre dès la fin des années 1970. En ce dernier pays, le très influent Conseil interconfessionnel pour la paix lançait, dès 1977, le mot d'ordre: «Les armes atomiques hors du monde et d'abord hors des Pays-Bas». Le mouvement se propagera tôt en République fédérale d'Allemagne, le pays le plus directement en cause. Dans les pays de l'Europe du Sud, les pacifistes visent plus uniformément les deux Grands: «Nous ne voulons ni de missiles soviétiques ni de missiles américains», déclarait le secrétaire-général du PC italien Enrico Berlinguer[48]. Le cas de la France dont le gouvernement socialiste a hérité d'une «force de frappe», sans qu'il ne soit question pour lui de s'en départir, est imprécis et plus complexe. Maladroitement, le PC tâche d'y récupérer, sans y parvenir, la tradition pacifiste de Jaurès. Hors d'Europe c'est au Japon et aux États-Unis que le pacifisme anti-nucléaire est devenu le plus efficacement organisé[49]. Plus récemment le Canada est entré dans la ronde, spécialement au moment du test sur son territoire du missile américain

Cruise[50]; et des gouvernements de pays aussi lointains que la Nouvelle-Zélande et l'Australie causeront des ennuis pratiques à la politique militaire des États-Unis dans le Pacifique[51].

Contrairement aux années 1950, alors que les mouvements pacifistes servaient assez bien les Soviétiques sans nuire vitalement aux Américains, la vague récente réussit à percer le rideau de fer. C'était même le calcul de certains animateurs à l'Ouest, tel l'historien britannique E.P. Thompson, de fournir «les conditions de relâchement de la tension, ce qui affaiblira la justification et la légitimation des mesures de répression gouvernementales, et permettra aux courants démocratiques et à la détente de s'affirmer de façon plus active au grand jour»[52]. Le Groupe pour la paix et le dialogue de Budapest caractérisait cet espoir par l'expression évocatrice de la «détente par le bas». En plus de la Hongrie, la République démocratique allemande et la Tchécoslovaquie furent touchées par la fièvre pacifiste. Mais Moscou veillait au grain, prônait plutôt des conseils de paix officiels dans les pays de l'Est, critiquait ouvertement les mouvements pacifistes de l'Ouest pour leur soutien aux mouvements indépendants et spontanés à l'Est, et surtout réprimait les conseils indépendants sur le territoire de l'imperium. Les Soviétiques, par tradition et nécessité de système, pouvaient-ils faire autrement?

Les dissidents sont à peu près tolérables pourvu qu'ils soient isolés et presque neutralisés comme Sakharov, ou plus généralement *psychiatrisés* dans l'anonymat numérique, ou que, préférablement, ils partent tel Boukovsky[53] à la suite de beaucoup d'autres. La conclusion est qu'«aucun» mouvement de paix «symétrique et authentique n'a vu le jour à l'Est. Bien au contraire, les timides velléités de contestation (...) ont été réprimées au même titre que les autres formes de dissidence»[54].

La «grande peur» s'exprime surtout à l'Ouest où l'on a pu la clamer, et librement. Mais la première impulsion n'a-t-elle pas été donnée de l'autre camp par le premier déploiement des SS 20 soviétiques en 1977? L'échec des mouvements pacifistes montre qu'ils n'ont rien empêché d'un côté comme de l'autre. Est-il absolu? Non: d'abord cette peur devait être entendue en hauts lieux. Elle pourra éclater à nouveau, au sujet de la bombe neutronique, des armements bactério-chimiques qui sont, l'une et l'autre, d'application territoriale contrairement à «la guerre des étoiles». Enfin, le pacifisme est un facteur d'opposition morale avec lequel doivent compter les gouvernements occidentaux, en Hollande, en Belgique, mais aussi en Grande-Bretagne et en Italie, un peu moins en France mais surtout en RFA. La juxtaposition des deux Allemagnes, hérissées de missiles nucléaires en sens adverses, reste toujours le théâtre central d'une «guerre froide» renaissante.

IV. Des SALT aux START
jusqu'à la «guerre des étoiles»

Au début de 1980, par suite de la demande du président Carter au Sénat d'ajourner l'examen du traité des SALT II, ces accords, qui avaient semblé coûté tant d'efforts et de temps, paraissaient n'avoir plus d'avenir. Cinq ans plus tard, le président Reagan avouera que son pays considérait de ne plus se sentir lié par des accords signés en 1979 et jamais ratifiés; il allait toutefois se raviser un peu plus tard. De 1980 à 1984, les négociations sur les rapports technologico-militaires entre les deux Grands ne furent pas moins nombreuses ou intenses que dans les dix années précédentes. Il faudra toutefois consentir à un exposé schématique des négociations à cette période afin de permettre un développement plus élaboré de la dernière étape à partir de janvier 1985, la plus courte et la plus significative pour le propos, puisqu'elle conduisit au terme du sommet Gorbatchev-Reagan de novembre de la même année.

Avant que ne commencent, le 30 novembre 1981, les négociations de Genève sur les forces nucléaires de portée intermédiaire (*Intermediate Nuclear Forces*: INF), la polémique au sujet des euromissiles, déployés à l'Est et à l'Ouest, s'était envenimée et ne finissait pas de susciter des messages discordants d'un camp à l'autre. Ce même jour du 4 janvier 1981 qu'en représailles de l'occupation de l'Afghanistan, Carter décrétait l'embargo sur les céréales à destination de l'URSS et menaçait de boycotter les Jeux olympiques de Moscou, les Soviétiques rejetaient une négociation sur les euromissiles proposée par l'OTAN. 1980 avait été l'année du «renforcement maximal de notre capacité de défense»[55] selon l'expression du Comité central du PC de l'Union soviétique. Le chancelier Schmidt, en voyage à Moscou (le 30 juin), et le président Ceaucescu, se disant favorable au désarmement en Europe (le 25 juillet), se faisaient les porte-parole d'inquiétudes maintenant courantes dans les milieux gouvernementaux de l'une et de l'autre Europe. En 1981 éclate enfin la «crise des euromissiles» qui se poursuivra avec non moins d'intensité toute l'année suivante. En mai, le secrétaire d'État Haig annonce de futures négociations avec les Soviétiques sur la question. À la fin juin, Brejnev explique à Willy Brandt le moratoire des Soviétiques sur les euromissiles.

Les polémiques vont maintenant tourner pour un temps sur la fameuse «option zéro» lancée par les Américains. Ceux-ci accepteraient de ne pas déployer leurs fusées des types Pershing 2 et Cruise, moyennant que les Soviétiques, pour leur part, démantèlent complètement les installations de leurs fusées à portée intermédiaire (les SS 20, les SS 4 et SS 5). Cette proposition ne reçut évidemment aucun accueil favorable de la part des Soviétiques. À l'occasion d'un voyage à Bonn, Gromyko la rejettera définitivement le 16 janvier 1983. Tout de même, les conversations bilatérales de Genève sur les euromissiles à portée intermédiaire (INF) s'étaient ouvertes à la date convenue du 30 novembre 1981. Deux mois plus tard, Haig rencontrait Gromyko en vue d'une relance des discussions sur les armements nucléaires en Europe. Finalement, à partir du 29 juin 1982, toujours à Genève, les SALT connaîtront une nouvelle vie, rebaptisés START (*Strategic Arms Reduction Talks*) pour mettre l'accent sur la *réduction* plutôt que sur la limitation des armements stratégiques. Ces premières négociations «stratégiques» de l'ère Reagan commençante reprennent des problèmes laissés en plan par les SALT II: nombre et types de bombardiers, de missiles terrestres ou à partir de sous-marins, ainsi que de leur puissance de destruction, etc.

Après une couple de semaines de travaux, les deux équipes de négociateurs se trouvèrent devant une impasse et décidèrent de ce qu'ils appelèrent une «promenade dans les bois» pour établir un moyen de la circonvenir, mais sans grand résultat, les deux parties finissant par rejeter même cet expédient sylvestre pour sortir de la difficulté. La longue phase de piétinements prit fin avec la crise majeure de novembre 1983. Les Américains ayant commencé à déployer en Europe leurs premiers missiles de portée intermédiaire, les Soviétiques mirent abruptement fin aux deux séries de pourparlers des START et des INF. À la dernière séance de travail des START, le 8 décembre 1983, les Soviétiques refusèrent même de fixer une date pour la reprise des pourparlers.

Vont suivre sept mois d'inactivité, sinon de silence[56], que rompra, le 29 juin 1984, une proposition nouvelle des Soviétiques pour des pourparlers portant sur les armes de l'espace. Les Américains donnèrent leur accord de principe pourvu que cette nouvelle rencontre puisse s'occuper aussi des missiles nucléaires, ce que refusèrent les Soviétiques. Le déblocage se produira à la fin de septembre 1984 lors de la célèbre visite que Gromyko fit à la Maison Blanche dans les derniers jours de septembre 1984 (selon la narration qui en sera faite à la section suivante). Les Soviétiques acceptaient cette fois de discuter, sous une formule dite «parapluie», des questions aussi bien stratégiques et nucléaires que spatiales. Le 22 novembre 1984, deux communiqués simultanés, publiés à Moscou et à Washington, annonçaient une reprise du dialogue général sur les armements et, pour le préparer, la rencontre des deux ministres des Affaires étrangères à Genève les 7 et 8 janvier 1985.

Avant de voir, de façon plus détaillée, ce qui allait s'ensuivre, il convient d'ouvrir une parenthèse pour rappeler que, pour fondamental qu'il soit, le dialogue soviéto-américain n'élimine pas les efforts de «désarmement» d'autres instances à plus large participation et qui sont au travail depuis plus longtemps. Ainsi les négociations de Vienne sur la réduction des forces conventionnelles en Europe, entre les puissances de l'Organisation du Pacte de Varsovie et de l'OTAN, se poursuivaient toujours, cahin-caha, après plus de dix ans! D'autre part, commencée en 1979, la Conférence des Nations unies sur le désarmement continuait ses travaux à Genève. Enfin, la plus récente conférence de Stockholm (commencée en janvier 1984) pour établir un meilleur climat de confiance en Europe, et groupant les trente-cinq États signataires de l'Acte final d'Helsinki de 1975, s'annonçait, par la nouveauté de son mandat et une large participation, devoir être moins stérile que les deux précédentes conférences. Au total, aucune autre époque de l'histoire n'avait connu un tel déploiement d'efforts, à plusieurs instances et par autant d'États, pour éloigner le spectre de la guerre. Mais d'évidence, la remarque doit s'entendre comme signalant davantage d'inquiétudes universellement partagées que d'assurances objectivement fondées.

C'est au tournant de 1985 que le système duopolaire va se détacher encore plus nettement des structures multilatérales de négociation avec l'entrée en force du facteur de la militarisation de l'espace, déjà vulgarisée par les médias sous le titre cinématographique de *Star Wars — Guerre des Étoiles*. Le projet américain de l'Initiative de défense stratégique (IDS)[57] avait rendu les Soviétiques littéralement obsessifs: désormais, ils n'auront de cesse que de le contrecarrer. Dans les cinq années précédentes, la chronique des relations soviéto-américaines tenait essentiellement dans une double recherche. Maintenir, d'une part, des conversations-pourparlers-négociations (*talks*) au niveau de la discussion technique; mais, d'autre part, comme les efforts produisent des résultats très insuffisants ou que le dialogue s'interrompt, les maîtres du Kremlin et de la Maison Blanche cherchent encore à établir, entre eux, des contacts directs et personnels du type des classiques rencontres au *sommet* afin d'établir la «confiance» manquante de part et d'autre.

À partir de janvier 1985, ces lignes de recherches conco-
mitantes sont devenues indissociables, l'une portant l'autre
pour ainsi dire — ou, plus exactement, l'entravant! Trois
rencontres de type technique se tiendront dans les premiers
mois de 1985 pendant que reste toujours soulevée la question
de l'hypothétique sommet Reagan-Tchernenko, puis, après
la mort de ce dernier en mars, Reagan-Gorbatchev. Il convient, en outre, de rappeler trois incidents qui auraient pu
bien davantage détériorer les rapports, déjà médiocres, inter-
Grands: deux étant de nature militaro-technique[58], le troisième, plus grave, d'une espèce militaro-diplomatique[59]. La
retenue manifestée dans les deux capitales en chaque cas
montrait tout au moins la préoccupation des responsables
soviétiques et américains de ne pas envenimer encore leurs
relations fondamentales déjà suffisamment ombrageuses.

La rencontre Gromyko-Shultz de Genève, les 7 et 8 janvier 1985, réamorçait donc le processus d'une «détente» assez
mal en point depuis la fin de 1979, et singulièrement depuis la
rupture des pourparlers de 1983. La volonté de renouer était
évidente; le vent était à l'optimisme mesuré et prudent; les
difficultés furent surmontées. Le communiqué conjoint établissait que les futures négociations porteraient sur un
«ensemble complexe de questions concernant les armes spatiales et nucléaires — à la fois stratégiques[60] et de portée
intermédiaire — toutes ces questions étant examinées et résolues compte tenu de leur interdépendance». Ce dernier terme
allait soulever des difficultés d'interprétation, sitôt l'accord
signé et dans la suite des négociations elles-mêmes. À peine
rentré à Moscou, le ministre soviétique des Affaires étrangères semblait recourir à cette recette, vieille comme le monde,
qui consiste à faire perdre contenance à un prochain négociateur en tentant de le déstabiliser dès sa position de départ.
Dans un entretien télévisé, inaccoutumé par sa longueur
(presque deux heures), avec des journalistes soviétiques,
Gromyko attaquait le déploiement des missiles américains en
Europe ainsi que le programme de l'IDS comme susceptibles
de remettre en question les négociations commençantes.
Autrement dit, le ministre soviétique demandait au futur

interlocuteur de laisser aller ses deux avantages principaux, grâce auxquels ce dernier avait pu forcer la reprise du dialogue.

Dans les semaines qui vont suivre, une espèce de chamaillerie diplomatique va s'installer entre les deux camps sur ces questions, l'obstination diplomatique des Soviétiques à dénoncer le projet d'Initiative de défense stratégique et le déploiement en cours des Pershing 2 n'ayant d'égal, du côté des Américains, que leur ferme intention de poursuivre l'une et l'autre. Le bénéfice subsidiaire poursuivi par les Soviétiques, ou peut-être même un objectif tactique immédiat, paraissait être d'affaiblir la solidarité atlantique. Les alliés européens étaient, pour le moins, réticents à l'introduction des missiles de croisière après le déploiement des fusées intermédiaires Pershing. Ils ne faisaient pas montre, non plus, d'un grand enthousiasme devant les perspectives du projet de Reagan, auquel tout le monde, journaux en tête, continuait de donner le nom à l'évocation redoutable de «Guerre des étoiles». Comment les gouvernements pouvaient-ils rassurer leurs opinions publiques, déjà travaillées par le courant pacifiste au sujet des euromissiles, sur le fait que la nature exclusivement de *recherche* de la défense spatiale rendrait celle-ci à la fois efficace et non dangereuse?

La reprise du dialogue «stratégique» entre les deux superpuissances ne s'accompagnait d'aucune trêve dans leurs efforts pour renforcer encore leur potentiel militaire respectif. Mais l'ambiance générale médiocre n'avait toutefois pas empêché la tenue des pourparlers bilatéraux, annoncés par le communiqué Gromyko-Shultz du début janvier. La rencontre s'est tenue, telle que prévue, à Genève entre le 12 mars et le 23 avril 1985. Ce ne devait être que la première ronde d'une négociation globale risquant de s'étendre, comme les précédentes du même genre, sur plusieurs années. Ces pourparlers furent hautement confidentiels, très peu de choses de leur déroulement, et guère plus de leurs résultats, du reste fort maigres, n'en ont été révélées.

Presque au début des entretiens, les Soviétiques se portèrent à l'attaque du projet reaganien d'Initiative de dévelop-

pement stratégique, que Moscou avait réussi à faire mettre
sur le tapis. En plus de mener à la militarisation de l'espace,
ce programme, selon eux, constitue une violation du traité de
1972 sur les missiles anti-ballistiques. La notion d'«interdépendance» entre des armes de nature et de niveaux différents,
selon le terme du communiqué Gromyko-Shultz du 8 janvier, a rebondi souvent au cœur sémantique du débat. Les
Américains lui donnaient un sens strict tandis que leurs vis-à-
vis l'entendaient selon une extension plus large pour pouvoir
en parler tout le temps ou presque, ou principalement.

Les trois questions majeures dont s'occupaient secrète-
ment les négociateurs restaient à l'ordre de l'actualité et l'on
continuait d'en débattre dans l'opinion. D'une part, le nouveau secrétaire du Parti communiste d'URSS, Mikhaïl Gorbatchev, proposa un moratoire sur le déploiement des missiles soviétiques de portée intermédiaire, sollicitant Washington à faire de même; de l'autre, à Moscou, le ministre soviétique des Affaires étrangères continuait d'attaquer l'IDS de
système à «caractère prétendûment défensif»[61] devant une
délégation de parlementaires américains dirigés par le président de la Chambre des représentants, Thomas O'Neill[62].
Faisant flèche de tous les anniversaires qui passent, les Soviétiques proposaient un autre moratoire, celui-ci portant sur les
essais nucléaires à compter du 6 août 1985, pour marquer le
40e anniversaire d'Hiroshima.

Pour leur part, les Européens de l'Ouest se concertaient
dans le cadre de l'Union de l'Europe occidentale (UEO)[63]
pour tenter d'établir une position commune sur le programme américain de l'IDS, ainsi que sur un projet franco-
allemand dit «Europe de la Technologie» (Eurêka). Les ministre de la Défense et des Affaires étrangères des sept États se
séparèrent en rendant public un communiqué, péniblement
élaboré, pour tenir compte des réserves britannique et néer-
landaise, et qui ne faisait guère que de promettre de poursuivre l'étude de la question pour dégager «autant que possible
une réaction coordonnée»[64] sur ces deux initiatives. Pendant
la conférence, le chancelier Helmut Kohl se voyait affublé
par l'Agence Tass du titre de «prédicateur de la ligne Magi-

not», sous l'influence des «milieux militaristes de la RFA (qui) veulent en finir avec leur complexe d'infériorité» [65] en face des forces nucléaires britannique et française. Les Soviétiques n'avaient pas à semer la discorde au sein de l'alliance occidentale: les grands alliés abordaient la question encore passablement mythique de la «guerre des étoiles» en ordre dispersé, chacun pour son propre compte et à la mesure de ses espoirs nationaux de développement technologique. La conférence de Milan, à l'été, n'allait pas permettre de résultats plus décisifs.

Ces récents événements, moins le dernier, se déroulaient dans les derniers jours de la conférence de Genève, prévue pour s'achever le 23 avril 1985. Une dizaine de jours auparavant, la conférence avait tenu une réunion plénière réunissant ses trois groupes de travail. C'était vraisemblablement pour répondre aux objections soviétiques constantes selon lesquelles tout progrès n'était possible qu'en liant les travaux sur les trois types d'armements, alors que les négociateurs américains s'obstinaient dans la position contraire. À la fermeture de sa conférence à la date convenue, le négociateur chef du côté soviétique, Viktor Karpov, et ses collègues gardèrent un mutisme total. Le chef de la délégation américaine, Max Kampelman, ne dépassa pas le niveau des banalités en disant ce que tout le monde savait déjà, soit que «sa délégation s'attendait à ce que ces négociations soient difficiles et elles l'ont été, en effet. Néanmoins, nous pensons que ce premier round a été utile en permettant une compréhension accrue des positions réciproques. Beaucoup reste à faire» [66]. C'est-à-dire, tout était encore à faire.

De Moscou, la réaction ne se fit pas attendre, et ce fut par la voix de son nouveau dirigeant suprême. Parlant au Plenum du Comité central, Gorbatchev soulignait que Washington «refuse» de discuter aussi bien de la réduction des armes nucléaires que de la prévention de la militarisation de l'espace, «violant» ainsi l'accord de janvier précédent sur l'interdépendance des trois objets à négocier. Bref, cette «première phase des pourparlers de Genève permet d'ores et déjà de dire que Washington ne recherche pas un accord avec l'Union soviétique»[67]. Trois jours plus tard, parlant dans la capitale polonaise à l'occasion de la prorogation pour un autre trente ans de l'Organisation du Pacte de Varsovie, il haussait le ton: «Si les préparatifs pour la «guerre des étoiles» se poursuivent, nous n'aurons d'autre choix que de prendre des mesures de riposte, y compris, bien sûr, un renforcement et une amélioration des armements nucléaires offensifs»[68]. Tass précisait que le nouveau secrétaire-général parlait au nom de tous les membres du Pacte de Varsovie.

Les pierres d'achoppement de la rencontre de Genève étaient flagrantes avant même qu'elle n'ait débuté. L'ambiguïté, consentie de part et d'autre pour qu'elle pût se tenir, s'était maintenue, totale, jusqu'à la fin. Le renouvellement de la conjoncture, qu'ouvrait l'arrivée de Gorbatchev au pouvoir[69] n'avait pas servi. Serait-on, une fois de plus, au début d'une longue rupture du «dialogue»? Alors que les Soviétiques multipliaient les propositions de gel ou de moratoire (missiles continentaux, essais nucléaires, etc.), sitôt rejetés par les Américains, ceux-ci commençaient à se sentir obligés de faire quelque chose, ne serait-ce que pour leur image de marque et pour la confiance des alliés d'Europe occidentale à sauvegarder?

Le voyage en Europe du président Reagan pour commémorer la défaite du nazisme, sera cette occasion. L'affaire tant controversée de la visite au cimetière de Bitburg reléga toutefois les autres aspects d'un voyage conçu pour être une grande opération diplomatique. Devant le Parlement européen de Strasbourg, le président Reagan prononça un véritable discours-programme en quatre points. D'abord, les Soviétiques rendent nécessaire le projet américain d'Initiative de défense stratégique en produisant des armes de plus en plus offensives, la dernière à être mise au point étant le missile connu sous le nom de SSX 24, à base mobile et muni de dix têtes nucléaires, qui est manifestement une arme de première frappe. Puis, le président passa à l'énoncé de quatre mesures pratiques pour réduire les actuelles tensions. En premier lieu, «une pratique régulière d'échanges d'observateurs aux manœuvres militaires» et, sur un plan plus vaste, «des contacts réguliers et à haut niveau entre responsables militaires pour développer une meilleure compréhension et prévenir des tragédies en puissance»[70]. De même, conviendrait-il d'établir une espèce de *téléphone rouge* à usage *militaire* entre Washington et Moscou permettant d'«échanger des notifications et autres informations concernant les activités militaires de routine». Enfin, le président proposait que la Conférence sur le désarmement en Europe (CDE), siégeant à Stockholm, adopte les mesures concrètes de confiance proposées par l'OTAN, en contreparties desquelles les États-Unis seraient disposés à «discuter de la proposition soviétique de non-usage de la force»[71].

Au même moment à Moscou, et pour célébrer le glorieux anniversaire du 8 mai 1945, un impressionnant déploiement de force occupait la Place rouge pendant une cinquantaine de minutes. Gorbatchev et le nouveau ministre de la Défense, le maréchal «stratège» Sergei Sokolov faisaient entendre un autre langage. Après avoir passé en revue les unités d'élite de l'Armée rouge, celui-ci concluait son hommage aux contributions des grands alliés (États-Unis, Grande-Bretagne et France) par une attaque contre «la propagande bourgeoise (qui) avait voulu déformer l'histoire» en ignorant le «rôle décisif» de l'Union soviétique[72]. Le défilé militaire avait exhibé quelques-uns des spécimens les plus modernes de l'ingéniérie militaire soviétique dont les missiles SS 21, destinés à faire pièce aux Pershing. Pour sa part, Gorbatchev ne se fit pas faute de rendre un hommage appuyé au glorieux maréchal Staline avant de s'en prendre au «militarisme américain» qui, par «sa politique belliqueuse», constitue «un facteur négatif constant dans les relations internationales». Washington encourage encore le «revanchisme allemand», pratique le «terrorisme d'État» au Nicaragua, et livre même une «guerre non déclarée» à l'Afghanistan! On comprend que l'ambassadeur américain, Arthur Hartman, ait boycotté le défilé à cause de la teneur de ce discours prononcé au Kremlin et télévisé en direct dans tout le pays. D'autre part, au plan des relations officielles entre les deux capitales, le dirigeant soviétique adressait un message au président l'assurant de sa volonté de «coopérer» avec lui afin de «prévenir une catastrophe nucléaire» tout en rendant hommage à «la contribution du peuple américain à la victoire»[73].

Avant de passer à l'effort des ministres des Affaires étrangères, Gromyko et Shultz, pour relancer un peu plus tard les pourparlers de Genève en une seconde ronde, il importe de faire le point au sujet du fameux sommet toujours renvoyé à plus tard. Dès la nomination de Gorbatchev au pouvoir suprême, le 17 mars 1985, le résident de la Maison Blanche avait fait savoir au nouveau maître du Kremlin son désir de le rencontrer aussitôt que possible. Une dizaine de jours plus tard, le président trouvait qu'il serait «grand temps» de tenir ce sommet. Plutôt préoccupé par l'état insatisfaisant des négociations de Genève, Gorbatchev accusa d'abord les États-Unis de se servir de ces pourparlers comme d'un «paravent pour poursuivre leurs programmes militaires»[74]. Puis il se manifestera quelque trois semaines après son accession au pouvoir, au début d'avril, en donnant son accord de principe par correspondance avec la Maison Blanche, d'après des informations fournies par le président lui-même lors d'une interview au *Washington Post*[75]. C'était également le moment où la proposition d'un gel ou moratoire sur les missiles soviétiques venait d'être lestement rejetée par Washington, y trouvant «un leurre, un piège et une duperie»[76].

Mais dans la capitale américaine, on ne voulait retenir que les aspects «positifs» de la première réaction de Gorbatchev; l'on imaginait même la possibilité d'une première rencontre moins formelle entre les deux hommes, à l'occasion par exemple de la tenue de l'Assemblée générale, à l'automne, session particulièrement solennelle avec la célébration du 40e anniversaire de l'ONU. Un *sommet* proprement dit, plus engageant et devant être soigneusement préparé, ne viendrait que subséquemment. Un mois plus tard, lors de sa visite européenne marquée d'épisodes turbulents, Reagan affirmait à Lisbonne qu'il était temps que les deux hommes «se mettent à se parler au lieu de parler l'un de l'autre»[77]. Et, joignant la pression à l'aménité, il avouait que son gouvernement considérait devoir ne plus se conformer aux accords des SALT II qui, du reste, n'avaient pas été ratifiés par le Congrès[78].

Traînait dans le paysage diplomatique, le trentième anniversaire du traité d'État avec l'Autriche de mai 1955, mettant fin au régime d'occupation quadripartite du pays. Cette année-là avait aussi marqué un premier seuil de détente dans les fluctuations de la Guerre froide classique. Les chefs des diplomaties soviétique et américaine, Gromyko et Shultz, avaient prévu de se rencontrer à Vienne comme prélude aux cérémonies marquant cette commémoration. Le climat était fort tendu: le 23 avril devant le Comité central du parti, Gorbatchev avait fait une déclaration à l'effet que les Soviétiques pourraient bien se retirer des conversations bilatérales si les Américains ne renonçaient pas à leur programme de l'Initiative de défense stratégique. Shultz et Gromyko ne s'étaient pas rencontrés depuis plus de quatre mois alors qu'ils avaient mis au point la première ronde des négociations de Genève.

Les récentes approches très vagues pour un sommet, ou même pour une première rencontre moins formelle, n'enrichissaient guère la conjoncture médiocre: non plus que ne l'avaient renouvelée les quatre «mesures de confiance», qu'avait proposées Reagan, lors de son discours de Strasbourg la semaine précédente, en tentant de ranimer quelque peu l'esprit d'Helsinki de 1975. Par ailleurs, l'affaire du commandant américain Nicholson, abattu par une sentinelle soviétique le 24 mars précédent, et dont Shultz se proposait d'entretenir Gromyko, n'était pas une question spécialement propice à une atmosphère détendue. D'ailleurs, sans remonter plus loin que le début de l'année 1985, personne ne s'y retrouvait plus très bien dans ces échanges plutôt flous sur un éventuel sommet auquel les Grands ne semblaient pas tenir tellement: prioritairement, voulait-on tenir un sommet pour réduire la tension, ou cherchait-on à réduire la tension pour pouvoir profiter d'un sommet?

L'entretien de Vienne du 14 mai était prévu pour durer une heure; il en prit six fois plus. Cette longueur inaccoutumée annonçait un résultat pas plus positif qu'aisé. Sans grande conviction, le secrétaire d'État communiquait aux journalistes que l'entretien avait été «très détaillé et très utile», que les deux parties avaient «fait preuve de compréhension», que sur «divers problèmes d'intérêt mutuel» des «progrès ont été enregistrés». Et, concluait-il, «bien entendu, j'ai aussi abordé, comme chaque fois que je rencontre mon homologue soviétique, la question des droits de l'homme»[79]. Sur la perspective du sommet, le porte-parole soviétique Viktor Lomeiko se contenta de déclarer: «Les positions des deux parties sont connues. Il existe un intérêt des deux côtés pour une telle rencontre». Autrement dit, les deux versions concordaient: la rencontre n'avait servi qu'à enregistrer des désaccords, sans qu'on ne consente à l'admettre aussi crûment.

La ronde suivante des pourparlers bilatéraux de Genève s'ouvrit à la fin mai 1985 dans une ambiance d'égal pessimisme des deux côtés. Le temps qu'ils durèrent jusqu'à la mi-juillet n'a pas permis d'assouplir le moindrement les positions respectives. «Il n'y a aucun progrès. Je ne suis pas satisfait du tout»[80], déclarait le chef de la délégation soviétique, Viktor Karpov. La reprise d'une nouvelle ronde était annoncée pour le 19 septembre. L'homologue américain, Max Kapelman, évoquait la tenue prochaine, dans une couple de semaines, de la réunion du dixième anniversaire de la conférence et de l'Acte d'Helsinki comme une chance éventuelle de débloquer la situation. Il n'en sera rien: la commémoration aura lieu, mais les participants se sépareront en trouvant inopportun de publier un communiqué final, qui n'aurait pu faire état que des divergences persistantes et même s'épaississant surtout au chapitre des droits de l'homme. Les organes d'information portèrent plus d'attention à l'élément de nouveauté que constituait la présence du nouveau chef de la diplomatie soviétique, Édouard Chevardnadze, et de sa première rencontre avec le secrétaire d'État, George Schulz. «Nous nous sommes demandés», déclarait ce dernier, «quels mots employer pour décrire nos entretiens. Ces mots sont: intéressants, utiles, francs, sérieux et productifs», tout en ne dissimulant pas «les très profondes divergences»[81] faciles à imaginer car il n'explicitait pas.

Depuis qu'avait été enfin annoncée, au début juillet, la tenue du sommet Gorbatchev-Reagan pour les 19 et 20 novembre 1985, toutes les questions du lourd contentieux diplomatico-militaire entre les deux Grands s'y ramenaient comme à une espèce de sur-événement susceptible de débloquer tant d'impasses, ou tout au moins de rasséréner quelque peu une ambiance se détériorant depuis si longtemps. L'absence d'illusions était la note dominante dans les déclarations des hommes politiques aussi bien que dans les analyses des commentateurs. Mais, disait-on de toutes parts, il faut pardessus tout poursuvire «le dialogue» inter-Grands, cette espèce d'impératif, aussi nécessaire que vague. Il convient, toutefois, de relever un côté positif du comportement des deux Grands. Ils ne font pas flèche de tout bois en exploitant des «incidents: par exemple, en des points sensibles de leur promiscuité en Allemagne[82], ou encore en cette affaire d'une poudre toxique qui aurait été utilisée par les services d'espionnage soviétiques pour filer les diplomates à Moscou[83]. Après six ans d'interruption, ils ont aussi repris les négociations en vue de nouveaux arrangements de commerce; comme responsabilité duopolaire, ils conjuguent enfin leurs vues pour lutter contre la menace déjà perceptible d'un «terrorisme nucléaire».

Justement, à la troisième rencontre des pays signataires du Traité sur la non-prolifération nucléaire[84], nombre d'États parmi les 125 *Have Not Countries* se proposaient de mettre en accusation des puissances comme la Chine et la France qui, bien que non adhérents au Traité, n'ont pas respecté leurs engagements en élevant leurs arsenaux à quelque 7000 têtes nucléaires. Il ne manque pas aussi d'États du tiers monde pour reprocher aux deux Grands leur échec dans le domaine du contrôle des armements nucléaires auxquels ils sont liés au terme des articles 5 et 6 du Traité. Lors de la rencontre précédente de 1980, ces deux *Have Countries* par excellence, que sont par définition les duopoleurs, s'étaient entendus dire que la stagnation de la maîtrise de leurs armements risquait d'invalider le traité qu'ils avaient patronné avec tant d'insistance dans les années 1960. Rejetant la proposition de Gorbatchev d'un moratoire sur les tests nucléaires, Washington, qui n'y voit que de la «pure propagande», ne trouve pas mieux à l'été 1985 que de proposer, à la place, que des experts soviétiques assistent aux essais nucléaires américains. Manifestement, la Maison Blanche se refuse absolument à mettre en veilleuse les essais qui se tiennent dans le cadre de son vaste programme de l'IDS.

Toujours en ce mois d'août 1985, Washington annonce la fin d'un moratoire unilatéral de seize ans en décidant la fabrication d'armes chimiques, compte tenu de l'avance considérable des Soviétiques en ce domaine, et donne aussi le coup d'envoi aux essais dans l'espace de l'arme anti-satellite américaine. Tout cela se passe à trois mois seulement de la rencontre au sommet des «numéros un» soviétique et américain. Quelques semaines plus tôt, lors du 40ᵉ anniversaire d'Hiroshima, l'Australie et la Nouvelle Zélande, de concert avec six petits pays de la région, avaient signé un traité proclamant zone dénucléarisée la plus grande partie du Pacifique au sud de l'équateur. Allait aussitôt après défrayer la rubrique internationale l'affaire du *Rainbow-Warrior*, qui ne se réduit pas à une simple bavure de services secrets...

V. La longue quête d'une rencontre au sommet

Il ne s'était pas tenu de sommet américano-soviétique depuis la rencontre de Brejnev et de Carter à Vienne en 1979 lors de la conclusion des SALT II. Les vents froids de l'affaire d'Afghanistan avaient tôt soufflé, précédant les bourrasques des difficultés régionales déjà relatées. Les rondes de pourparlers en vue de la limitation/réduction des armements étaient passées d'une impasse à l'autre, toutes plus ou moins circonvenues par ajournements et déplacements de problèmes mais jamais résolues. La question d'une rencontre au sommet entre les Grands, qui n'allait prendre un tour décisif qu'à l'été 1985, était dans l'air depuis les élections présidentielles américaines de 1980. Le réenclenchement du dialogue fonda-

mental entre les deux partenaires obligés allait se faire attendre cinq ans. Notre sujet commande de faire marche arrière
dans la chronologie et de retracer cette série de rendez-vous
toujours renvoyés à plus tard.

D'une part, un seul grand interlocuteur: Ronald Reagan élu en novembre 1980, réélu en force quatre ans plus
tard. De l'autre, une série d'interlocuteurs soviétiques transitoires jusqu'à Mikhaïl Gorbatchev, jeune et fort, dont la
personnalité et le style contrastent fortement avec ceux de ses
trois prédécesseurs. Sa vitalité permet d'augurer un long
pouvoir comme maître du Kremlin, tandis que Reagan, non
rééligible pour un troisième mandat, va égrener les années de
son second. Pour Reagan, comme pour les États-Unis en
perte, dirait-on, de *sécurité dissuasive*, le temps presse davantage que pour Gorbatchev et pour la patrie du communisme
mondial; mais l'un et l'autre sont avant tout les porte-parole
des grands systèmes politiques qu'ils incarnent mais qui
transcendent leur destin personnel.

Jusqu'à l'hiver 1983, la question du déploiement des
missiles en Europe est au premier plan de l'actualité; à partir
du mois de mars de cette année-là, le projet américain de la
«guerre des étoiles» va s'y ajouter sans diminuer l'acuité du
premier problème. D'autres questions relatives à l'intégration des imperiums (la Pologne, le Nicaragua...), ou sortis de
conjonctures imprévisibles (le Boeing coréen descendu en
mer du Japon, l'invasion de la Grenade, ou la mort du major
américain Nicholson abattu par une sentinelle soviétique en
Allemagne...) ont eu de quoi alimenter un temps l'acrimonie
des rapports inter-Grands. Toutefois, le problème majeur et
immanent à la conscience mondiale reste toujours celui de ce
qu'on continue d'appeler, par euphémisme, la «course aux
armements». Pour l'étude d'une éventuelle «limitation», ou
d'une «réduction» comme on le dit depuis peu, les deux
super-puissances doivent commencer par se rencontrer et se
parler à plusieurs niveaux.

De temps à autre, un interlocuteur tiers rencontre un
des Grands. Ces visites sont assez fréquentes chez le président de la Maison Blanche, un peu moins dans le palais du

maître du Kremlin. L'initiative de la rencontre Brejnev-Giscard d'Estaing, à Varsovie au mois de mai 1980, avait été fort discutée en son temps, et davantage en France qu'à l'étranger. L'opinion internationale retiendra que le retrait annoncé d'une certaine partie du corps expéditionnaire soviétique en Afghanistan n'avait pas eu de suite notable. Reagan avait choisi comme secrétaire d'État le général Douglas Haig, ancien commandant des forces de l'OTAN en Europe. Du fait du statut professionnel du nouveau titulaire, cette nomination laissait voir une double préoccupation militaire et européenne. Quelle serait l'attitude générale du nouveau président envers les Soviétiques? Une même interrogation, à l'inverse, défrayera les rubriques internationales à l'occasion des trois successions de leadership à Moscou. Dans des régimes si différents, les périodes de succession présentent ce point commun que la priorité ou même l'urgence s'imposant au nouveau maître est toujours d'ordre interne (mise en place de nouveaux appareils, grandes décisions économiques, etc.) reléguant à plus tard, les importantes décisions en matière de politique étrangère. La conséquence pratique pour le dialogue inter-Grands en devient une dose considérable d'attentisme de part et d'autre.

Selon ce qu'il avait promis en campagne électorale, Reagan adoptait au début de son mandat une attitude dite de force et de fermeté envers Moscou, tout en se disant prêt à discuter «à tout moment d'une réduction légitime des armes nucléaires». Il affichait toujours ce manichéisme élémentaire pour attaquer cet «empire du mal», ce pays «qui ne croit ni en Dieu ni à une autre vie» et qui n'a «qu'une moralité: la domination du monde». Mais l'Union soviétique «n'est pas prête à déclencher une confrontation; ce qu'elle veut, c'est de continuer à gagner sans combattre». Le difficile est qu'«elle ne souscrit pas à notre définition de la moralité parce qu'elle ne croit en rien, sauf à faire avancer le socialisme»[85]. Ces paroles faisaient penser aux sorties d'un Truman aux plus mauvais jours de la Guerre froide naissante. Les propos de Reagan étaient immédiatement dénoncés par des organes officieux du Kremlin, l'agence Tass et la *Pravda*, cette dernière réfutant cette «campagne anti-soviétique fantaisiste, dans le seul but de mettre sous le coude la détente internationale» [86]. Un porte-parole du secrétaire d'État, William Dyers, retournera les allégations de Tass à l'effet que les États-Unis violaient le «code de conduite» de la détente qu'avaient adopté Brejnev et Nixon lors de leur accord de 1972: «Ces allégations, disait-il, sont ironiques au vu des interventions soviétiques en Angola, dans la corne de l'Afrique et plus particulièrement en Afghanistan» [87].

Les Soviétiques continuaient d'invoquer la «détente» dont Brejnev avait tout de même avoué qu'elle servait les intérêts de son pays, devant le XXVe congrès du Parti communiste soviétique de 1976: «Nous ne cachons pas que, pour nous, la détente permet l'instauration de conditions favorables à l'édification socialiste et communiste» [88]. Au congrès suivant de février 1981, Brejnev invitait maintenant le nouveau président américain à une rencontre au sommet pour établir des «mesures de confiance» entre l'Union soviétique et le reste du monde en Europe et en Extrême-Orient. Il proposait de reprendre les négociations avec les États-Unis sur la question générale de la limitation des armements stratégiques, précisant en particulier les objectifs d'interdire la modernisation des missiles actuels et le développement d'engins d'un type nouveau. Brejnev proposait également un moratoire sur le déploiement de nouveaux missiles dans les deux camps en Europe et suggérait même une discussion sur la question de l'Afghanistan mais dans le cadre du désarmement des pays du golfe Persique.

La première réaction de la Maison Blanche ne fut pas très engageante. Un de ses porte-parole disait à la presse l'«intérêt» du président pour cette ouverture mais qu'il restait toutefois «persuadé qu'il s'agit là surtout de propagande soviétique destinée à nos alliés européens» [89]. Effectivement, ceux-ci semblaient moins incrédules, estimant qu'il ne fallait pas laisser passer une occasion de rompre enfin le cercle des récriminations réciproques entre Washington et Moscou; mais l'autre note dominante de leur réaction était celle de la prudence: il ne fallait pas, non plus, précipiter les choses.

Le secrétaire d'État Haig continuait pour sa part à dénoncer «l'aventurisme soviétique»; il s'en était fait une espèce de spécialité. Mais, dans la capitale américaine, on s'abstenait tout de même de provoquer inutilement Moscou en refusant d'affirmer, par exemple, qu'il «ne restait rien de la détente», comme l'avait soutenu avec pessimisme un expert universitaire, membre du personnel du Conseil national de sécurité[90]. Au mois d'avril 1981, en escale à Londres pour une visite des pays européens, le secrétaire à la Défense, Caspar Weinberger, agitait à nouveau le «spectre» d'un axe militaire Washington-Pékin qu'avait déjà évoqué le président Carter, démissionnaire, en décembre 1980. La vente d'armes militaires offensives à la Chine, redoutée plus que tout le reste par Moscou, était manifestement une mesure d'intimidation à un moment où l'on craignait un peu partout que l'Union soviétique n'intervienne militairement en Pologne.

Mais l'Armée rouge n'ayant toujours pas pénétré dans ce dernier pays, Brejnev pouvait donner au magazine *Der Spiegel*, une interview inaccoutumée que des observateurs qualifièrent de «lettre d'amour à l'Europe de l'Ouest». Il y tenait des propos presque candides à travers des considérations plus techniques sur l'application des accords des SALT II: «L'Union soviétique ne menace personne et n'a pas l'intention de se porter à l'assaut de qui que ce soit (...). Ce serait bien si l'Occident réalisait que l'Europe entière a besoin de paix et de tranquillité». Mais «l'Europe occidentale est forcée de s'ajuster au tour agressif qu'a pris la doctrine nucléaire des États-Unis»; et «ce n'est pas notre faute si le traité des SALT II n'a pas été mis en application»[91]. Tenant compte du fait que Reagan, par la voix de son secrétaire d'État, avait fait savoir, le 4 novembre 1981, n'avoir «pas d'objection» à rencontrer Brejnev, on pouvait espérer qu'après cette année de probation du nouveau président, les deux hommes d'État pourraient renouer enfin avec la pratique des sommets à quelque moment de 1982.

Il n'en sera rien. Ou plutôt, pas tout de suite. Washington, sous la pression de ses alliés et face à une presse très critique sur sa passivité devenant suspecte, sentait qu'elle devait faire quelque chose et ne plus se contenter de tenir la dragée haute. Ce premier mouvement se fera sous la forme d'une proposition de Reagan à Brejnev pour une «rencontre informelle» à New York, à l'occasion de la session de l'ONU sur le désarmement prévue pour le mois de juin. Ce n'était certes pas le type de rencontre qu'envisageaient le chef soviétique et ses collègues du Kremlin. Mais voilà que, le 10 novembre, le secrétaire général du Parti communiste et président de l'Union soviétique[92], Leonide Brejnev, décédait après avoir dirigé l'Union soviétique plus longtemps que tous ses prédécesseurs à l'exception de Staline. Deux jours plus tard, l'ancien directeur du KGB, Youri Andropov, lui succédait à la tête du Parti, mais sans être élu chef de l'État. C'était le premier de trois débuts de règne, périodes qu'on vient de dire peu propices à des décisions d'importance dans le camp de la politique étrangère. La période d'attentisme qui suivra servira probablement autant Washington que Moscou.

Pourtant, Andropov n'attendra qu'un mois et demi pour proposer le 30 décembre 1982 à Reagan un véritable sommet, mais pourvu qu'il soit «bien préparé»[93]. L'insistance sur cette condition portait à croire qu'une telle rencontre devrait porter sur les dispositifs militaires constituant les rapports de force généraux entre les Grands. L'arrivée au pouvoir d'Andropov ne créait pas de circonstances propices pour renouveler l'abord de discussions qu'il faudrait bien reprendre sans trop tarder. Comme ancien chef de la police secrète, Andropov soulevait à priori plus de méfiance dans les milieux occidentaux que le vieillissant Brejnev des derniers temps, sans doute non véridique en tout mais sincère jusqu'au pathétique[94]. À Washington, on se refusait encore à croire à la fatalité d'une reprise de la «guerre froide», avec ses rhétoriques d'antagonisme empêchant tout véritable dialogue sur le fond. Mais deux faits spectaculaires allaient contribuer à empoisonner l'atmosphère.

L'affaire de l'avion de transport de la Korean Airlines, abattu par un avion de chasse soviétique le 1er septembre 1983, allait susciter un déferlement d'indignation à travers le monde. La nouvelle crise aiguë de confiance dans les rapports inter-Grands devint presque à l'égal de celle qu'avait entraînée l'opération militaire en Afghanistan. Même en supposant une forte apparence d'«espionnage» par l'équipage d'un transporteur d'un État tiers, comment trouver là une justification raisonnable pour envoyer dans l'éternité près de 300 civils afin d'affirmer l'intégrité d'une souveraineté? Des éléments techniques d'enquêtes, parcimonieusement rendues publiques jusqu'à ce jour, sont loin d'avoir établi ce qu'en langage judiciaire on appelle la «matérialité des faits»[95]. Du côté soviétique, la narration de l'événement par le maréchal Ogarkov se voulait accablante, ne laissant aucune place à l'hypothèse d'une simple erreur de parcours. Le silence prolongé d'Andropov, contrastant avec la faconde du chef de l'état-major soviétique, suscitait à nouveau les spéculations des analystes sur les véritables maîtres de l'Union soviétique, surtout à une époque où le nouveau leader n'avait peut-être pas encore eu le temps d'asseoir son autorité.

On redécouvrait quelques vérités fondamentales inter-reliées: 1) le gouvernement soviétique pratique toujours le dogme absolu de la souveraineté nationale et territoriale; 2) l'Union soviétique, comme système oligarchiste-militariste, reste un régime d'essence totalitaire qui ne peut accepter qu'on lui impute des torts ou des responsabilités de l'extérieur, et qui ne se sent même pas obligé de présenter des regrets à défaut d'excuses; 3) la nature catégorique des deux premières propositions l'emportait sur la préoccupation, si longtemps recherchée à la face du monde, d'assurer un climat général propice à la «détente». Car, en faisant abstraction des victimes innocentes de la tragédie, c'était elle, la détente, la grande perdante de cet acte violent que n'atténuait même pas l'expression de regrets humains. Les autres perdants devenaient les «pacifistes» occidentaux ne pouvant difficilement réduire l'affaire à la signification d'un fait divers international. Les seuls gagnants étaient ceux qui, à Washington surtout et le président en tête, trouvaient dans l'actualité un argument supplémentaire pour plaider l'accroissement des budgets militaires.

La soudaineté et la rapidité de l'intervention américaine à la Grenade le mois suivant n'avait rien, non plus, pour rasséréner l'ambiance de ce morne automne 1983. Au début de sa quatrième année présidentielle, Reagan va toutefois employer le langage de la confiance nouvelle en disant que les États-Unis sont en «meilleure position depuis des années pour établir des relations constructives et réalistes avec l'Union soviétique» [96]. À tort ou à raison, et c'était au moins bon pour son «image» à l'intérieur, il estimait avoir placé les Soviétiques sur la défensive. Quelques semaines plus tard, Andropov, dont les longues absences avaient intrigué les observateurs et accrédité diverses rumeurs, meurt à son tour, ouvrant une nouvelle succession qui sera remplie en un temps remarquablement court. Le nouveau numéro un est un ancien protégé de Brejnev, Constantin Tchernenko, qui semblait, un an plus tôt, en aussi bonne posture qu'Andropov pour succéder au vieux leader. L'âge avancé de Tchernenko lui-même, son état de santé et son profil de personnalité et de carrière lui composaient un destin de chef intérimaire. De février 1984 à mars 1985, il allait être le dirigeant en titre de l'Union soviétique.

Pendant cette autre année d'un pouvoir imprécis à Moscou, Washington s'agitait au rythme de l'activisme partisan propre à chaque campagne présidentielle. En 1984, les relations inter-Grands se ressentirent donc doublement de l'ambiance particulière de chaque capitale, mais sans qu'on ne puisse établir quelque causalité stricte en quoi que ce soit. Le thème majeur chez les analystes restait que les leaders passent au Kremlin mais que le système a suffisamment de robustesse pour n'en être pas visiblement affecté. Mais ce qu'aux États-Unis des journalistes appellent le *Summit fever* (la fièvre du sommet) commencera à se manifester à l'été, bien que les diverses questions des politiques intérieure et partisane accaparent encore le gros du temps et des énergies des candidats aux présidentielles. Une percée pour la reprise d'un nouveau dialogue soviéto-américain se fera enfin avec l'annonce de la rencontre Reagan-Gromyko à Washington à la fin de septembre 1984 (dont il a été question à la section précédente). Le déploiement en cours, dans les deux Allemagnes et en Tchécoslovaquie, de nouveaux missiles, pointés les uns contre les autres, avaient créé une situation de plus grande nécessité que jamais: les Grands devaient cesser de s'envoyer des invitations nuancées d'accusations, et peut-être même sans espoir réel de réponses positives.

Ce n'était pas encore la «détente», mais peut-être un mélange entre sa nostalgie et le début de mauvaises consciences pour cause d'inactivité[97]. Du nouveau flottait dans l'air permettant de croire, à de nouveaux indices sérieux, qu'il pourrait se passer quelque chose. Au Kremlin, on prévoyait pertinemment que Reagan serait réélu en novembre et qu'il faudrait négocier avec lui dans les quatre années suivantes. Les alliés européens avaient critiqué âprement, en divers forums internationaux, les politiques reaganiennes en matière économique, mais ces discussions n'entamaient guère les grandes politiques de sécurité continentale. En particulier, le gouvernement socialiste français depuis mai 1981 en rajoutait en «atlantisme» à ses prédécesseurs de la droite. Sur la question spécialement sensible des Allemagnes, Moscou ne cachait pas son irritation des trop bonnes relations que les deux gouvernements entretenaient. Erich Honecker devait même ajourner la visite qu'il devait faire à son homologue de l'Ouest, Helmut Kohl, en septembre 1984.

Quelques jours avant l'historique rencontre Reagan-Gromyko du 28-29 septembre 1984 à la Maison Blanche, le président américain avait prononcé un discours à l'Assemblée générale de l'ONU, contenant ce passage clé: «L'Amérique a rétabli sa puissance, renforcé ses alliances. Nous sommes prêts pour des négociations constructives avec l'Union soviétique»[98]. Gromyko assistait à la séance, demeurant impassible. Dans sa réponse, trois jours plus tard, il s'en prendra à ce langage d'affirmation de la «force»[99] et réclamera plus que des assurances verbales, des actes concrets. Cette longue harangue (d'une heure et quart) du ministre soviétique contenait en réalité deux discours: un long réquisitoire précédait un discours indiquant des possibilités de dialogue. Mais c'est la visite de Gromyko à la Maison Blanche, quelques jours plus tard, qui permettra le virage et aura le plus de retentissement dans l'opinion internationale.

Il s'agissait du premier entretien direct du président Reagan avec un membre de la haute direction soviétique. Au terme d'un long échange de points de vue durant près de quatre heures, les deux parties, dans un nouveau climat amical au moins apparent, avaient convenu de maintenir le contact établi, résultat essentiel de la démarche. Le secrétaire d'État Shultz indiquait en conférence de presse que les deux hommes avaient soutenu une discussion «philosophique» sur la nature des relations américano-soviétiques et sur ce qu'il importait de faire pour parer à la menace nucléaire. Andrei Gromyko n'est pas d'une nature particulièrement souriante, mais, à l'issue de la rencontre, il arborait un large sourire en levant les mains selon la pose du boxeur qui vient de gagner son combat. Moscou tenait à la reprise du dialogue.

Les deux ministres des Affaires étrangères devront se rencontrer à Genève les 7 et 8 janvier pour établir les modalités de la reprise des négociations bilatérales. Entre-temps, Shultz confirmait à une réunion de l'OTAN que le gouvernement américain poursuivait toujours son programme d'installation des euromissiles, incitant ses partenaires à la prudence au sujet de la rencontre projetée: «Il ne se passera peut-être rien, et alors on n'en parlera plus, ou peut-être cela prendra-t-il beaucoup de temps.» Dans le communiqué final, les nations atlantiques appuyaient fortement le projet de Reagan pour «un dialogue constructif» et «dans le sens d'une détente authentique» [100].

En ce mois de décembre 1984, celui qui passait pour le numéro deux du Kremlin et qu'on considérait comme l'héritier désigné, Mikhaïl Gorbatchev, faisait un voyage en Angleterre. Le leader encore peu connu fit une excellente impression, de celle qu'on caractérise en argot de théâtre par l'expression «faire un malheur». Il abondait dans le sens du premier ministre Margaret Thatcher sur l'importance du rétablissement du dialogue soviéto-américain, insistant — déjà — sur la non-militarisation de l'espace plutôt que sur la réduction des armements nucléaires, stratégiques et à moyenne portée. Devant la Commission des Affaires étrangères des Communes, Gorbatchev avait fait beaucoup d'effet par des phrases comme celle-ci: «Il était devenu évident que la guerre froide était un état anormal de relations constamment menacées des dangers de guerre (...). Malgré tout ce qui nous sépare, nous n'avons qu'une seule planète, et l'Europe est notre pays commun et non un théâtre d'opérations (...). L'âge nucléaire dicte inévitablement une nouvelle pensée politique. Prévenir une guerre nucléaire est le problème le plus pressant pour tous les peuples [101].»

Gorbatchev liait avec insistance la militarisation de l'espace à la question des armements stratégiques. Ce projet dit d'Initiative de défense stratégique (IDS) était manifestement ce que craignaient le plus les Soviétiques; et leurs inquiétudes semblaient partagées par le chancelier Kohl, le président Mitterand et le premier ministre Thatcher, tous y voyant plus ou moins une espèce de mesure de *surarmement.* Mais à Washington, on estimait encourageante la volonté de dialogue exprimée par l'homme politique soviétique et surtout le fait qu'il ne considérait pas la non-militarisation de l'espace comme une condition préalable à la reprise des négociations. Malgré son insistance sur la question, Moscou n'en faisait pas un préalable aux négociations à venir; et Washington acceptait qu'on en discutât sans pour autant en abandonner le projet: ce nœud d'ambiguïté allait encore se resserrer dans les pourparlers à venir.

Quant aux objections de Margaret Thatcher sur le programme américain de défense spatiale, elle les amenuisa fort considérablement à la suite d'entretiens qu'elle eut à Washington et au Camp David avec le président. En même temps que les alliés européens, elle se satisfaisait maintenant des assurances qu'on lui avait fournies: il ne s'agissait que d'un programme de recherche et il n'était pas question que les Américains «déploient» ce système de défense spatiale avant de négocier d'abord avec les Soviétiques. Pour l'heure, il fallait continuer ces recherches qu'avaient déjà entreprises les Soviétiques, d'autant qu'ils étaient eux-mêmes en avance dans le secteur voisin des armes anti-missiles.

1984, cette année devenue symbolique par la grâce d'un grand écrivain, s'achevait en pleines projections de science-fiction: militarisation de l'espace, initiative de défense stratégique, bouclier spatial, guerre des étoiles...

* * *

Prenant en compte l'enchaînement des faits pendant les deux tiers de l'année 1985 (racontés à la section précédente), le moins qu'on puisse dire c'est que le sommet prévu à l'automne ne s'annonçait pas sous de très heureux auspices. Pourtant, l'ambiance n'était curieusement pas au pessimisme. Les attentes dans l'opinion, autant que dans les milieux officiels, étaient fort modérées, et on semblait se satisfaire à priori que le sommet ait simplement lieu. On pouvait déjà porter au positif qu'il n'ait jamais été question de renvoyer à plus tard la tenue de la rencontre. Une telle conjecture aurait constitué une nouvelle crise grave par dessus la somme des désaccords connus et dont certains allaient encore s'expliciter en cet automne 1985. Pas une hésitation, aucun doute n'était permis: quelles qu'en soient les conséquences, Gorbatchev et Reagan devaient se rencontrer, faire connaissance, se parler... Pour les conséquences, on verrait plus tard.

Jamais peut-être depuis la rencontre de 1961, à Vienne, de Kennedy et de Khrouchtchev, personnalités combien contrastantes, la couverture médiatique d'un tel événement n'avait trouvé un sujet aussi sensationnel que cette paire de Reagan et Gorbatchev, tous deux proclamés «grands communicateurs» par les spécialistes. Et sans doute que leur succès étonnant en leur pays respectif fût d'abord dû au style avenant de leur personnalité. Les antinomies fondamentales des propagandes officielles s'incarnaient en des visages humains s'adressant à d'autres hommes. Au début de septembre, *Time* publie une longue interview de Gorbatchev qui fera son tour de presse mondial[102]. Deux mois plus tard, Reagan converse aussi longuement avec quatre journalistes de la *Pravda*, qui publie ses propos mais en les doublant d'une réplique aussi élaborée dans le même numéro. Quand le président américain fait passer son message de paix sur les antennes de *Voice of America*, exceptionnellement les ondes n'en sont pas brouillées par Moscou. Gorbatchev publie même un livre aux États-Unis à quelques jours du sommet, prenant les milieux officiels de Washington par surprise. La période du pré-sommet fut présentée par la presse internationale comme deux vastes entreprises de relations publiques, chacune se donnant comme cible privilégiée la clientèle de l'autre camp. La tenue du sommet lui-même prendra l'allure d'un événement médiatique d'une ampleur encore jamais vue, malgré la décision commune du *black out* ou de l'embargo imposé à la presse pendant les deux jours de la rencontre.

Dans les semaines précédant le sommet, de classiques «questions irritantes» ne manquèrent pas de se produire: plusieurs affaires d'espions et de dissidents, et même la rocambolesque affaire d'espion-dissident, ou de dissident-espion, de Vitaly Yourtchenko. Le refus de quelque deux cents chercheurs américains, répartis sur une trentaine de campus, de s'engager dans le plan de recherches de l'Initiative de défense stratégique sera contrebalancée par la nouvelle de l'acceptation, deux mois plus tard, d'un groupe de dix-huit savants «internationaux» (dont six anciens soviétiques dissidents) de participer au même programme dans des universités américaines. Toujours en cet automne 1985, le sort des grands dissidents Sakharov (et de son épouse) et de Chtcharanski rebondit à nouveau dans l'actualité, tandis que la question des droits de l'homme en Union soviétique continue à susciter des pétitions et des manifestations publiques, ce qui a l'heur d'irriter plus que jamais les autorités de Moscou, désireuses de présenter plutôt la face généreuse de la nouvelle coexistence pacifique.

À quinze jours du sommet, le secrétaire d'État Shultz va à Moscou pour tenter d'aplanir les difficultés. En particulier, les Soviétiques font de la course aux armements une question centrale au point d'en paraître presque exclusive des autres auxquelles tiennent aussi les Américains. Après quatorze heures d'entretien vigoureux avec son homologue soviétique et le secrétaire-général lui-même, il revient bredouille se contentant de déclarer que, bien qu'il y ait eu «développement sur certaines questions», le désarmement n'est pas le seul sujet d'importance: «Les conflits régionaux sont importants; les relations bilatérales sont importantes, les droits de l'homme sont importants»[103]. Les deux Grands prônaient toujours un ordre du jour aux priorités inverses.

Deux semaines plus tôt, à la tribune des Nations unies (à l'occasion du 40e anniversaire de l'Organisation), le président Reagan avait surtout insisté sur le règlement des problèmes régionaux, allant de l'Afghanistan au Nicaragua, tandis que le ministre soviétique des affaires étrangères, lisant un texte de Gorbatchev, avait principalement mis l'accent sur le désarmement nucléaire, tout en concédant qu'il importait de faire de nouveaux efforts «afin d'étouffer les foyers régionaux de tensions, de liquider les vestiges du colonialisme dans toutes ses manifestations»[104]. Tandis que, du côté américain, on réaffirmait l'intention de maintenir le programme de l'IDS, à la fois comme «initiative» de recherche et pour des fins strictement défensives, les Soviétiques répétaient de plus belle que ce projet signifiait tout le contraire, plus que jamais inadmissible pour eux. Même les accords de limitation passés étaient violés, soutenaient les uns et les autres: celui portant sur les ABM par les Américains avec leurs travaux de l'IDS; celui des SALT II par les Soviétiques avec leurs nouveaux euromissiles.

À la mi-septembre, une troisième ronde des pourparlers de Genève sur le désarmement s'était ouverte à Genève; rien ne laissait prévoir qu'on sortirait des impasses auxquelles avaient abouti les deux précédentes. Probablement même que l'impasse se durcirait encore au su de toutes récentes prouesses techniques américaines[105]. Une voix autorisée, comme celle du respecté George Kennan, rappelait avec un sentiment angoissé que la question des armements, de leur *control* ou maîtrise (en forme de limitation ou réduction) était l'objectif central et majeur de la rencontre de Genève[106]. La nouvelle la plus spectaculaire de la période pré-sommet fut la proposition soviétique d'une réduction de 50% des armes offensives nucléaires de chaque superpuissance.

La condition en serait la mise en sourdine des travaux des Américains pour se doter d'un bouclier défensif dans l'espace, selon leur interprétation, ou, selon l'expression contraire de Gorbatchev alors en voyage à Paris, des «armements spatiaux d'attaque». N'ignorant pas que Reagan avait encore rappelé dans les jours précédents que le programme de l'IDS n'était pas négociable, les analystes scrutèrent le texte du discours afin d'y trouver la moindre possibilité d'un accommodement entre les deux positions. Déjà lors de son interview au magazine *Time*, Gorbatchev ne semblait pas inclure la «recherche fondamentale» dans son refus de l'IDS. Un porte-parole soviétique, Leonid Zamiatine, précisait cette fois-ci que le concept d'interdiction complète, de part et d'autre, des armements spatiaux d'attaque recouvrait leur «fabrication, mise au point et déploiement»[107] et ne semblait donc pas comprendre les travaux de recherche.

À un mois et demi de la tenue du sommet, la proposition d'une réduction bilatérale aussi importante permettait de sortir des sentiers depuis longtemps battus en sens contraires. Elle plaçait l'autre protagoniste en position de ne pouvoir la rejeter du revers de la main comme une simple manœuvre de propagande. En outre, la simplicité et la globalité de la proposition avait de quoi frapper les esprits et susciter les approbations de l'extérieur. Seulement, elle paraissait aussi trop simple et globale dès lors que se posait la question initiale: réduction de quoi, à partir de quelle base? Jusqu'à maintenant les Soviétiques incluent dans la notion d'armes «stratégiques» les armes américaines à portée intermédiaire car elles sont en mesure d'atteindre leur territoire tandis que leurs propres armes équivalentes ne peuvent menacer le continent américain.

Une réduction égale de 50% de part et d'autre n'apparaîtrait plus équilibrée si les coupures portaient sur les armes nucléaires américaines à longue et à moyenne portée tandis que celles du côté soviétique n'affecteraient que les armes à longue portée. Il y aurait aussi à tenir compte de la variété des armements nucléaires et de la diversité des vecteurs, eux-mêmes objets de rapides transformations technologiques. C'est enfin le cas de rappeler que tout calcul numérique de cet ordre doit reposer sur les données de base d'une géostratégie élémentaire. De même façon fallait-il considérer l'offre à la France et à la Grande-Bretagne de négocier séparément avec l'Union soviétique de telles réductions: Paris et Londres n'ont guère attendu pour refuser la proposition les concernant. À tour de rôle, Washington puis Moscou avaient consulté leurs alliés européens au début d'octobre. Pour l'essentiel de l'*approche* au sommet par chacun des Grands, les alliances se manifestaient une fois de plus comme indéfectibles, ou, si l'on veut le duopole restait intact ou plutôt avait tendance à se raffermir encore.

À la veille de leur tête-à-tête de Genève, les deux hommes d'État se trouvaient en situation de force et bien appuyés par leurs arrières. Les observateurs de la scène internationale jugeaient que le Soviétique avait gagné sa campagne de relations publiques et que l'Américain n'avait pas perdu la sienne. Depuis sa prise du pouvoir en mars, Gorbatchev avait eu le temps de mettre ses hommes aux points névralgiques de l'appareil du parti et du gouvernement. Au début d'octobre, s'étalait sur trois pages de la *Pravda* un plan fort ambitieux d'amélioration, en qualité et en quantité, des biens de consommation et des services offerts à la population d'ici l'an 2000. Cela allait du milliard de paires de chaussures aux techniques modernes de vente destinées à sauver du temps aux consommateurs soviétiques. Succédant à trois vieillards cacochymes, le nouveau secrétaire général devenait «populaire» au sens du *marketing* politique occidental, tout en livrant des mises en garde contre les utopiques tentatives «de fuite en avant» qui avaient marqué l'époque de Khrouchtchev.

Aussi bien par ses succès en politique intérieure que par la performance globale de l'économie américaine, le président Reagan pouvait compter sur un fort appui populaire. Pour aborder la grande aventure du sommet, il se trouvait en position plus favorable que tous ses prédécesseurs depuis

1961; il ne traînait aucune hypothèque comme la désastreuse aventure de la Baie des Cochons, la tragédie vietnamienne ou le scandale du Watergate. Avec les atouts d'une considérable augmentation de puissance militaire dans presque tous les secteurs, il pouvait encore jouer de la carte de l'IDS. À ce dernier sujet, il était suffisamment engagé pour faire réfléchir le protagoniste et pas trop pour jouer d'une «menace» directe ou immédiate. Cet ensemble de conditions ferait penser à la situation de l'été 1955 lorsque Eisenhower rencontrait le tandem Boulganine-Khrouchtchev: il allait en sortir le premier «esprit de Genève» s'imposant à l'âge thermonucléaire commençant. Trente ans plus tard, les deux Grands semblaient vouloir considérer comme sérieuse une réduction radicale de la moitié de leurs arsenaux d'armements nucléaires offensifs. Naguère Eisenhower avait lancé le plan «open skies»; des conseillers de Reagan prônaient maintenant l'idée d'un «open laboratory» [107], deux formules par lesquelles scientifiques soviétiques et américains pourraient contrôler mutuellement leurs recherches en vue d'une Paix des étoiles...

Mais les tout derniers jours précédant le sommet n'avaient guère de quoi fonder quelque espoir d'une percée sur la réduction des armements. Le 14 novembre, l'agence Tass annonçait le refus en bloc des contre-propositions américaines soumises lors de la prolongation spéciale de la troisième ronde des pourparlers sur le désarmement. Toujours la même raison: les Américains maintiennent obstinément leur intention de poursuivre «la course aux armements dans l'espace». Plus retentissante fut l'affaire de la publication d'une lettre confidentielle du secrétaire à la Défense, Caspar Weinberger (qui ne devait pas accompagner Reagan à Genève), dans laquelle il pressait le président de ne pas prolonger jusqu'en 1986 l'application du traité des SALT II et surtout de ne faire aucun compromis sur l'Initiative de défense stratégique. Cette fuite fut interprétée par un Soviétique bien connu comme une tentative américaine de «torpiller tout le processus de négociation des armements» [108].

Mais le sommet n'avait pas encore commencé qu'on apprenait qu'il y en aurait deux autres, aux États-Unis en

1986, en Union soviétique en 1987. C'était l'indication préalable que la rencontre ne serait pas un échec complet: les Grands se mettraient au moins d'accord pour réamorcer la pompe qui, après six ans, avait commencé à rouiller.

Épilogue

Le sommet Gorbatchev-Reagan (Genève, novembre 1985)

I

La rencontre au sommet de Gorbatchev et Reagan, tenue à Genève les 19 et 20 novembre 1985, fut prolongée d'une demi-journée pour permettre une conférence de presse conjointe, d'abord non prévue au programme. Deux journées d'échanges pouvaient-elles aboutir à d'autres résultats objectifs que les très maigres auxquels elle a donné lieu? Soit un peu plus que rien: formalisation d'accords auxquels on était déjà arrivé en matière d'échanges culturels et sportifs, de transport aérien et de représentation consulaire. Sur les questions spécialement litigieuses des droits de l'homme et d'une demi-douzaine de conflits régionaux, les deux hommes d'État jetèrent un voile prude et promirent de continuer leurs efforts pour la recherche de solutions humanitaires et pacifiques. En matière de recherche scientifique, ils convinrent de développer entre leurs deux pays la coopération existante dans le champ de la fusion magnétique (ou de la fusion thermonucléaire contrôlée) «pour le bénéfice de l'humanité». Au plan militaire, le seul résultat tangible fut le projet d'un centre d'études des crises pour réduire le risque d'une escalade accidentelle pouvant mener à une guerre nucléaire; ils se félicitaient encore des récentes mesures de «modernisation» de la ligne rouge entre les deux capitales. Dans la même ligne de solidarité de leur partenariat obligé, ils s'efforceront de convaincre d'autres gouvernements de joindre les quelques 130 signataires du traité de non-prolifération nucléaire de 1968.

Les questions majeures de leur persistante querelle étaient toujours d'ordre militaire: le principe d'une réduction de moitié des armements stratégiques était accepté sans guère plus d'engagement compromettant; l'accord pour une période transitoire de négociation portant sur le nombre de missiles à portée intermédiaire, et distinctement de la question des armes stratégiques et spatiales; enfin, était considéré une fois de plus le principe d'une prohibition et d'une destruction des armes chimiques. Au sujet des armes spatiales, le projet fort controversé de l'Initiative de développement stratégique n'était pas nommément désigné dans le communiqué mais fut rattaché aux négociations nucléaires. Les signataires se disaient d'accord «pour accélérer ces négociations»: formule typiquement euphémique dans les circonstances. On savait nettement avant la rencontre que Gorbatchev presserait au maximum Reagan d'abandonner le projet de l'IDS pour conserver quelque espoir d'une réduction des armements nucléaires stratégiques. Cette question a été probablement celle qui a entraîné les échanges les plus vigoureux entre les deux hommes.

En somme, ce qui était archiconnu et qui, ces derniers mois, avait été répété plutôt dix fois qu'une, le fut à nouveau en un tête-à-tête sans doute dramatique entre ces deux hommes. On les imagine volontiers accablés de leur responsabilité unique devant l'histoire mais n'en laissant rien paraître et se faisant plutôt assaut de leur profonde sincérité. Pendant plus d'une douzaine d'heures, ils ont conversé privément, plus longuement qu'en la présence de leurs assistants (abandonnant ainsi à leurs interprètes personnels le rôle d'archives vivantes pour l'histoire de demain). Observons encore qu'à cause de leur âge respectif et des structures de gouvernement dont ils sont l'émanation suprême, ces deux hommes n'ont pas un horizon politique de même profondeur: l'un n'a devant lui que quelques années, l'autre peut espérer une couple de décennies de pouvoir.

Le dialogue américano-soviétique, qui s'établissait enfin au plus haut niveau, serait suivi de contacts annuels du même genre et en alternance des capitales, d'abord à Washington en 1986, puis à Moscou en 1987. C'était l'acquis principal de la rencontre. Il vaut certes mieux, de temps à autre, se parler entre quatre yeux de ses différences que de *dialoguer* à distance par récriminations entrecoupées de longues bouderies. Les trois mille journalistes, qui s'étaient abattus sur Genève pour croquer «de la grande nouvelle» davantage inédite en furent quittes pour devoir broder sur les aspects mondains de la rencontre, sur cette primauté des résultats formels sur la substance, sur ce retour officiel aux bonnes manières.

Les super-vedettes de ce colloque aussi secret qu'exclusif ne dévoilèrent pas la teneur de leurs conversations, qui ont bien pu n'être qu'un échange de monologues... Comme ils allaient devoir s'appliquer à en montrer les côtés «utiles» et «constructifs», les gens de l'information n'eurent plus qu'à en propager la note réconfortante, truffée d'anecdotes et de quelques bons mots qui avaient percé le mur du secret confidentiel. La «bataille des propagandes», classique en pareilles occurrences, ne semble pas avoir été gagnée par le pays de l'information ouverte et libérale mais par celui qui s'est fait une spécialité de la mésinformation et de l'information étroitement orientée. Cette relative victoire, selon des observateurs occidentaux, serait à porter au compte d'une nouvelle génération de spécialistes soviétiques des médias, qui se firent plus audacieux ou entreprenants que leurs confrères de l'Ouest. Ils surent, en particulier, mettre en valeur la classe du couple Gorbatchev, mais sans porter détriment à la réputation déjà acquise du couple Reagan. Présenté aussi comme un phénomène de *High Society*, l'événement fut marqué de courtoisie, de chic et même de cordialité. Ce n'était peut-être pas superflu pour recouvrir une rivalité fondamentale nullement résorbée pour autant.

Les réactions de chaque côté de l'antique «rideau de fer» furent étonnamment identiques, presque toutes à l'enseigne de la nécessité de l'événement et de son climat généralement positif. Reconnaissant leurs différences, les deux Grands ne les clamaient pas dans le communiqué conjoint. Un officiel américain avouait à deux journalistes du *New York Times* (le 24 novembre 1985) que ses collègues craignaient la «vision cauchemardesque» de manchettes mondiales du type: «*Summit Breaks Up Over 'Star Wars'*». Commençant à être connue par bribes, la petite histoire du sommet révélait qu'il n'a pas, tout le temps, baigné dans l'huile. Il y avait même lieu de craindre le pire: que la rencontre, tournant au vinaigre, cristallisât encore les raisons de l'antagonisme foncier, dont la principale, et les résumant toutes, est le total manque de confiance mutuelle. Comme pour compenser par avance, on profitait de l'occasion pour conclure des traités de coopération de seconde importance dont certains renouvelaient des pratiques courantes de la décennie précédente.

La rencontre de Genève n'aura d'autre résultat notable que dans ses suites encore inconnues, mais probablement modestes. Ce pourrait être la satisfaction donnée, de part et d'autre, à une ou deux doléances bien connues. Par exemple: que la preuve soit faite que le projet de l'IDS n'excède manifestement pas le programme de *recherche* (par lequel Washington le justifie), en conformité stricte aux limitations du traité de l'ABM et que Moscou ne tente pas, pour sa part, de contrevenir plus ou moins astucieusement à l'application des divers accords d'*arms control* conclus jusqu'à maintenant incluant ceux des SALT II; que les deux parties acceptent de négocier, sans rouerie d'ailleurs inefficace, les critères qualitatifs et quantitatifs des réductions annoncées de 50 pour cent de leurs forces stratégiques offensives; qu'en matière de situations politiques, comme dans les conflits régionaux (Afghanistan, Angola, Cambodge, Nicaragua, Salvador, etc.), ou l'application des droits de l'homme en Union soviétique, l'une et l'autre partie assouplissent leurs attitudes passées, sans d'ailleurs risquer le moindre dommage pour leur sécurité intérieure et extérieure.

Le dernier sommet aura été un relatif succès de substance, et non seulement d'ambiance si, d'ici la rencontre de Washington de 1986, quelque chose de l'espèce qui vient d'être dite s'enclenche réellement et se concrétise en une entente ferme. Sinon, elle se tiendra quand même, car il n'y a pas lieu de faire autrement pour donner une impression de mouvement. Occasions privilégiées de dialogue direct et personnalisé, les sommets épisodiques sont aussi indispensables que le maintien du régime duopolaire lui-même. Ils sont un recours naturel au très ardu *modus operandi* du duopole, non pas comme quelque chose qu'il faut faire, mais comme une nécessité qu'on ne peut plus retarder. Ils dramatisent, en les compromettant, des bonnes volontés qui s'autoproclament volontiers. Au sens de l'expression sartrienne de «ne pas désespérer Billancourt», à point nommé les deux Grands se sentent forcés de ne pas «désespérer» leurs alliés ni leurs propres citoyens.

Dans l'immédiat tout au moins, les sommets sont susceptibles d'entraîner un certain relâchement des tensions. L'annonce de cette procédure exceptionnelle a comme premier effet de dégager, dans chaque capitale, de l'énergie politique nouvelle pour l'exploration des champs possibles de compromis ou même d'accommodements forcés à des résultats médiocres. L'imagination diplomatique est contrainte de se mettre à l'œuvre sur des sujets autres que la critique de l'adversaire ou le bien-fondé des politiques qui ont conduit aux impasses constatées. Les sommets sont l'occasion du rappel opportun de la première règle du régime duopolaire: *tenir compte de l'autre*.

Les sommets ne réussissent que sur les points où il y a déjà entente, au moins implicite et longuement préparée. Même les échecs ne produisent pas d'effets complètement désastreux, ne fût-ce qu'en illustrant, au plus haut niveau, les limites des orientations jusque-là poursuivies et qu'il y faut continuer de rendre vivables. Un sommet crée une situation analogue à celle des élections générales amenant de nouveaux leaderships, au pouvoir et dans l'opposition: un rajustement immédiat et la nécessité d'un nouveau départ au moins apparent s'imposent. En retranchement chacun dans sa capitale, ou de façon plus intensive en ces interfaces épisodiques des sommets, chaque duopoleur, depuis maintenant quarante ans, s'est trouvé à être le précepteur efficace de l'autre.

Ce qui manifeste d'abord un régime duopolaire est son mode particulier de transaction. Les deux Grands se reconnaissent des relations spéciales et privilégiées en la forme d'un dialogue particulier et exclusif de tiers ou «des autres», qui doivent se contenter du privilège d'être plus ou moins informés après coup. Quand les duopoleurs consultent préalablement les amis et les alliés, c'est davantage pour raffermir des adhésions que pour réviser leur ligne fondamentale ou pour modifier des décisions déjà prises mais non encore rendues publiques. Même dans les relations «de coopération» entre les Grands, la référence est souvent faite à leur rapport immanent d'antagonisme qu'il s'agirait idéalement d'atténuer sinon de faire diaparaître.

Quand rien ne va plus entre eux et que la machinerie dualiste devient grippée, il reste donc la ressource rare des rencontres au sommet. Elles sont moins une diversion qu'une façon d'absorber le problème par le haut, du moins provisoirement. Dans l'hypothèse d'un non-échec flagrant, elles peuvent relancer un «esprit» nouveau, selon lequel la compétition inexpiable se poursuivra mais en prenant un tour nouveau ou un mode moins tendu de rivaliser. Bien qu'ennuyeuses à raconter (voir la section V du chapitre précédent), les campagnes, mi-propagandistes et mi-diplomatiques, pour un «nouveau sommet» sont un des moyens d'*occuper le temps* qui pourrait sembler complètement perdu si ne subsistait pas ce recours opportun. Et quand le sommet a eu lieu, comme celui de l'automne 1985 qui n'a strictement rien changé aux équilibres politiques et stratégiques globaux, il reste à entretenir des formes diffuses d'espoir en parlant de la prochaine rencontre.

Ces grandes opérations diplomatiques n'excluent en aucun temps le double langage: l'officiel et l'institutionnel, l'officieux et le personnel. Non plus que les échanges constants d'informations entre spécialistes et experts à différents niveaux. Jamais dans l'histoire, deux grands adversaires déclarés ne se seront autant, et pendant si longtemps, *parlé* sur les objets permanents et changeants de leur mauvaise querelle qui a fini par devenir une partie de leur être propre et même par constituer deux espèces de civilisations de négation mutuelle.

C'est depuis que l'Union soviétique est manifestement devenue une superpuissance, qu'il conviendrait de débattre de «l'inévitable convergence» entre les deux grands systèmes de la société industrielle. Ce débat était florissant il y a une vingtaine d'années, aussi bien à l'Ouest (Aron, Galbraith, Rostow, Tinbergen) qu'à l'Est (Lukacs, Sakharov, Slk). Les têtes politiques des deux régimes montrent à l'évidence qu'ils sont sous l'influence continue, sinon sous la stricte dépendance, de vastes complexes technico-militaro-industriels: ceux qui parlent beaucoup comme les «faucons» et «colombes» dans les deux capitales politiques ont, malgré leur bavardage, probablement moins d'importance profonde que les «experts» inconnus de l'opinion.

Le temps n'est plus où les idéologues avaient tendance à proclamer l'inexorable «déclin» de l'autre société, et d'en diagnostiquer les signes précurseurs. Analyses et attitudes officielles sont devenues plus réalistes sur cette rivalité sans précédent dans l'histoire. La face négative de ce réalisme révèle, au jour le jour, les méfiances profondes et persistantes de la «menace» de l'autre. Mais, comme les deux grands rivaux semblent toujours vouloir se conformer au parcimonieux précepte du «vaincre sans combattre», il n'y a pas, en définitive, de plus efficace dissolvant au manichéisme destructeur.

Les grands leaders ont appris à contenir leur indignation, à ne pas donner cours à leurs frustrations. Leurs erreurs ne sont que rarement de l'ordre des fautes de tempérament. Leur méfiance de toujours s'est encore épaissie récemment à cause de l'ampleur de leurs programmes de surarmement. Plus que jamais, ils savent qu'ils ne bluffent pas; ils restent imperméables à l'intimidation réciproque. Ils ont appris à se connaître et à échanger au sein du club le plus sélect et fermé qui ait jamais été. Ils ont laissé passer, une à une, les occasions d'en finir avant que «l'autre» ne devienne trop fort. Ils ont appris à consentir, ici et là, un avantage sans donner l'impression de battre en retraite. Ils ont appris à respecter la zone d'intolérance de chacun. Selon une épithète typique du jargon de la guerre froide, ils ont rendu *obsolète* la guerre préventive ou intimidatrice.

Faut-il aller plus loin? Et soutenir qu'ils sont devenus prisonniers de leur paradoxale confraternité de grands rivaux-associés, qui se manifeste encore par le besoin de chacun d'alimenter son propre dynamisme par le défi toujours renouvelé de la vitalité de l'autre? Ou bien évoquer, encore plus largement, ces deux «fiertés nationales» d'avoir réussi chacune, en des genres extrêmes et contradictoires, une extraordinaire réussite historique? Et, enfin, se persuader que les dirigeants des «deux grands peuples?» partis de presque rien, dont parlait Tocqueville il y a cent cinquante ans, ne consentiront jamais à risquer le valable de ces réussites en une partie à un seul coup, même sous le spectre de la «guerre des étoiles», la mal nommée mais tellement évocatrice…?

II

Par un gris et froid matin de novembre 1985, deux hommes firent donc connaissance auprès d'une cheminée, où crépitait un feu de bois, dans une luxueuse villa sise au bord du lac de Genève. L'organisation protocolaire avait prévu une conversation d'une quinzaine de minutes; les deux hommes se parlèrent, cordialement, plus d'une heure, coinçant dès le départ un horaire serré de deux jours de travail et d'activités sociales. Le temps prévu était dérisoirement court pour une rencontre de cette importance entre ces deux hommes à la tête des deux plus puissantes machines politico-militaires qui aient jamais existé.

Déjà, cette brièveté signalait qu'il ne s'agissait pas d'une conférence pour régler d'énormes problèmes, mais de faire se rencontrer deux personnalités investies de responsabilités mondiales. Durant ces journées, ils tinrent à se parler privément le plus possible afin de se donner la preuve que chacun était bien en contact avec la réalité. C'était peu, mais non pas rien que la naissance de cette iconographie de la nouvelle Guerre froide. Elle semblait se faire, tout à coup plus civilisée, humanisée et, pour tout dire, souriante et presque raisonnable.

L'entreprise aurait pu n'avoir pas lieu, être, une fois de plus, renvoyée à un avenir indéterminé. Mais la décision annoncée, un ajournement aurait été un échec considérable, générateur d'une nouvelle crise. S'étant tenue comme convenu, la rencontre au sommet obtenait au moins ce premier succès brut. Deux jours plus tard, elle se terminera sans laisser un clair gagnant ou un perdant. Un sommet n'est pas une joute ou un duel, permettant l'enregistrement des «points» que peut marquer l'un ou l'autre des protagonistes-comparses. Les manchettes de presse, par leur concision sensationnaliste, tendent à populariser cette distorsion dans l'appréciation de l'événement.

L'utilité d'un sommet ne se discerne pas très bien dans l'instant. Elle s'apprécie mieux par l'avant et par l'après, par la comparaison avec celui qui l'a précédé et l'autre qui le suivra. D'autre part, il n'est pas du tout sûr que les sommets soient les événements les plus marquants dans l'évolution des rapports inter-Grands. La plupart du temps, ils ont été suivis d'un cours d'événements contredisant ce qu'ils laissaient prévoir ou espérer. Il est, toutefois, de plus rares sommets qui ont signalé des tournants, vers la détente et la tension, et qui déterminent ainsi des étapes ou phases dans l'histoire des rapports entre les deux Grands.

Il semblerait que le sommet Reagan-Gorbatchev de novembre 1985 ait été de ceux-là. Pour d'autres raisons que la rondeur de l'anniversaire et l'identité du lieu, on se réfère naturellement au sommet tenu à Genève en juillet 1955 (réunissant Eisenhower, Boulganine et Khrouchtchev, avec les premiers ministres britannique et français, Eden et Faure). Après une dizaine d'années de Guerre froide, il en était sorti de nouveaux «éclaircissements» sur l'impossibilité de mener à fond une politique de puissance à l'ère atomique et thermonucléaire: c'est ce qu'on en retiendra sous l'expression opportunément vague de «l'esprit de Genève». Cinq ans plus tard, un autre sommet à quatre (Eisenhower, Khrouchtchev, Macmillan, de Gaulle) fut convoqué à Paris pour le printemps 1960. Avant même son ouverture, il fut saboté par la décision d'un des principaux participants, Khrouchtchev, prenant prétexte d'un incident d'espionnage aérien. Il s'ensuivra une phase de tension prolongée, marquée par la crise de Berlin l'année suivante et surtout par celle de Cuba à l'automne 1962. (Voir l'introduction pour la mise en perspective de ces événements dans l'évolution de la Guerre froide classique.)

Si le sommet de novembre 1985 avait été retardé ou, pis encore, carrément «saboté», c'eût été d'un fort mauvais présage pour les prochaines années. Il est trop tôt, dans le sillage de l'événement, pour se prononcer sur les suites effectives qu'il aura. Tous les autres sommets précédant le dernier ainsi que celui-ci furent bilatéraux, ce qui permet de faire, en passant, l'observation que la situation duopolaire s'était encore raffermie depuis vingt-cinq ans. Continûment jusqu'à aujourd'hui, les deux Grands se sont prévalus de leur statut privilégié dans les affaires du monde, sans même sentir le besoin de le légitimer auprès des clientèles.

Ils profitent parfois du voyage de l'un d'eux comme lors de la visite de Khrouchtchev aux États-Unis en 1959. Le président reçut le secrétaire général du PC soviétique à la résidence secondaire de Camp David: dans une ambiance amicale, Khrouchtchev y noya plus ou moins son «ultimatum» au sujet de Berlin-Ouest et l'on discuta aussi des affaires du Sud-Est de l'Asie. Mais la situation s'étant détériorée peu après, Eisenhower ne rendra pas sa visite à Khrouchtchev en Union soviétique l'année suivante. Au printemps 1961, Khrouchtchev profita d'un voyage en Europe de Kennedy pour le rencontrer à Vienne. Il y fut question des essais nucléaires et de la politique de neutralité du Laos. Khrouchtchev ayant toisé le jeune président, n'aurait pas été suffisamment impressionné pour s'interdire de forcer la situation à Berlin et même de créer artificiellement la crise des Caraïbes. Il s'écoulera six autres années avant la rencontre Johnson-Kossyguine à Glassboro dans le New Jersey. C'était à l'époque de Brejnev alors que Kossyguine était premier ministre. Les hommes d'État américain et soviétique discutèrent de la question israélo-arabe, de la situation du Viêt-nam et surtout de la prolifération des armes nucléaires (divers faits qui furent examinés au chapitre premier).

Ce dernier sommet fut à l'origine des pourparlers en matière de limitation des armements stratégiques, qui allaient occuper une position centrale dans les rapports inter-Grands jusqu'à aujourd'hui. L'on entra alors dans le cycle de sommets annuels Brejnev-Nixon (à Moscou en 1972; à Washington en 1973; à Moscou en 1974). Après la déchéance de Nixon, son successeur, Ford, rencontra à nouveau Brejnev à Vladivostok à la fin de 1974. (Les circonstances et les résultats de ces sommets furent exposés au chapitre 2.) Si l'on fait abstraction de la rencontre privée Brejnev-Ford à l'occasion de la signature de l'Acte final d'Helsinki en 1975, il n'y aura pas de sommet entre les chefs d'État jusqu'à celui, tenu à Vienne en 1979, entre Brejnev et Carter lors de la signature du traité des SALT II (voir le chapitre 3). Six mois plus tard, des troupes soviétiques envahissaient l'Afghanistan. Il faudra attendre six ans d'une nouvelle Guerre froide pour que se tienne, finalement, le tête-à-tête Gorbatchev-Reagan.

Ces sommets depuis trente ans furent tellement divers par les circonstances et les résultats, qu'on ne saurait en faire quelque théorie généralisante. Tout au plus, paraîtra-t-il à propos de dégager la singularité du dernier sommet de Genève. La primauté, plus grande que jamais, accordée aux questions nucléaires et stratégiques place cette rencontre dans la ligne générale de tous les sommets des années 1970. Mais elle fait encore plus penser au sommet à quatre de 1955 par les longs cheminements pour y arriver, par la diversité et la globalité des objectifs, ainsi que par la dégradation continue, depuis cinq ou six ans, des relations américano-soviétiques. Par dessus tout, le communiqué conjoint rappelait ce principe transcendant tout le reste, passé ou à venir, qu'une «guerre nucléaire ne peut être gagnée et ne doit jamais avoir lieu». Ce dernier sommet, bilatéral, de l'automne 1985 est l'autre grande rencontre inter-Grands depuis l'après-guerre. Par ses suites prochaines, on saura s'il convient de le maintenir dans cette classe.

Comme après les premières dix années de Guerre froide, le monde de 1985 avait besoin d'une pause ou d'une accalmie et les alliés de chaque famille pressaient leur leader de prendre un nouveau départ comme ils en proclamaient eux-mêmes la nécessité. Selon ce qu'avait dit le président Reagan, il était plus que temps que les deux hommes se mettent à «se parler l'un l'autre». Avec la complexité croissante des nouvelles techniques militaires, propres à dissoudre ou, à l'inverse, à durcir encore la simplicité des positions politiques bien connues, il devenait urgent que ne subsiste pas la moindre ambiguïté sur les intentions profondes des grands responsables de Washington et de Moscou.

À ce plus haut niveau interpersonnel de dialogue, où reste totale la détermination de chaque interlocuteur pour la sécurité nationale en même temps que celle-ci est reconnue comme indissociable de la survie de tous, c'était peut-être, en effet, une bonne nouvelle que deux hommes politiques, dont les fonctions ont de quoi alimenter une profonde méfiance mutuelle, conversent quelques heures, en hommes tout simplement, «au coin du feu»... Si l'on peut, un jour, parler d'un nouvel «esprit de Genève», ce sera sans doute de celui animant ce duo de superpuissants, le reste devenant d'importance seconde, sinon secondaire, et pouvant toujours attendre jusqu'à la prochaine conversation, dans un an.

III

En conséquence du sommet Gorbatchev-Reagan, une nouvelle phase s'ouvrira-t-elle dans les relations inter-Grands? Une réponse carrément positive obligerait à dire quel caractère marquerait la phase nouvelle que nul ne peut prévoir. Dans les semaines consécutives à l'événement, on ne pouvait même pas parier sur une éventualité plus grande, vers la détente ou vers la tension. Ce type d'interrogation pour établir des repères chronologiques ne se pose valablement qu'après coup. On peut, tout au moins, tenter de situer la phase des dernières six années au bout de la chaîne évolutive, qu'il est à propos de rappeler rapidement.

Moins de vingt ans, dix-sept exactement, après une victoire commune mais pas tellement conjuguée entre eux, Soviétiques et Américains vinrent en octobre 1962 à deux cheveux d'un affrontement décisif au sujet des missiles soviétiques installés à Cuba. Et l'humanité, tout au moins l'informée et conséquemment consciente, qui retenait son souffle, put recommencer à respirer librement en cette dernière semaine d'octobre 1962. Cette épreuve d'intention entre les deux Grands, ne pouvant être qu'unique parce qu'ultime, marquera, comme d'une ligne de tranchée, la fin d'une époque: celle de la Guerre froide (1945-1962) dite «classique» pour la distinguer nettement de l'époque actuelle, déjà plus longue d'au moins six ans (1962-1986).

En systématisant quelque peu le vocabulaire international d'époque dans les titres de chapitres et pour leur articulation, le présent travail tentait de retracer une trame intelligible de cet après-guerre. Un Dégel avait caractérisé l'après-Guerre froide dans la plus grande partie des années 1960 et avait permis l'épanouissement de la Détente dans la première moitié de la décennie suivante; mais ce climat plus prometteur n'avait pu donner lieu qu'à une Paix froide, et encore éphémère (entre 1975-1979). La dernière phase depuis 1980 est la moins rassurante. Elle incite à la redoutable interrogation sur un retour possible au climat et à des comportements de «guerre froide». Une détérioration constante s'est, en effet, manifestée depuis le tournant de la présente décennie.

Si la confiance entre les deux Grands ne règne toujours pas, si le peu qu'il en restait après la phase de la Détente tendait à s'amenuiser encore, pourrait-on, tout de même, tenir pour un progrès de civilisation que les propagandes officielles, toujours copieuses de reproches mutuels, s'interdisent généralement le langage des invectives, ce qui naguère n'avait pas toujours été le cas? Il ne conviendrait peut-être pas de parler trop affirmativement d'une «nouvelle Guerre froide»: plutôt de quelque chose qui finit par y ressembler, ou qui s'en approche mais s'en distinguant autant par le refus bilatéral, et toujours réaffirmé, d'y consentir. Même si l'on maintenait l'expression pour sa commodité, encore importerait-il de ne pas voir dans la «nouvelle Guerre froide» une espèce de fatalité vers la guerre tout court. De même que, paradoxalement, la course aux armements est devenue un mode préventif de *ne pas faire la guerre*, ainsi l'aspect, si l'on peut dire, rassurant de la Guerre froide, classique ou réémergeante, est qu'elle reste une *non-guerre*. En ce sens, on pourrait dire «Vive la Guerre froide», qui nous épargne le mal absolu!

Depuis 1963, états de tension et situations de détente ont continué à rythmer les rapports généraux inter-Grands, mais ils ne présentent plus ce caractère d'apparente cyclicité que la période antérieure laissait voir. Selon la schématisation qui en fut rappelée en introduction, à une phase de tension continue (1945-1950) avait répondu une phase de détente de semblable durée (1950-1955), suivie d'une autre phase à peu près égale de tension (1955-1960), laquelle allait culminer en un plateau de tension prolongée jusqu'à l'arête de la tension extrême d'octobre 1962. Une ligne aux phases inégales et aux aspérités moins prononcées figurerait l'évolution de la rivalité inter-Grands depuis cette date. Mais ces récentes années, les états de tension paraissent suffisamment graves, pour qu'il y ait lieu de s'interroger sur une possible récurrence de la Guerre froide qu'on a connue dans la première période de l'après-guerre.

Si la ligne évolutive tension-détente de 1962 à 1985 diffère considérablement de celle de la période 1945-1962, de façon continue depuis la fin de la guerre le régime duopolaire s'est maintenu, s'est même raffermi comme «système» international dominant. Il n'a jamais été autant apparent qu'aux moments des plus fortes tensions: 1947-1951, 1958-1962 et récemment, de façon moins nette mais encore plus continue, entre 1979 et 1985. Aujourd'hui comme hier, il semblerait en première approximation que ce soit lorsque l'écart s'agrandit entre les deux puissances globales (en gros favorable aux Soviétiques de 1977 à 1983 et tendant à se renverser en faveur des Américains depuis) que se produiraient les plus fortes

tensions. À l'inverse, des tendances vers la parité continue-
raient logiquement à engendrer des effets et attitudes de
détente.

À chaque chapitre de ce travail, et spécialement aux sections portant sur la course aux armements et aux tentatives
pour la freiner quelque peu, il a été fait usage du couple
analytique *parité-écart* et à sa correspondance aux tendances
détente-tension. On se satisfera ici de référer d'abord à ces passages avant de considérer, de ce point de vue, la première
moitié de la décennie 1980. Préalablement, il importe de
reprendre la notion mère de *duopole* pour pouvoir constater
l'augmentation de la puissance soviétique et les réponses
américaines, menant par ailleurs à des équilibres de plus en
plus complexes des forces militaires. L'évaluation du phénomène parité-écart en devient elle-même moins sûre qu'hier
encore, ce qui expliquerait la difficulté, ces dernières années,
de discerner de nettes tendances vers la détente ou vers la tension.

IV

L'ère Khrouchtchev s'achevant en 1964 était passée à l'histoire par deux grandes entreprises singulièrement risquées: à
l'intérieur, la déstalinisation et, à l'extérieur, le test de force
des Caraïbes. L'époque suivante fera voir une consolidation
graduelle et prudente du leadership de Brejnev, moins sujet à
des éclats de tempérament et qui savait jouer plus subtilement de la compétition entre les grands corps publics (parti,
bureaucratie et armée), ainsi que des rivalités personnelles et
régionales au sein des équipes dirigeantes du Parti. Pendant
que des récessions affligeaient les économies occidentales au
point que la dernière ait ranimé le spectre de la grande Crise,
l'économie soviétique, plus ramassée en son mode quasi-
autarcique, réussissait à améliorer de façon significative le
niveau de vie des masses populaires. La production industrielle globale doublait presque entre 1965 et 1975. Le revenu
national avait augmenté une fois et demie et atteignait les
deux tiers de celui des États-Unis. Ce sont là des pré-

conditions intérieures, aussi bien économiques que politiques, favorables à des décisions d'importance en matières de défense et de politique internationale.

Après l'épreuve du Watergate et mal remis du profond traumatisme vietnamien, les responsables de la politique étrangère américaine optèrent, avec quelque soulagement, pour des objectifs plus modestes: contraction des engagements internationaux au loin, réduction des forces militaires à l'étranger, et même retour à la tentation de nouveaux modes de penser isolationnistes par crainte d'être entraînés dans le bourbier d'un «nouveau Viêt-nam». Au chapitre des dépenses militaires, le contraste était davantage marqué avec des indices numériquement évaluables: tandis que le taux de croissance des dépenses militaires américaines, pour la première moitié de la décennie 1970, s'établissait à 5,4% pour chuter à 1,3% après 1975, le taux pour le budget de défense soviétique, pendant les périodes correspondantes, se chiffrait à 8,5% puis à 5,3%. En 1965, le volume des dépenses militaires de Moscou n'atteignait que les deux tiers de celui que Washington prélevait, au même titre, des payeurs de taxe américains. Et dix ans plus tard, pour leur défense les Soviétiques consacraient 17% de plus que les Américains. Enfin, la poussée des Soviétiques dans la progression des armements stratégiques sera particulièrement notable à la fin de la décennie 1970: étant inférieur à 30% en 1965, ce volume numérique s'établira à 105% du stock de l'arsenal américain cinq ans plus tard — moment des négociations des SALT I — pour grimper à 138% en 1979 — lors de l'accord plus ardu des SALT II.

Dans les années 1970, l'Union soviétique avait donc gagné de haute lutte son statut de «superpuissance» sous les deux postes principaux de la force stratégique globale et de la capacité d'intervention politique au loin. Pour la conclusion des accords des SALT II, les Américains avaient dû consentir à leurs concurrents une supériorité numérique en armements stratégiques, quitte à s'en remettre à leur supériorité technologique, mais plus tôt rattrapée qu'ils ne l'avaient prévu. En Europe même, ne se posait plus aux Soviétiques le problème

lancinant de leur sécurité et de celle des pays de l'Est par suite
des traités allemands, spécialement du traité entre Moscou et
Bonn, et, pour couronner l'arrangement organique entre les
deux Europes, de l'Acte final d'Helsinki de 1975.

La grande famille socialiste d'Europe s'élargissait pour
permettre l'adoption des deux enfants du bout du monde,
Cuba et le Viêt-nam, de surcroît membres de plein droit de
l'organisme économique du COMECON. À la fin des
années 1970, plus d'une soixantaine de pays en développement recevaient de l'aide économique de Moscou, et plus
d'une cinquantaine de l'aide militaire. Davantage encore,
une douzaine de pays du tiers monde avaient signé des traités
d'amitié même si quelques-uns, dont l'Égypte de Sadate,
devaient les dénoncer un peu plus tard. Au plan géostratégique, la cueillette, si l'on peut dire, était non moins éclatante:
une quarantaine de bases aériennes et navales lui permettant
maintenant de ravitailler les forces soviétiques dans le Pacifique, dans l'océan Indien et dans la Méditerranée. Sa présence devenait plus que jamais visible en cette dernière
région. À travers le monde, l'Union soviétique était de toutes
les grandes manifestations culturelles et sportives. Le boycott
des Jeux olympiques de Moscou en 1980 n'allait pas en ternir
complètement l'éclat.

En parité globale, sinon en égalité stricte dans tous les
domaines, l'Union soviétique pouvait se manifester à
l'échelle de l'autre Grand. Telle était la situation généralement favorable de l'Union soviétique au tournant de la
décennie 1980. Elle avait encore trouvé opportun de l'inau-
gurer par l'occupation de l'Afghanistan dans les tout derniers
jours de 1979.

Sous Brejnev, l'Union soviétique avait donc connu sa
grande période d'affirmation et d'expansion. Mais elle devra
aussi en payer les coûts économiques, idéologiques et même
stratégiques; la réaction américaine n'allait pas tarder à se
faire sentir à tous ces niveaux. Elle conservait toutefois les
facteurs favorables que lui valent sa géographie d'empire
eurasien et son système politique totalitaire dont le pouvoir
hautement concentré n'est pas quotidiennement asservi aux

délais et aux aléas des opinions publiques libres d'Occident. La direction du Kremlin pouvait encore compter sur quelques bonnes années d'avance avant que les responsables américains n'accomplissent les rattrapages stratégiques annoncés pour 1985 afin de pouvoir reprendre la tête de façon décisive vers 1990.

D'autre part, les politiques reaganiennes «de fermeté», aussi bien au plan monétaire que dans le domaine stratégique, avaient de quoi entretenir en Europe les traditionnels «malentendus transatlantiques». Dans les affaires du tiers monde, l'Union soviétique, moins compromise par ses alliances, et de toute façon depuis moins longtemps, sortait en moins mauvaise posture que les Occidentaux du passionné dialogue Nord/Sud et des derniers procès de décolonisation africaine. À partir des années 1980, elle devra toutefois s'appliquer à consolider ses positions acquises plutôt qu'à ouvrir de nouveaux champs d'expansion, à l'exception, naturellement, du cas topique de l'Afghanistan, où elle donne l'impression après plus de cinq ans de s'empêtrer progressivement.

Cet exemple l'illustre assez. Pour effectuer hors d'Europe un coup de force militaire décisif les Soviétiques doivent réunir trois conditions: que le pays cible soit un chaînon faible de la défense des Occidentaux et que ceux-ci n'aient pas plus les moyens que l'intention de réagir directement et rapidement; que, préférablement, ce territoire soit contigu à celui de l'URSS pour des raisons de logistique et d'apparence de chasse gardée; que, surtout, s'y trouve au pouvoir un parti d'obédience soviétique en difficulté afin d'établir un titre de légitimité à l'intervention. Autrement dit, le régime de domination soviétique qui avait fait si tôt ses preuves en Europe de l'Est n'est guère applicable ailleurs.

V

La stabilisation des frontières politiques de l'Europe n'a pas empêché le continent d'être toujours le théâtre majeur d'un possible retour à la Guerre froide de naguère. Le baromètre du danger reste les conséquences de la course aux armements en ce qu'elle est devenue presque totalement incontrôlée. En chacun «son» Europe et relativement, les deux Grands ont dû recourir à une politique de plus grande souplesse. La plus précaire des deux grandes alliances, parce que fondée sur la contrainte, a toujours été celle de l'Est; c'est plus vrai que jamais tant qu'il subsistera une question polonaise manifestant de façon aussi patente l'échec du «modèle socialiste» à la soviétique. Le phénomène historique est d'un ordre de gravité comparable à la perte de l'alliance avec la Chine, qui ne comportait toutefois pas le risque d'entraîner la dislocation de l'empire européen des Soviétiques.

Le fait doit être souligné pour deux raisons: 1) Moscou a dû rajuster sa politique est-européenne, mais tout en se gardant bien de valider le «précédent polonais» et, surtout, de lui reconnaître la moindre valeur d'exemplarité; 2) en comparaison, sont beaucoup moins sévères les tiraillements de l'alliance occidentale, constituée de consensus toujours inquiets et raisonneurs, mais n'allant pas aussi loin que de critiquer radicalement le «modèle» du grand protecteur — même dans sa détermination récente de *surprotéger* militairement l'Europe occidentale comme de *surarmer* chez lui et d'abord pour son propre compte.

En prenant la décision de déployer leurs SS 20 en 1977, les Soviétiques cherchaient d'évidence à confirmer un rapport des forces qui leur était devenu graduellement favorable et dont ils étaient très fiers. Avant la première élection de Reagan, les dirigeants de Washington sous Carter avaient déjà relevé le gant. La nouvelle administration de 1980 se donnera comme objectif majeur de redresser une situation stratégique défavorable en quelque cinq ans et de l'inverser dans les années subséquentes. Pour l'année 1981, les dépenses au titre de la défense avaient commencé à dépasser celles de l'Union soviétique. Il s'agissait toujours de viser la supériorité technologique, avantage comportant le résultat subsidiaire d'accentuer le vieillissement des armements soviétiques. L'année 1983 fut cruciale avec la réponse américaine d'installer les Pershing 2 et les Cruise en territoire européen.

Préalablement, au mois de mars de la même année, l'annonce du programme de l'Initiative de défense stratégique avait déjà de quoi pousser l'indignation des Soviétiques à son comble, sentant bien que les Américains, par-delà l'argumentation stratégique, ouvraient un nouveau champ de compétition susceptible d'essouffler, sinon de miner, l'économie soviétique. Devant ce dilemme, ralentir l'effort global de réarmement ou demander au peuple de se serrer davantage la ceinture, les Soviétiques avaient opté pour la première décision, comme la moins mauvaise des deux solutions, en finissant par accepter de reprendre, au début de 1985, les «pourparlers-parapluie» de Genève. Des conversations engagées dans de telles conditions n'avaient pas fini de piétiner sur place ainsi qu'on a pu le constater jusqu'au sommet de novembre 1985.

Avec le lancement du programme de l'IDS par le président Reagan, commençait une nouvelle ère de «modernisation» des armements. D'Andropov à Gorbatchev, et de plus en plus fermement, les Soviétiques refusent de s'engager à fond dans un programme semblable et cherchent obstinément à bloquer le développement des armes spatiales, même présentées par leurs rivaux comme «défensives». Jusqu'à la fin des années 1960, les deux Grands, sans autres limites pour eux mêmes que celles qui s'imposaient aux autres États, avaient pu remplir jusqu'au bord leurs arsenaux nucléaires et stratégiques. C'est alors que les Américains, forts d'une «triade» stratégique (sous-marins nucléaires, missiles intercontinentaux et bombardiers stratégiques), acceptèrent de négocier une «limitation» avec les Soviétiques dans l'ambiance générale d'une Détente qui s'était confirmée au tournant des années 1970.

Mais les premiers accords des SALT de 1972 n'avaient pas prohibé la modernisation des armements existants (soit, en particulier, la *mirvisation*) tout en laissant d'autres types d'armements en dehors du champ de l'entente. Puis, après avoir l'un et l'autre complété leur nouveau programme de modernisation, les deux compétiteurs duopoleurs réussirent enfin, mais encore plus péniblement, à conclure en 1979 les accords des SALT II, s'étendant jusqu'à la fin de 1985. Comme candidat aux présidentielles, Reagan avait combattu ces accords; devenu président pour un second mandat, il avouera considérer de ne pas s'y conformer d'autant que le Congrès ne les avait pas ratifiés. Sous diverses pressions des alliés européens et de l'opinion publique, il se ravisera au printemps 1985, mais avec des réserves que n'acceptèrent pas les Soviétiques, eux-mêmes accusés par les Américains de «violer» ces accords.

Dans la mesure où elle réussissait, cette «maîtrise des armements», ou le classique *arms control* des années 1970, comportait ce résultat paradoxal d'engendrer plus de craintes au sujet du vaste domaine encore incontrôlé que d'assurance sur l'effectivement contrôlé. Le substrat d'inquiétude chez les Européens des deux camps ne s'était pas non plus senti davantage rassuré avec le déploiement des SS 20 soviétiques et, en réplique américaine quelques années plus tard, des Pershing 2. (Voir la crise de la dissuasion à la section IV au chapitre 4.) Et c'est ainsi que, dans un climat politique se détériorant, le monde de la mi-décennie 1980 voit apparaître au premier rang de l'actualité, cette espèce de question ultime en matière d'armement: les armes de l'espace, dites communément de la «guerre des étoiles.»

VI

Cette étape nouvelle élève encore le niveau de responsabilité des Grands dans leur rôle de duopoleurs sur le marché sinistre de la force destructive sur cette planète. Jusqu'à maintenant, chacun mesurait et augmentait sa puissance effective en rapport à l'accroissement réel ou présumé de la puissance de l'autre. Ils étaient davantage sollicités par les programmes militaires et la feuille de performance du concurrent que par les attentes ou aspirations des membres de leur famille respective. Les positions paritaires acquises, au lieu de stabiliser le régime duopolaire, étaient toujours âprement contestées dans l'étape suivante. La question que se pose chaque duopoleur n'est pas: «Est-ce que je gagne (ou est-ce que je peux gagner) de façon décisive?», mais: «Est-ce que l'autre n'est pas en train de gagner ce que je ne pourrai pas rattraper sans trop de peines ou de risques, en attendant de pouvoir le dépasser à mon tour?»

L'histoire technico-militaire de ces quarante années a montré que, selon la succession des paliers (1) atomique — 2) nucléaire — 3) balistique — 4) stratégique), des rattrapages ont été, chaque fois et de part et d'autre, possibles. La question qui se pose maintenant devient: Pour une nouvelle parité, un pareil rattrapage au cinquième palier «spatial» peut-il se produire effectivement, à moins qu'un accord d'un type nouveau, et qui ne s'annonce pas, ne prohibe cette poursuite encore plus folle et coûteuse que les précédentes?

La *parité*, comme état objectif ou but recherché consciemment de part et d'autre, est la notion centrale d'un système de duopole. Mais, n'étant jamais stabilisée, alors qu'elle devrait être stabilisatrice dans un monde où ne régnerait pas la déraison, elle incite tout le temps chaque duopoleur à dépasser l'autre sur tel ou tel point pour donner la preuve que «Je demeure, malgré tout, le meilleur des deux». Tel ce président de General Motors proclamant que «ce qui est bon pour General Motors est bon pour les États-Unis», les deux cogérants de la superpuissance mondiale semblent émettre des messages de même inspiration revenant à dire: «Ce qui est bon pour nous deux est aussi bon pour le monde». Aussi, est-ce dans cet esprit que les deux Grands professent que la lutte idéologique qu'ils mènent obstinément reste plus supportable que l'affrontement militaire dont ils ont su jusqu'à maintenant faire grâce au monde. Ce qui ne les empêche toutefois pas de poursuivre leur course à des armements toujours plus perfectionnés, qu'eux seuls, pourtant, se font forts de maintenir sous contrôle respectif: double témérité, leur plus grande? Les impératifs technologiques sont en train de dévorer les ressources de la diplomatie et de stériliser les libres dispositions des hommes d'État.

Avant même le lancement de l'IDS, les équilibres nucléaires et stratégiques étaient devenus des plus complexes. Furent évoquées au passage cette «restabilisation des équilibres multiples et constamment à refaire» (chapitre 2) et ces «équilibrations successives et auto-reproductrices» (chapitre 3). Il n'y avait pas qu'à tenir compte des critères doubles du nombre et de la force destructrice; la nouvelle stratégie «anti-forces» avait déjà rendu pertinents de tels calculs.

La parité n'était guère évoquée que pour son manque, que pour l'infériorité relative où l'on prétend se trouver et qu'il s'agit de combler. L'on vit naître des notions comme la «fenêtre de vulnérabilité», formule plus sophistiquée mais de même espèce que les concepts de naguère sur le *bomber gap* ou le *missile gap*. La parité, ou plutôt son absence servait surtout comme argument pour justifier l'augmentation des budgets militaires et une plus grande cohésion de la part des alliés. Avec quelle assurance peut-on maintenant utiliser comme notions objectives les concepts de *parité* ou d'*écart* lorsque les composantes de la puissance militaire globale sont si multiples et loin d'être exactement correspondantes? Les tableaux de comparaison des forces globales de l'Union soviétique et des États-Unis, que publient à l'occasion les pages internationales des journaux et magazines, ne peuvent guère faire état que des nombres (qui sont en partie présumés) et sans toujours fournir les clés pour une bonne lecture analytique.

La parité n'est certaine qu'après la compensation d'un écart, surtout à la suite de la sortie d'un état de monopole: ce qui est arrivé à tour de rôle en faveur de chaque Grand lors de la Guerre froide classique (selon la séquence établie en introduction) et au début des années 1970. Depuis environ cette mi-décennie, ces notions sont devenues imprécisément indicatives au niveau global. Écart et parité gardent encore leur pertinence relative, mais pour évaluer seulement la force de deux systèmes d'armes identiques et comme isolés, ce qui peut se faire de moins en moins. Mettant à part le cas spécial des armes spatiales, et peut-être celui des armes chimiques sur lequel les données manquent encore plus, tous les accroissements de puissance, qualitatifs ou quantitatifs, d'un des Grands sont accessibles à l'autre ou en voie d'être obtenus. Il ne peut plus y avoir de monopole, tout au plus des avances partielles et transitoires qui, pour être significatives, devraient être replacées dans des panoplies comparatives et des contextes d'une certaine durée.

Depuis une dizaine d'années, il devient plutôt vain de tenter d'établir les liaisons, qui furent grossièrement correctes un temps, entre parité et tendance à la détente, entre écart et tendance à la tension. Tout au plus, oserait-on cette proposition de grande généralité et qui, finalement, ne serait pas tellement banale: quand tous deux, Soviétiques et Américains, plaident simultanément que la parité n'existe pas (ou que l'adversaire est en situation de supériorité) et donnent, les uns et les autres, leurs raisons, on pourrait en déduire une espèce de *sur-parité* générale et objective entre les duopoleurs. Ces deux plaidoyers, non totalement contradictoires, expliqueraient en partie que, depuis le même temps, il ne se produit ni détente, ni tension claires, mais de fluctuants états intermédiaires: tensions avec désirs de détente, ou nostalgie, devenant soudainement positive, de la détente. Ainsi pourrait-on interpréter les déblocages relevés lors des négociations des SALT I et II, l'amorce de septembre 1984 et la reprise de janvier 1985, enfin le sommet de novembre 1985.

VII

L'Initiative de défense stratégique n'est encore qu'un projet, mais qui déjà dépasse, sans les absorber, toutes les autres «initiatives» en matière d'armement-désarmement. Elle est devenue la principale pomme de discorde entre les deux Grands. Si les Soviétiques se sont élevés avec autant de vigueur contre le super-projet américain, c'est peut-être bien que la construction d'un bouclier spatial entraînerait une sortie brusque de la logique paritaire, accusant par son principe même un écart de puissance à l'avantage de leurs grands concurrents. Cette perspective leur paraît inacceptable en régime duopolaire; et, sur ce strict plan, ils n'ont probablement pas tort. Les Américains tentent, pour leur part, de faire passer leur audace en répétant à qui mieux mieux qu'il s'agit: 1) d'un projet de recherche, 2) d'un dispositif de défense, 3)

qu'il n'est pas question de le déployer sans nouvelles négociations spécifiques.

On aboutit ainsi à ce grand paradoxe: ce qui pour la première fois, brise la parité de puissance n'est pas l'acquisition
d'une arme déclassant toutes les autres, mais le projet d'un
moyen de défense virtuellement efficace contres les armes les
plus terrifiantes — et qui sont fort réelles. Ainsi en était-il, en
des âges anciens, lors de l'invention du premier bouclier, de
la première armure, du premier château fort, de la première
place forte... L'avantage ne serait plus à l'assaillant virtuel
qui devrait être doublement puissant.

L'IDS est en outre d'une infinie complexité, ne rendant
pas facile la tâche d'en aborder le sujet en propos de conclusion générale. Pour ses divers côtés extravagants (notamm-
ment un premier budget de recherche de vingt-six milliards
de dollars), elle fait l'objet de polémiques passionnées dans
les pays de l'Europe de l'Ouest autant qu'aux États-Unis.
Pourtant, le projet prétend répondre à une idée fort simple et
combien estimable en son fond: établir un gigantesque dispositif capable de détruire les missiles assaillants, donc sans
avoir à risquer la vie de dizaines de millions d'être humains,
autant du côté de l'adversaire éventuel que de la population
attaquée et désormais presque indemne. Car ce dernier point
est sous réserve de son caractère étanche dont personne ne
prétend qu'il puisse être parfait ou à 100 pour cent d'efficacité.

Mais peut-être paraît-elle trop belle pour être vraie cette
tentative de défense presque absolue afin d'évacuer à jamais
le super-cauchemar de la MAD, ou destruction mutuelle
assurée, et de lui substituer le MAP, ou protection mutuelle
assurée? Par un projet de cette ampleur, véritable méga-
projet de cette fin de siècle, on espère sortir du dilemme
d'avoir à asseoir sa sécurité sur une perpétuelle augmentation de puissance tout en devant, aussi, la soumettre à un
contrôle bilatéral et toujours difficile à consentir mutuellement. Pour employer les termes clé du jargon stratégique, la
dissuasion serait acquise sans le chantage du recours aux *représailles* ou à la menace encore plus odieuse de la *première frappe*.

Les Soviétiques ont tôt fait d'inverser l'argument: c'est après une première frappe détruisant l'essentiel des forces de l'adversaire que le bouclier spatial jouerait son rôle déterminant en interceptant ce qui resterait des forces de représailles. Ils peuvent prétendre savoir de quoi il retourne, eux qui, dès 1972, et en violation du traité des ABM, installaient à Krasnoïark (région de Moscou) un réseau de radars capables de suivre à la trace les éventuelles ogives nucléaires de l'ennemi. Leurs recherches spatiales sont suffisamment avancées pour qu'ils ne prennent pas à la légère les applications militaires de l'IDS. Leur opposition passionnée à un tel projet, qu'a répétée une fois de plus Gorbatchev à la rencontre de Genève, ne s'alimente pas qu'en leur répugnance à engager de si énormes sommes et autant d'énergies de recherche. D'une façon ou de l'autre, l'URSS relèvera le gant, a-t-il laissé entendre. Quelques mois plus tôt, il avait menacé d'augmenter encore la puissance des forces offensives soviétiques.

Au plan technique, la réussite du bouclier spatial serait d'une prouesse inouïe, plus extraordinaire encore que la conquête de la Lune. Selon l'exemple proposé, ce serait comme «abattre» une balle de fusil par une autre balle de fusil lancée en sens contraire à des centaines de kilomètres plus loin. L'armée américaine a réussi, le 10 juin 1984, une expérience hautement spectaculaire du genre: une fusée lancée d'un atoll du Pacifique sud a «descendu» une ogive propulsée par un missile Minuteman, à partir d'une base en Californie à des milliers de kilomètres de distance.

On peut prêter aux instigateurs américains du mégaprojet, autant qu'à ses détracteurs soviétiques ou aux Européens et Canadiens désireux d'en recueillir au moins des avantages technologiques, toutes sortes d'intentions ou de calculs prosaïques risquant de s'avérer erronés, il n'en demeure pas moins qu'il s'agit d'un phénomène proprement révolutionnaire dans la «culture» militaire autant que dans le développement de la haute technologie. L'idée d'un bouclier spatial propose une inversion des modes de la pensée stratégique qui a toujours soutenu la priorité de l'attaque sur la défense, celle-ci s'y adaptant conséquemment. Ce serait dorénavant le contraire. Mais au prix de «la pollution de l'espace», rétorquent encore les Soviétiques.

On serait parvenu à un point de départ de toutes nouvelles technologies militaires plutôt qu'à un point d'arrivée des anciennes y trouvant, si l'on peut dire, leur épanouissement. Bien qu'il ne s'agisse encore que d'un programme de *recherche* pour quatre ans, il serait bien difficile de retourner en arrière même si les résultats «en protection» étaient jugés insuffisants pour justifier la poursuite de l'effort gigantesque. C'est que la dynamique de la course aux armements, qu'ils soient défensifs ou offensifs, procède d'une dynamique interne, autre que politique, qui est celle de la recherche fondamentale en haute technologie. Les progressions scientifiques se produisent seuil par seuil, et non par bonds, et s'étalent inévitablement en des programmes de recherche de longue durée. Une recherche fondamentale en cours peut être, un temps, mise en veilleuse; elle n'est jamais complètement abandonnée.

Il y a encore que les processus de la recherche de pointe en technologie militaire gomment les distinctions usuelles entre la théorie et la pratique, entre l'offensive et la défensive et même entre les opérations nucléaires et des applications conventionnelles. Tout nouveau système d'armements exige de dix à quinze ans pour l'exécution de ses diverses phases: de recherche pure ou de conception, de production des prototypes, de leurs expérimentations et mises au point avant même de pouvoir considérer la fabrication générale ou en série. Le projet grandiose de l'IDS est sorti en droite ligne du développement des ABM (missiles anti-balistiques), au sujet desquels les deux Grands avaient conclu, en 1972 un premier traité de limitation en conséquence des SALT I. Et c'est l'industrie privée américaine de la *High tech* qui avait, par la suite, attaché le grelot.

Les longs délais requis pour la recherche militaire fondamentale imposent à celle-ci une nécessité de permanence ou, tout au moins, de longue durée, qui ne tient pas compte des tendances éphémères et des aléas de la vie politique nationale et internationale. Les innovations technologiques sont toujours en avance sur les négociations politiques qui, pour les rares fois qu'elles aboutissent, donnent lieu à des accords sur des objets en voie d'être dépassés. La recherche militaire de pointe est, comme toute recherche fondamentale, portée par une espèce de mouvement perpétuel échappant, au moins en partie, aux libres volontés des pouvoirs qui les commanditent. «En partie» seulement, car l'*Initiative* de défense stratégique est le premier *projet* à produire, en tant que tel, d'aussi importantes conséquences politiques: voir l'ampleur des réactions, non seulement des Soviétiques mais des alliés occidentaux des Américains.

L'IDS, avec ses ramifications multiples, sera peut-être le système de défense stratégique en usage vers l'an 2000. Pour l'heure, le méga-projet en apparaît fort, et peut-être même imprudemment, anticipé et, pour tout dire, il tient de l'outrance ou de l'extravagance. Et, hypothèse qu'on ne considère guère, il peut même ne pas réussir, devenant une espèce de *viêt-nam* scientifique pour la haute recherche américaine et les fonds publics. Mais il prend place dans une stricte logique séquentielle (de tout ce qui l'a précédé en armements offensifs), et d'anticipation (de ce contre quoi il doit assurer la défense ou la protection).

Parlant «outrances», elles n'ont certes pas commencé avec la «guerre des étoiles» quand on sait qu'un seul sous-marin en maraude sur les mers du globe contient dans ses flancs une charge nucléaire capable de détruire les centres vitaux d'un empire; que 50 000 têtes nucléaires, détenues à 95 pour cent par les deux Grands, sont entreposées dans une quinzaine de pays; que chaque Grand possède un arsenal de force destructive capable de stériliser une quarantaine de fois la planète entière; que..., etc.

Les outrances militaires depuis quatre décennies ont suivi la toute première, celle qui a conduit à Hiroshima et à Nagasaki. Elles sont contenues dans les expressions courantes de «l'équilibre de l'horreur» et de la «destruction mutuelle assurée», ainsi que dans le potentiel bilatéral de l'*over-kill* qui n'a mis aucun terme à l'escalade du surarmement inutilisable des deux Grands.

Il ne convient peut-être pas de conclure trop tôt au bou-

clage de la boucle. Que les Soviétiques se résolvent ou non à
lancer leur propre IDS, que les Américains mettent plus ou
moins en veilleuse leur initiative malgré les impératifs à long
terme de la recherche, on sait déjà qu'aucun système défensif
concevable n'offrira une étanchéité absolue pour quelque territoire, ni encore moins une protection universelle pour les
alliés.

Sans remettre en cause les faibles résultats jusqu'à maintenant de l'*arms control*, de fait périmés, et en tenant compte
d'éventuels accords de limitation portant sur de nouvelles
armes, nous savons surtout qu'aucun des Grands ne pourra
trouver supportable pour lui un affrontement même indirect
avec l'autre, pour ne pas parler des tiers «spectateurs», et qui
seraient au moins secondement victimes d'une telle lutte de
Titans.

*   *   *

Beaucoup de civilisations passées sont mortes de l'outrance
de leurs qualités et réussites. Les deux civilisations dominan-
tes de l'époque peuvent-elles continuer à coexister par la
montée juxtaposée de leurs outrances respectives comme
superpuissances militaires? Peut-on même concevoir, en
forme d'espoir, qu'en deçà du point critique de «la grande
explication», les plus fidèles clients-protégés, les alliés atlantiques et est-européens, finiraient par se mettre en connivence
de survivance pour signifier efficacement aux deux Grands
que «tout cela» a assez duré et n'a littéralement pas plus de
sens que d'avenir?

Une chose est sûre, une seule: cette terrible partie de
bras de fer entre deux géants ne pourrait jamais consacrer un
«vainqueur». Les «outrances» préparatoires des présumés
combattants de la troisième guerre mondiale seraient en train
de la *tuer*! Ainsi la démesure de ces deux-là assurerait-elle le
salut de tous.

La seconde moitié de cet horrible 20ième siècle a tout de
même rompu le cycle d'une guerre générale par génération.
(L'homme, né en 1945, a quarante ans aujourd'hui; son

père, né en 1918, partait pour la guerre en 1939.) Si les jeunes
hommes et femmes d'aujourd'hui ne s'en remettaient pas à la
face positive de ces «outrances», avec l'espoir du salut de tous
par la «démesure» de quelques-uns, à quoi leur servirait-il de
continuer à faire des enfants selon l'instinct aveugle de l'espèce, maintenant acculée à cette lucidité-là?

Annexe

Chronologie de la Guerre froide classique (1945-1962)

I. DE LA NON-PAIX EUROPÉENNE VERS LA TENSION DE LA GUERRE DE CORÉE: 1945-1949

1945

8 mai:	*Capitulation à Reims des armées du Reich.*
25 juin:	Signature de la Charte des Nations unies à San Francisco.
26 juin:	Note soviétique à la Turquie au sujet des Détroits.
6 juillet:	Reconnaissance par Washington et Londres du gouvernement de Varsovie.
17 juillet:	Début de la conférence des quatre Grands à Postdam.
6 et 9 août:	Bombardements atomiques d'Hiroshima et Nagasaki.
8 août:	Déclaration de guerre de l'Union soviétique au Japon.
15 août:	*Capitulation des armées impériales du Japon.*
17 août:	Accord entre l'Union soviétique et la Pologne sur la frontière Oder-Neisse.
18 août:	Début de l'offensive diplomatique anglo-américaine réclamant des élections libres dans les pays d'Europe de l'Est.

11 octobre:	Accord entre les chefs chinois Mao et Chiang.
15 novembre:	Déclaration conjointe (États-Unis, Royaume-Uni, Canada) sur le secret atomique.
18 novembre:	Occupation par l'armée soviétique de l'Azerbaïdjan iranien.
27 novembre:	Médiation du général Marshall entre les deux leaders chinois.

1946

5 mars:	Discours sur «le Rideau de fer» par Churchill à Fulton, aux États-Unis.
25 mars:	Évacuation des troupes soviétiques de l'Iran à la suite d'une plainte aux Nations unies.
23 avril:	En zone soviétique d'Allemagne, fusion des partis communistes et socialistes.
25 avril:	Début à Paris de la Conférence de la paix avec l'Italie et les autres satellites de l'Allemagne (adoption des traités en octobre et signature le 6 février 1947).
16 juin:	Proposition du plan Baruch (américain) du contrôle international de l'énergie atomique et contre-proposition (soviétique) du Plan Gromyko.
Septembre:	Guerre civile en Grèce, intervention britannique.
6 septembre:	À Stuttgart, ouverture conciliatrice aux Allemands par le secrétaire d'État Byrnes.
19 septembre:	À Zurich, proposition par Churchill d'un Conseil de l'Europe, en attendant la constitution des «États-Unis de l'Europe».
Octobre:	Tension entre l'Union soviétique et la Turquie.
23 novembre:	Début de la guerre d'Indochine.

1947

1er janvier:	Fusion des zones américaine et britannique en Allemagne.
4 mars:	Traité de Dunkerque entre la France et le Royaume-Uni.
10 mars:	Début des conférences des quatre ministres des Affaires étrangères à Moscou sur l'Allemagne (aboutissant à une impasse le 24 avril).
12 mars:	Lancement de la «Doctrine Truman» d'aide à la Grèce et à la Turquie.
Mars-août:	Désintégration du Parti des petits propriétaires en Hongrie par suite des pressions communistes en ce pays.
5 mai:	Renvoi des ministres communistes du gouvernement français.
5 juin:	Lancement du «Plan Marshall» d'aide économique à l'Europe.
2 juillet:	Refus du Plan Marshall par l'Union soviétique (forçant les pays de l'Est à en faire autant).
15 septembre:	Constitution du Territoire libre de Trieste à la suite de divers troubles.
5 octobre:	Création du Kominform (relançant l'ancien Komintern, dissout en 1943).
21 novembre:	Dissolution des partis d'opposition en Hongrie et en Pologne.
Décembre:	Reprise de la guerre civile en Chine.
24 décembre:	Formation d'un gouvernement provisoire par les guérilleros grecs.

1948

16 février:	Proclamation de la République populaire de Corée (au nord).
25 février:	Le «coup de Prague» (entraînant le départ des partis non-communistes du gouvernement).

25 mars:	Signature d'un pacte de l'Union occidentale à cinq puissances (celles du traité de Dunkerque, France et Royaume-Uni, avec les trois pays du Benelux).
17 mai:	Création de l'État d'Israël par les Nations unies.
11 juin:	Adoption d'une résolution au Sénat américain permettant la conclusion du futur Pacte de l'Atlantique Nord.
18 juin:	Réforme monétaire dans les trois zones occidentales de l'Allemagne et à Berlin.
20 juin:	Début du blocus de Berlin (les Soviétiques tentent de forcer les Occidentaux à quitter la ville, ceux-ci ripostant par l'établissement du «pont aérien»).
28 juin:	Exclusion par le Kominform de la Yougoslavie de Tito.
15 août:	Proclamation de la République de Corée (au sud).
28 décembre:	Accord entre Occidentaux sur le statut international de la Ruhr.

1949

20 janvier:	Lancement du programme américain dit du «Point IV» d'aide aux pays sous-développés par le président Truman lors de son discours d'inauguration.
25 janvier:	Fondation du COMECON, réplique à l'Est du Plan Marshall.
28 janvier:	Création du Conseil de l'Europe à Strasbourg.
31 janvier:	Entrée à Pékin des troupes communistes chinoises.
4 avril:	Signature du Pacte de l'Atlantique Nord.
5 mai:	Proclamation de la République fédérale d'Allemagne.
11 mai:	Levée, après 11 mois, du blocus de Berlin.

14 juillet:	Explosion en Sibérie de la première bombe atomique soviétique.
1 er octobre:	Proclamation de la République populaire de Chine.
7 octobre:	Proclamation de la République démocratique d'Allemagne.
Novembre:	Nomination du maréchal soviétique Rokossovski à la tête de l'armée polonaise.

II. DE LA TENSION EXTRÊME DE LA GUERRE DE CORÉE VERS L'ESPRIT NOUVEAU DE LA DÉTENTE: 1950-1954

1950

31 janvier:	Décision américaine de fabriquer la bombe à hydrogène.
14 février:	Conclusion d'un traité d'amitié entre la Chine et l'Union soviétique.
Février à mai:	Première vague du macarthysme aux États-Unis.
9 mai:	Lancement du Plan Schuman (à l'origine des futures communautés européennes).
25 mai:	Déclaration des trois puissances occidentales appuyant le *statu quo* au Proche-Orient.
25 juin:	*Invasion de la Corée du Sud par les troupes de la Corée du Nord; riposte des armées américaines stationnées au Japon commandées par le général MacArthur, recevant un mandat de commandant suprême des forces des Nations unies.*
11 août:	Admission de l'Allemagne au Conseil de l'Europe; lancement du projet d'une armée européenne par Churchill.
26 septembre:	Acceptation au Conseil atlantique du principe d'une contribution allemande à la défense de l'Europe.

2 octobre:	Franchissement du 38ᵉ parallèle (entre les deux Corées) par les troupes de l'ONU (principalement américaines) après avoir repoussé l'agression des Coréens du nord.
7 octobre:	Invasion du Tibet par les communistes chinois.
15 octobre:	Intervention militaire chinoise en Corée.
21 octobre:	Lancement du Plan Pleven d'une armée européenne devant comprendre des bataillons allemands.
3 décembre:	Début de la retraite des forces «onusiennes» en Corée (n'y maintenant plus à la fin du mois qu'une tête de pont).

1951

5 mars:	Début de la conférence des quatre ministres des Affaires étrangères à Paris (aboutissant à l'impasse totale le 21 juin).
11 avril:	Destitution par Truman du général MacArthur, commandant suprême en Corée, pour avoir voulu porter la guerre dans le «sanctuaire» chinois.
28 avril:	Nationalisation des pétroles iraniens par le premier ministre Mossadegh.
10 juillet:	Entre les deux camps en Corée, début des pourparlers d'armistice qui allaient durer deux ans.
8 septembre:	Conclusion d'un traité de paix séparé avec le Japon.
8 octobre:	Dénonciation du traité anglo-égyptien par Le Caire.

1952

Février:	Conférence atlantique de Lisbonne décidant des objectifs du réarmement occi-

	dental: adhésion de la Grèce et de la Turquie à l'Organisation.
10 mars:	Proposition soviétique d'un plan de neutralisation de l'Allemagne.
21 juillet:	Chute du régime monarchique en Égypte.
15 octobre:	Établissement d'un corps de sécurité nationale au Japon.
16 octobre:	Rupture des relations diplomatiques entre le Royaume-Uni et l'Iran.
1ᵉʳ novembre:	Explosion d'une première bombe américaine à l'hydrogène.
4 novembre:	Élection d'Eisenhower à la présidence des États-Unis.

1953

13 janvier:	Arrestation à Moscou de médecins soviétiques («assassins en blouse blanche»).
2 février:	Fin de la neutralisation du détroit de Formose.
11 février:	Rupture des relations diplomatiques entre Israël et l'Union soviétique.
5 mars:	Mort de Staline; annonce, le lendemain, de la nomination de Malenkov comme président du Conseil.
27 avril:	Reprise des négociations d'armistice en Corée.
11 mai:	Discours de Churchill réclamant la fin de la guerre froide et offrant de garantir la sécurité de l'Union soviétique en Europe de l'Est.
16 juin:	Soulèvement populaire à Berlin-Est.
27 juillet:	Conclusion d'un armistice en Corée.
8 août:	Annonce de la première bombe H en Union soviétique.
3 septembre:	Émergence de Krouchtchev comme premier secrétaire du PC soviétique.

4-7 septembre:	Sommet occidental aux Bermudes.
8 décembre:	Lancement par le président Eisenhower du plan *Atoms for Peace* aux Nations unies.

1954

25 janvier- 18 février:	Conférence des quatres grandes puissances à Berlin.
25 février:	Prise du pouvoir par Nasser au Caire.
26 avril:	Ouverture de la Conférence de Genève sur l'Indochine et la Corée.
Avril-juin:	La plus grande intensité du macarthysme aux États-Unis.
18 juin:	Investiture de Pierre Mendès-France comme premier ministre.
28 juin:	Proclamation par Zhou Enlai et Nehru des cinq principes de la coexistence pacifique.
Juin-juillet:	Crise au Guatémala et intervention de la CIA.
20 juillet:	Signature de l'armistice en Indochine.
30 août:	Rejet du projet de la Communauté européenne de défense par l'Assemblée nationale en France.
5 septembre:	Bombardements des îles Quemoy et Matsu dans le détroit de Formose.
8 septembre:	Signature du Pacte de Manille entre les Philippines et les États-Unis.
29 septembre:	Visite du tandem Khrouchtchev-Boulganine à Pékin.
3 octobre:	Accords de Londres portant sur le réarmement de la République fédérale d'Allemagne.
23 octobre:	Accords de Paris portant sur l'admission de la République fédérale d'Allemagne à l'OTAN.
27 octobre:	Appui de Washington au gouvernement Diem au Viêt-nam du Sud.

1er novembre:	Début de la rébellion algérienne.
13 décembre:	Accord d'assistance militaire au Viêt-nam du Sud par les États-Unis et la France.

III. DE LA DÉTENTE DE L'ESPRIT DE GENÈVE VERS LA TENSION INATTENDUE AU SOMMET: 1955-1959.

1955

8 février:	Acceptation par Moscou du principe d'une évacuation de l'Autriche par les quatre armées d'occupation.
24 février:	Conclusion du Pacte de Bagdad au Moyen-Orient.
27 mars:	Ratification française des accords de Paris portant sur le réarmement de la République fédérale d'Allemagne.
17-24 avril:	Conférence des nations afro-asiatiques à Bandung.
15 mai:	Signature du traité d'État autrichien, comportant un statut de neutralité.
22 mai:	Arrêt des opérations militaires dans le détroit de Formose.
26 mai-2 juin:	Visite de réconciliation de Khrouchtchev à Belgrade.
3 juin:	Création à Messine de la Communauté économique européenne.
18 juillet:	*Sommet des quatre grandes puissances à Genève engendrant un «esprit nouveau»; lancement du projet américain dit des «Open skies».*
9 septembre:	Établissement des relations diplomatiques entre l'Union soviétique et la République fédérale d'Allemagne.
17 octobre-27 novembre:	Échec de la conférence des ministres des Affaires étrangères des quatres grandes puissances à Genève.

Novembre- Décembre:	Voyage de Khrouchtchev et Boulganine en Asie.
29 décembre:	Rejet par Khrouchtchev du projet d'inspection des «cieux ouverts».

1956

Février:	Dénonciation par Khrouchtchev des crimes et atrocités de Staline lors du XXe congrès du Parti communiste soviétique.
17 avril:	Dissolution du Kominform.
28 juin:	Émeute de Poznan en Pologne.
26 juillet:	Nationalisation du canal de Suez par suite du retrait de l'offre américaine pour le financement du barrage d'Assouan.
23 octobre- 4 novembre:	Insurrection populaire à Budapest réprimée par l'armée soviétique.
5 novembre:	Débarquement des troupes franco-britanniques à Port Saïd.
6 novembre:	Cessez-le-feu en Égypte.
24 décembre:	Départ des troupes franco-britanniques d'Égypte.

1957

5 janvier:	Lancement de la «doctrine Eisenhower» à propos du Proche-Orient.
17 janvier:	Visite de Zhou Enlai à Moscou.
11 février:	Proposition soviétique de neutralisation du Proche-Orient.
27 février:	Discours de Mao sur les «Cent fleurs».
21 mars:	Accord anglo-américain sur les fusées stratégiques.
26 août:	Lancement de la première fusée intercontinentale soviétique.
4 octobre:	Lancement d'un premier satellite soviétique («Spoutnik»).
15 octobre:	Conclusion d'un accord atomique secret entre Pékin et Moscou.

27 octobre:	Déclaration à Moscou de douze partis communistes.
19 décembre:	Décision de l'OTAN de se pourvoir d'armes atomiques.

1958

9 janvier:	Lancement par Boulganine d'une campagne pour une rencontre au sommet.
1er mars:	Remplacement de Boulganine par Khrouchtchev au poste de président du Conseil.
31 mars:	Suspension des essais nucléaires en Union soviétique.
1er mai:	Voyage triomphal de Nasser à Moscou.
3 mai:	Lancement en Chine du programme du «Grand bond en avant».
Mai:	Retour du général de Gaulle à la suite des troubles en Algérie.
Fin juin:	Guerre civile au Liban; envoi de troupes américaines.
31 juillet:	Visite de Khrouchtchev à Pékin.
Août:	Décision de généraliser les «communes populaires» en Chine.
21 août:	Fin de la crise du détroit de Formose.
4 novembre.	Discours de Khrouchtchev sur le statut de Berlin.
10 novembre:	Ouverture de la conférence sur la prévention des attaques par surprise.
27 novembre:	Note soviétique proposant le statut de «ville libre» pour Berlin-Ouest; «ultimatum» de Khrouchtchev aux Occidentaux d'avoir à quitter la ville.

1959

1er janvier:	Victoire des troupes de Fidel Castro à Cuba.

Janvier:	Voyage de Mikoyan aux États-Unis pour atténuer la menace d'ultimatum au sujet de Berlin.
10 janvier:	Proposition soviétique d'un traité de paix avec les deux Allemagnes.
21 février:	Voyage du premier ministre britannique Macmillan à Moscou.
17 mars:	Révolte anti-chinoise au Tibet.
11 mai:	À Genève ouverture de la conférence des ministres des affaires étrangères sur Berlin et la question allemande.
15 juin:	Dénonciation secrète par Moscou de son accord atomique avec Pékin.
Juillet:	Voyage du vice-président Nixon en Union soviétique.
3 août:	Annonce d'un échange de visites Khrouchtchev aux États-Unis et Eisenhower en Union soviétique.
Septembre:	Voyage Khrouchtchev aux États-Unis; entretiens du Camp David avec le président américain.
30 septembre:	Court séjour de Khrouchtchev à Pékin.
Décembre:	Visite d'Eisenhower dans onze pays de trois continents.

IV. LES TROIS CRISES DE LA TENSION PROLONGÉE JUSQU'AU RISQUE D'ÉCLATEMENT DE LA GUERRE GÉNÉRALE: 1960-1961-1962

1960

23 mars:	Arrivée à Paris de Khrouchtchev venant rendre une visite amicale à de Gaulle.
avril-juin:	Premiers échos de la querelle sino-soviétique.
1er mai:	Annonce par Khrouchtchev que deux appareils espions américains ont été abattus sur le territoire de l'Union soviétique.

16 mai:	*Sabotage par Khrouchtchev du sommet de Paris; explosions de colère et de défi tout en maintenant l'espoir d'une reprise avec un autre président américain.*
16 juin:	Retrait du projet de voyage d'Eisenhower au Japon de crainte de soulever des démonstrations hostiles rendant difficile la protection du président.
30 juin:	Indépendance du Congo belge.
Juillet:	Intervention belge au Congo; sécession du Katanga; envoi des «casques bleus» des Nations unies.
Août:	Rappel des techniciens soviétiques de Chine.
7 novembre:	Élection de John Kennedy à la présidence des États-Unis.
11-25 novembre:	Conférence des 81 partis communistes à Moscou.

1961

3 janvier:	Rupture des relations diplomatiques entre les États-Unis et Cuba.
6 janvier:	Discours de Khrouchtchev sur les guerres de libération.
15 mars:	Lancement du programme américain de l'Alliance pour le progrès en Amérique latine.
17 avril:	Échec du débarquement d'exilés cubains à la Baie des Cochons.
30 mai:	Voyage du président Kennedy à Paris.
3 juin:	Rencontre Khrouchtchev-Kennedy à Vienne.
13 août:	*Construction du Mur de Berlin par les Soviétiques.*
29 août:	Reprises des essais atomiques soviétiques.

Octobre: XXIIᵉ Congrès du Parti communiste
                    soviétique.

Décembre: Envoi par Kennedy de 15 000 «conseil-
                    lers» américains au Viêt-nam.

1962

7 février: Reprise des essais atomiques américains
                    et britanniques.

4 mai: Exposition de la stratégie américaine de
                    la «réponse flexible» à une conférence de
                    l'OTAN.

2 juillet: Voyage de Raul Castro à Moscou.

19 juillet: Premier test réussi d'un missile anti-
                    missile aux États-Unis.

2 septembre: Augmentation de l'aide militaire et éco-
                    nomique de l'Union soviétique à Cuba.

13 septembre: Mise en garde de Washington à Moscou
                    contre l'installation d'armes offensives à
                    Cuba.

18 octobre: Identification de fusées soviétiques à
                    Cuba.

22 octobre: *Établissement d'une «quarantaine» américaine
                    autour de Cuba.*

28 octobre: *Décision de Khrouchtchev de ne pas forcer le blo-
                    cus et de retirer ses fusées de Cuba.*

20 novembre: Retrait des bombardiers soviétiques de
                    Cuba et levée de la «quarantaine».

Sigles

ACB	Armes chimiques et bactériologiques ou biologiques.
ABM	*Anti-Ballistic Missiles*: armements anti-missiles.
ASAT	Armes anti-satellites.
CDE	Conférence sur le désarmement en Europe.
CED	Communauté européenne de défense.
COMECON ou CAEM	Conseil d'assistance économique mutuelle (pays de l'Est).
CSCE	Conférence sur la sécurité et la coopération en Europe.
ICBM	*Intercontinental Ballistic Missiles*: missiles balistiques de portée intercontinentale.
INF	*Intermediate Nuclear Forces*: forces nucléaires de portée intermédiaire (FNI).
IRBM	*Intermediate Range Ballistic Missiles*: missiles ballistiques de portée intermédiaire.
MAD	*Mutual Assured Destruction*: destruction mutuelle assurée.
MAP	*Mutual Assured Protection*: protection mutuelle assurée.
MBFR	*Mutual and Balanced Force Reduction*: réduction mutuelle et équilibrée des forces.

MIRV   *Multiple Independently Reentry Vehicle*: ogives à
              têtes multiples guidées séparément.
MLF   *Multilateral Nuclear Force*: force nucléaire multi-
              latérale.
OLP   Organisation de libération de la Palestine.
ONU   Organisation des Nations unies.
OTAN   Organisation du traité de l'Atlantique Nord.
OTASE   Organisation du traité de l'Asie du Sud-Est.
SALT   *Strategic Arms Limitation Talks*: pourparlers sur
              la limitation des armes stratégiques.
SDI   *Strategic Defense Initiative:* Initiative de défense
              stratégique (IDS).
START   *Strategic Arms Reduction Talks*: pourparlers sur
              la réduction des armements stratégiques.

Notes

Introduction

1. Allusion aux auteurs dits «révisionnistes» de la nouvelle gauche américaine, selon lesquels ce sont les Américains et non les Soviétiques qui ont «commencé...» De très nombreux ouvrages ont suivi à partir des ouvrages pionniers de W.A. Williams, *The Tragedy of American Foreign Policy* (1959) et de D.F. Fleming, *The Cold War and its Origins* (1962). Pour une critique d'ensemble, voir R.J. Maddox, *The New Left and the Origins of the Cold War*, Princeton, 1973.
2. C'est l'Américain Herbert Bayard Swope, qui dans des circonstances que l'auteur ignore, en aurait frappé la formule: *The Cold War*. Elle aurait été employée une première fois dans une discussion publique par Bernard Baruch, banquier newyorkais et conseiller de plusieurs présidents des États-Unis. Enfin, le célèbre *columnist* Walter Lippmann a popularisé l'expression par une série d'articles, puis dans un livre de 1947, *The Cold War*, en réponse à la thèse de George Kennan dans son célèbre article, alors anonyme (Mr. X, dans *Foreign Affairs*, juillet 1947), exposant la thèse du *containment* (ou endiguement), future politique internationale des États-Unis.
3. On distinguera avec une majuscule la période historique de la Guerre froide du phénomène ou «système» mondial, mentionné avec une minuscule.
4. On peut même pousser le paradoxe jusqu'à dire, avec Jean-François Revel que cette «hyperpole martiale» de la guerre froide n'a jamais existé (*Comment les démocraties finissent*, Paris, 1983, p. 233, 326). Inversement, on peut encore la considérer comme «imputable à une dialectique historique, probablement plus forte que la volonté des diplomates» (Raymond Aron, *La République impériale*, Paris, 1973, p. 67).
5. *Strategy Armaments Limitation Talks*: SALT. Voir les chapitres suivants et le glossaire des sigles à la fin de l'ouvrage.
6. La traduction anglaise courante de détente est *relaxation*. Mais *Détente* et *détente* sont en train de s'angliciser, perdant ainsi l'accent aigu dans le passage à l'anglais chez quelques auteurs. D'autre part, *détente* a aussi un autre sens presque contradictoire, celui de déclenchement d'une explosion, comme dans les

expressions: «presser sur la détente», avoir «le doigt sur la détente». En ce cas, la détente est une pièce de métal qui sert à libérer le chien ou le percuteur d'une arme à feu. Un autre sens apparenté est évidemment la détente d'un arc ou d'une arbalète pour propulser la flèche. Le mot russe *razriadka* a aussi cette connotation militaire. Où l'on voit que les rapports sémantiques entre *détente* et *tension* sont subtilement ambigus dans l'emploi de ces deux termes à la politique internationale...

7. Ces trois textes sont cités dans *La Guerre froide inachevée*, Les Presses de l'Université de Montréal, 1971, p. 4-5.

8. Qui disait aussi: «L'Europe aspire à être gouvernée par une commission européenne. Toute sa politique s'y dirige» (*Réflexions sur le monde actuel*, Paris, 1931, p. 51).

9. À l'exception de la Yougoslavie qui n'avait pas eu besoin de l'Armée rouge pour se libérer, ce fait expliquant, en grande partie, le déviationnisme de Tito excommunié en 1948 par le Kremlin.

10. Raymond Aron reprenait cette expression géopolitique dans son prologue sur l'histoire internationale des États-Unis, *op. cit.*, p. 15.

11. «Ainsi, la compétition oppose une baleine contrainte à se comporter parfois en éléphant, à un éléphant qui cherche à se rendre capable de défier la baleine» (Stanley Hoffmann, *La nouvelle guerre froide*, Paris, 1983, p. 12).

12. Avec le grand ennemi asiatique, le Japon, sera signé le traité de paix *séparé* de 1951 dans le sillage de l'affaire coréenne alors que la Guerre froide battait son plein. La paix avec l'Italie et les autres alliés européens de l'Allemagne fut acquise en 1947.

13. Pour l'historique de cette première phase voir *La Guerre froide inachevée*, chap. II, p. 27-63; et, ici même, la section I de la chronologie en annexe.

14. Voir *ibid.*, le chap. III, p. 65-94; et, ici même, la section II de la chronologie.

15. Voir *ibid.*, le chap. IV, p. 95-139; et, ici même, la section III de la chronologie.

16. Voir *ibid.*, le chap. V, p. 141-191; et, ici même, la section IV de la chronologie.

17. *Ibid.*, le chap. VI, (p. 193-229): «Un modèle cyclique des rythmes de la Guerre froide», reprenant plus systématiquement la question posée au chapitre I sur «la cyclicité apparente» (p. 21-26).

18. Seuils de la *détente*: 1945, le 8 mai, capitulation de l'Allemagne et le 15 août, capitulation du Japon; 1955, juillet, Sommet de Genève (Eisenhower, Boulganine, Eden, Faure). Pics de la *tension*: 1950, le 25 juin, début de la guerre de Corée; 1960, le 16 mai, ouverture du Sommet manqué de Paris (Eisenhower, Khrouchtchev, de Gaulle, Macmillan).

19. Pour une discussion plus spécifique sur le phénomène du cycle (défini comme «une représentation moyenne et abstraite d'une réalité multiple et concrète, mais (qui) ne la détermine pas causalement en aucun cas»), voir *op. cit.*, p. 197-203.

20. Aussi fallait-il que l'auteur précisât ses propres critères d'appréciation: ce qui fut fait lors de l'étude de chacune des années tournantes 1945, 1950, 1955 et 1960, puis, en une forme plus méthodique, au chapitre VI pour l'ensemble de la question. Bien d'autres auteurs ont proposé des subdivisions de la Guerre froide selon des critères différents. Ainsi Z. Brzezinski la présente en quatre «étapes» selon que l'*initiative* est soviétique ou américaine dans *Illusions dans l'équilibre des puissances* (Paris, 1978, p. 149-197). Voir principalement le tableau de la page 188.

21. Rappelons que le monopole américain en matière thermonucléaire n'a duré que huit mois, chevauchant sur 1952 et 1953, contrairement au monopole atomique qui avait duré quatre ans.

22. Moins évidente que les précédentes, cette subdivision posait la question du fameux *missile gap* des années 1960, envisagé par l'auteur: voir *ibid.*, p. 215-217.

23. *La Guerre froide inachevée* contient des graphiques illustrant ces deux cycles (p. 208: le cycle détente/tension; p. 218: le cycle de supériorité technico-militaire). Encore une fois, l'exposition y est aussi moins sommaire que dans le présent résumé.

24. Robert Dahl, *Modern Political Analysis*, Englewood Cliffs, 1963; en français, *L'Analyse politique contemporaine*, Paris, 1970.

25. Pour une présentation moins sommaire, voir *La Guerre froide inachevée* (p. 220-225) et le graphique représentant «la tendance paix-guerre entre 1919 et 1930» (p. 221).

Chapitre 1

Le Dégel, ou l'après-Guerre froide (1963-1970): de La Havane à Erfurt

1. Ce chapitre est une adaptation ou remise en perspective, pour les fins du présent sujet, du chapitre qui terminait l'ouvrage *La Guerre froide inachevée*, publié en 1971. L'auteur croit devoir préciser que ce chapitre, écrit à l'automne 1970, n'a pas été revisé substantiellement, à part les deux premières pages, et qu'il n'y a fait que des changements mineurs de forme et d'annotation.

2. Cette date charnière n'est pas retenue que par les historiens de la politique internationale. Voir, par exemple, de Pierre Chaunu, *Le refus de la vie: analyse historique du présent*, Paris, 1975, qui caractérise 1962 comme «le point de départ de la crise... (l'année qui) finit la période de l'après-guerre, ...l'année de la première émergence». Il ajoutait: «Incontestablement, donc, quelque chose d'important se met en marche à partir de 1962, qui affecte par prédilection le monde industriel, à cheval, sur la frontière idéologique des deux blocs que l'arrêt de l'escalade à Cuba et la tension sino-soviétique rendent solitaires» (p. 53, 54, 55).

3. Le 19 mars: rencontre à Erfurt des chefs de gouvernement de la République démocratique allemande et de la République fédérale allemande; le 12 août: signature, à Moscou, du traité germano-soviétique de non-agression par Brandt et Kossyguine; le 7 décembre: signature à Varsovie du traité germano-polonais. La signification de ces événements et d'autres qui les suivront sera étudiée au chapitre suivant, consacré à la Détente.

4. «La crise, se déroulant en situation strictement duopolistique, fut contrôlée à toutes les étapes de son déroulement. Au moment crucial, elle sembla s'affoler (le message de Krouchtchev du 26 octobre; la réponse de Kennedy à ce message secret et non pas à la communication publique qui l'avait suivi de peu); mais, après coup, apparut plutôt claire l'intention réciproque de communiquer simultanément à différents niveaux pour ne rien perdre d'un contact incessant estimé essentiel par les deux parties» (*La Guerre froide inachevée*, p. 187).

5. Depuis la rupture du moratoire en 1961, les Soviétiques avaient considérablement augmenté le nombre de leurs ogives à tête nucléaire pour compenser le

plus grand nombre de fusées américaines — au moment même où les Américains discutaient anxieusement du *missile gap...*

6. Arthur Schlesinger, jr., *Les mille jours de Kennedy,* Paris, 1966, p. 800.

7. Theodore Sorensen, *Kennedy*, Paris, 1966, p. 491.

8. *The New York Times,* le 11 juin 1963.

9. Expériences dans l'atmosphère, à l'exception donc des explosions souterraines.

10. Les Américains et leurs alliés occidentaux en profitant pour proposer d'y introduire une clause obligeant la RDA et l'URSS à garantir le libre accès à Berlin-Ouest, le projet ne fit pas long feu...

11. *Documents U.S.A.*, n° 2105, le 20 septembre 1963.

12. Comme beaucoup des «mots» du général, celui-ci serait apocryphe ou, tout au moins, non inédit, selon le journaliste Roland Delcour: «Il est piquant de se rappeler à ce propos que le président de la République française n'était pas le premier à employer cette formule. Elle tomba aussi un jour des années 50 des lèvres de M. Hallstein, au temps où l'actuel président de la commission du Marché commun était encore secrétaire d'État aux Affaires étrangères et défendait la politique du docteur Adenauer. La formule fit alors fortune... dans la propagande communiste qui l'utilisa pour accuser le gouvernement fédéral de s'associer au *roll-back* de M. Dulles» (*Le Monde diplomatique*, mai 1966).

13. Selon le titre de l'ouvrage d'Edward Crankshaw, *The New Cold War: Moscow v. Pekin*, Londres, 1963.

14. *Notes et études documentaires*, La Documentation française, 12 mai 1965.

15. Dans ce texte écrit en 1970, l'auteur a adopté la nouvelle orthographe modernisée des noms propres chinois qui prévaut depuis quelques années.

16. Au sein du marché commun, l'influence de de Gaulle était aussi marquante; en particulier, il semblait vouloir réduire à quia l'Allemagne de l'Ouest au sujet des produits agricoles français.

17. *«If we could promise people nothing but revolution, they could scratch their heads and say: isn't it better to have good goulash?»* Cette citation ainsi que la précédente dans le texte, sont tirées d'un article de Robert G. Whalen, *The New York Times*, le 27 décembre 1964.

18. En outre des voyages mentionnés en République arabe unie (mai 1964) et en Hongrie (mars et avril 1964), il avait visité la RDA (juin-juillet 1963), la Yougoslavie (août-septembre 1963), la Pologne (janvier 1964), mais aussi les pays scandinaves, le Danemark et la Suède (juin 1964). Partout il s'efforçait de montrer le visage souriant et sûr du champion de la coexistence pacifique.

19. *«Political Effect of the Chinese Bomb»*, par Arthur S. Lall, *Bulletin of the Atomic Scientists*, n° 21, 1965, p. 21.

20. Khrouchtchev, dans ses *Mémoires*, dit son estime pour Kennedy («Il était, en dépit de sa jeunesse, un véritable homme d'État (...). Sa mort fut une grande perte») et soutient que «si Kennedy avait vécu, les relations entre les États-Unis et l'Union soviétique seraient bien meilleures aujourd'hui. Pourquoi? Parce que Kennedy n'aurait jamais permis que son pays s'embourbe au Viêtnam» (Paris, 1971, p. 476).

21. Traduction de l'auteur de la version du *New York Times* du 27 décembre 1964: *«hare-brained scheming... phrase mongering, commandism»*.

22. Un des journalistes occidentaux les mieux informés des mystères du Kremlin, Michel Tatu, a enregistré «tous ces signes de déconfiture, déjà remarquables par leurs dates, (qui) montrent sans équivoque possible que Khrouchtchev fut

tenu responsable du coup de poker de Cuba et de son échec», tout en ne croyant pas qu'on ait envisagé de le liquider à cette période (*Le Pouvoir en U.R.S.S.: du déclin de Khrouchtchev à la direction collective*, Paris, 1967, p. 303).

23. «La guerre froide se meurt, la guerre froide est morte! (...) Déjà répandu lors des différentes phases de détente — comme en 1955 ou en 1959 — ce sentiment a pris une force croissante et une sorte d'évidence massive depuis octobre 1962» (Pierre Hassner, «L'après-guerre froide: retour à l'anormal», *Revue française de science politique*, février 1968, p. 117).

24. Une dépêche de la United Press International, en provenance de Pnom Penh, apprenait à la fin mai 1970 que «des sources généralement bien informées ont révélé aujourd'hui que le président Nixon a utilisé la 'ligne rouge...' pour informer à l'avance les leaders du gouvernement soviétique qu'il dépêchait des troupes au Cambodge pour y éliminer les «sanctuaires» des guérilleros établis le long de la frontière avec le Viêt-nam». Ce message, qui a précédé l'offensive du 30 avril, a été le premier transmis par le président Nixon sur cette fameuse «ligne rouge» (*La Presse*, Montréal, 28 mai 1970). Lors de la guerre des Six Jours, les chefs de gouvernement de Moscou et de Washington auraient aussi communiqué par la *ligne rouge*.

25. Cette discussion générale devait être reprise dans le cadre très technique des *strategic armaments limitation talks* (SALT) dès l'année suivante. Voir le chapitre suivant.

26. Selon l'expression de Vincent Rock, *A Strategy of Interdependence*, New-York, 1964.

27. «Cette ligne de séparation, à en croire les versions semi-légendaires qui circulent aujourd'hui, aurait été tracée à Yalta... Le fait décisif ce n'est pas la Conférence de Yalta, c'est l'avance des armées russes victorieuses» (Raymond Aron, «Vingt ans après», sélection hebdomadaire du *Figaro*, le 27 mai 1965). Lors du quarantième anniversaire de la conférence de Crimée, à l'hiver 1985, la discussion sur le mythe du partage du monde à Yalta reprit de plus belle.

28. Selon l'expression d'André Fontaine, «L'Europe et l'Asie», *Le Monde*, le 9 mars 1965.

29. Cité par Jean Laloy, *Entre guerres et paix: 1945-1965*, Paris, 1966, p. 338.

30. De façon non fortuite, les deux seuls pays de la démocratie populaire à n'avoir pas été libérés par elle, furent la Yougoslavie «déviationniste» et l'Albanie *déviante* jusqu'à rallier Pékin ces dernières années. Ils furent du reste longtemps dirigés par les chefs de leur mouvement de résistance pendant la guerre, Josip Broz, dit Tito et Enver Hodja — ce qui n'est pas, non plus, fortuit.

31. Pierre Hassner, «The Changing Context of European Security», *Journal of Common Market Studies*, été 1958, p. 2.

32. Ce texte, écrit à la fin de 1970, ne pouvait pas prévoir la fin de carrière malheureuse et prématurée de Brandt par suite de l'affaire Guillaume en mai 1974. Sur le rôle capital de Brandt pendant ces années-là, voir le chapitre suivant.

33. Les MIRV (*multiple independant reentry vehicles*) sont d'énormes vaisseaux à têtes multiples indépendantes dont on ne peut, par radar, calculer les trajectoires futures et qui sont donc peu vulnérables aux ABM (*anti-ballistic missiles*). Les MIRV apparurent comme le dernier cri du perfectionnement des ICBM (*inter-continental ballistic missiles*) dont il était question depuis 1957.

34. Dont la prolongation n'atténue toutefois pas l'équivoque, car si «the present *détente* is real, sensible and vital for both Russian and Western viewpoints... it

is in practice ill-defined, variable and subject to instabilities» (Robert Conquest, «The Limits of *détente*», *Foreign Affairs*, juillet 1968, p. 742).

35. *Les Causes de la 3ᵉ guerre mondiale*, Paris, 1960, p. 73.

36. «Remarques sur l'évolution de la pensée stratégique», *Archives européennes de sociologie*, vol. IX, 1968, p. 158.

37. Voir l'article du professeur Henry A. Kissinger — futur conseiller de Nixon — dans *Foreign Affairs* dont *Le Monde* des 15 et 16 septembre 1964 a reproduit les principaux extraits. On y trouvait une réfutation de la thèse du général Gallois, favorable aux *forces de frappe* nationales à cause du caractère périmé des alliances: «La théorie Gallois conduirait à la prolifération des forces nucléaires nationales conjointement avec le développement de méthodes de reddition ou de garanties pour rester en dehors du conflit» (article du 15 septembre).

38. *Le Monde*, 8 juin 1968.

39. *The New York Times*, 16 juin 1968.

40. *The New York Times*, 21 janvier 1968.

41. S'interdisant de se donner des armements nucléaires, l'Inde refusait également à ce moment-là de céder le droit d'en fabriquer.

42. Rappelons d'autres accords USA-URSS conclus à cette époque: ratification par Moscou d'une convention consulaire avec Washington; établissement d'une ligne aérienne directe New York-Moscou; accord pour porter mutuellement assistance aux cosmonautes des deux pays.

43. La question de la *parité* ou de la disparité des forces balistiques des deux Grands était évidemment au cœur des difficultés à venir: «The dynamics of this missile race makes the date of an agreement to halt it as important as the limits imposed. The «mad momentum» of the race, as former Secretary Robert McNamara once described it, could alter the strategic balance significantly while the negociators are talking and in the period between accord and the date the missile limits take effect» (Robert Kleiman, «Hope for Calling off the «Mad Missile Race», *The New York Times*, le 30 juin 1968).

44. Jusqu'à 1984, un tiers des pays du monde ont refusé de signer ou de ratifier le traité sur la dissémination, et non des moindres: l'Inde qui a déjà procédé à une explosion atomique souterraine, le Pakistan, la Corée du Sud, Israël, l'Afrique du Sud, l'Argentine, le Brésil, etc. Les cinq membres permanents du Conseil de sécurité sont tous des puissances nucléaires: avec les États patronnant le traité et en garantissant l'exécution, on y retrouve les deux dissidents, la Chine et la France. Aucun État n'a encore fait de la dissémination au sens strict; mais les deux Grands ont fourni de l'assistance nucléaire à des fins militaires à de leurs amis: l'Union soviétique à la Chine avant la rupture spectaculaire; les États-Unis aux membres de l'OTAN (fusées Polaris et divers arrangements de contrôle commun des armes nucléaires tactiques). Les puissances qui sont devenues nucléaires de leur propre volonté — la France, la Chine, l'Inde — ont dû les fabriquer elles-mêmes; mais, malgré leur opposition déclarée à la politique de la non-dissémination, elles n'ont pas contribué directement à fournir des armes nucléaires à d'autres États.

45. Voir la section V sur le tiers monde.

46. La grande tournée de Zhou Enlai en Afrique, comme celle du général de Gaulle en Amérique latine, n'eurent pas d'observateurs plus attentifs qu'à Moscou et à Washington.

47. «Le système est quasi multipolaire au point de vue du comportement, et mi-bipolaire, mi-multipolaire dans la structure des forces chaque fois qu'un

équilibre neutralise les forces opposées à un niveau ou à un autre. Le niveau stratégique nucléaire est bipolaire; la quasi-multipolarité du plan diplomatico-diplomatique est diffuse. Entre les deux, le niveau multipolaire des forces utilisables est polarisé par les liens des alliances» (George Liska, *Nations in Alliance*, Baltimore, 1962, p. 162). L'expression «semi-monopolaire» est de Maurice Duverger dans un article du *Monde*, le 24 juin 1967.

48. «Le mai de Paris et le printemps de Prague ont été, eux aussi, un refus de l'immoral partage du monde (...). Il ne faut jamais pousser les parallèles trop loin (...). Il est tout de même significatif que dans notre pays le Parti communiste ait opté sans équivoque pour la légalité contre l'aventure préconisée par les gauchistes et que *l'incident de parcours de Prague* n'ait affecté que très provisoirement les relations de l'Union soviétique et du monde capitaliste» (André Fontaine, «Adieu aux années soixante. II. Un monde semblable», *Le Monde*, le 2 janvier 1970.)

49. «La bipolarité et la guerre froide sont remplacées *à la fois* par une plus grande priorité des problèmes intérieurs, économiques et sociaux, et par le retour à des formules d'équilibre multipolaires ou impériales qui ont fourni jadis un minimum d'ordre international, mais semblent incapables de l'assurer aujourd'hui, faute de liberté d'action pour faire jouer sans danger inacceptable les instruments traditionnels du diplomate et du stratège. La politique intérieure et la politique internationale semblent, à certains égards, appartenir à des âges différents, mais ces âges coexistent, et leur rencontre inévitable est source, quotidiennement de paralysie et de scandale.» (Pierre Hassner, «L'après guerre froide: retour à l'anormal», *Revue française de science politique*, février 1968, p. 141.)

50. «Remarques sur le polycentrisme», *Preuves*, mars 1966, p. 10.

51. Un historien américain de la Guerre froide fournit les précisions suivantes: «The occupation of Tibet in 1959 was the occupation of land that had traditionaly belonged to the Chinese empire. The occupation in 1962 of certain areas on the Himalayan frontier with India was the occupation of areas to which India had no clearer title than China» (Louis J. Halle, *The Cold War as History*, New York, 1967, p. 416).

52. Jean Esmein, *La Révolution culturelle*, Paris, 1969, p. 342.

53. Dean Rusk qui, l'année précédente, avait déclaré devant une commission sénatoriale que la Chine n'était pas vouée à être l'éternelle ennemie des États-Unis, en venait à évoquer en octobre le péril jaune pour justifier la politique d'escalade au Viêt-nam: «Within the next decade or two, there will be a billion Chinese on the mainland with nuclear weapons, with no certainty about what their attitude toward the rest of Asia will be» (Cité par James Reston, «Washington: Dean Rusk and the Yellow Peril», *The New York Times*, 15 octobre 1967).

54. La théorie des «dominos» peut aussi s'entendre à l'envers, comme l'incursion au Cambodge au printemps 1970 l'aura démontré. Ne pas perdre le Viêt-nam afin de ne pas perdre le Laos ni le Cambodge, dont la perte risquerait d'entraîner celle de la Thaïlande, puis celle de la Birmanie jusqu'à l'Inde, etc., c'était la théorie. Mais, cette fois-ci il semble s'agir de perdre le Cambodge en même temps que Sihanouk — alors que le Laos est à moitié perdu — pour ne pas perdre le Viêt-nam du Sud! Et pourquoi? Pour maintenir en selle à Saigon un gouvernement que Washington doit soutenir avant que de le contrôler et

qui s'effondrera lorsque le processus de vietnamisation véritable, s'engagera un jour ou l'autre pour de bon.

55. D'après le titre de l'ouvrage de Robert Guillain, *Japon, troisième grand*, Paris, 1969.

56. D'après le titre de l'ouvrage de René Dumont, *L'Afrique noire est mal partie*, Paris, 1966.

57. «M. Nixon, en effet, ne paraît rien attendre de l'Afrique et le continent noir vient sans doute au dernier rang des préoccupations de la diplomatie américaine. Cependant, depuis l'arrivée de Nixon au pouvoir, certains dirigeants ressentent avec amertume ce qu'ils appellent l'inexistence de sa politique africaine» (Jacques Amalric, *Le Monde*, les 8-9 février 1970).

58. L'Alliance pour le progrès de l'époque de Kennedy était le programme américain le mieux reçu en son principe depuis la *Good neighbourhood policy* du président Roosevelt.

59. «L'Amérique latine post-castriste trouve en face d'elle, en guise d'interlocuteur, l'Amérique du Nord prérooseveltienne de 1930.» Et «ce paradoxe épouvante les dirigeants ibéro-américains les plus conscients, qui ne peuvent s'empêcher d'évoquer la parole de John Kennedy: Ceux qui rendent impossible la révolution pacifique rendront inévitable la révolution violente» (Eléna de la Souchère, «Les récentes déclarations de M. Nixon annoncent la fin de l'Alliance pour le progrès», *Le Monde diplomatique*, mai 1969).

60. Cité par David Horowitz, *The Free World Colossus*, Londres, 1965, p. 415.

61. Interview accordée le 23 octobre et publiée après l'assassinat de Kennedy (le 22 novembre) dans l'*Observer* de Londres, le 8 décembre 1963.

62. D'après les agences AFP, UPI et AP, *La Presse*, Montréal, le 21 avril 1970.

63. Comprenant, selon une dépêche de l'agence Reuter, en date du 13 mai, deux sous-marins, un destroyer porteur de fusées télécommandées et un destroyer avec rampes de lancement. Pour la suite de ce qui allait être une mini-crise en comparaison de la crise d'octobre 1962, voir le chapitre suivant.

64. Cité par Edouard Bailby, «À la conférence tricontinentale de La Havane l'Amérique latine a choisi l'escalade révolutionnaire localisée», *Le Monde diplomatique*, février 1966.

65. François Fejtô, «Trois Continents et une île», lettre de La Havane, *Preuves*, mars 1966, p. 56.

66. Indice mineur auquel il conviendrait de ne pas accorder une portée exagérée: Castro, ni même son frère Raul au patronyme *magique* en une telle circonstance, n'ont daigné faire le voyage à Moscou pour les grandioses fêtes du cinquantième anniversaire de la révolution d'Octobre. Cuba y était représenté par une modeste délégation sous la direction du ministre de la Santé, José Ramon Machado Ventura.

Chapitre 2
La Détente en opération (1970-1975): d'Erfurt à Helsinki

1. Le processus de l'*arms control* se traduit plus correctement par «maîtrise des armements» que par l'expression de «contrôle». En effet, ce dernier terme a un sens plus faible en français (inspection, vérification, etc). que le *control* qui signifie direction, maîtrise, etc.

2. Au début d'entretiens Kissinger-Brejnev en mars 1974 (AFP, *Le Devoir*, le 26 mars 1974).

3. À l'Assemblée générale des Nations unies (PA, UPI, AFP, *Le Devoir*, le 25 septembre, 1973).
4. AFP, AP, *La Presse*, le 14 juin, 1975.
5. Culminant par la mort de quatre étudiants, abattus au cours d'une manifestation à l'Université d'État de l'Ohio, à Kent, en mai 1970.
6. Le physicien Sakharov — père de la bombet H —, l'historien Medvedef et le mathématicien Tourtchine. Le premier allait être arrêté en 1974 et devenir le plus célèbre dissident à l'intérieur de l'Union soviétique, dont les récents déboires défraient encore l'actualité.
7. Ville du New Jersey choisie parce qu'elle était au point équidistant entre Washington et New York, siège des Nations unies.
8. Ce sommet de Moscou fut ajourné indéfiniment à cause de l'entrée des forces militaires soviétiques à Prague le 21 août 1968.
9. Ce qui n'empêchait pas les Soviétiques de servir de rudes admonestations à leurs invités au sujet des affaires d'Indochine et du Proche-Orient. Voir plus loin la section IV.
10. Un journaliste du *New York Times*, Max Frankel, commentait sur place: «Both sides sense this to be one of those rare moments of equilibrium — in the arm race and in the desire to avoid new Vietnams and new Cubas» (*The Montreal Star*, le 31 mai, 1972).
11. AFP, Reuter, UPI, *Le Soleil*, le 19 juin 1973.
12. AFP, UPI, *La Presse*, le 25 juin 1973.
13. *Le Monde*, Le 27 juin 1973.
14. *Time*, le 2 juillet 1973. «C'est le meilleur politicien de cette pièce.»
15. On reviendra plus loin, à la section IV, sur la décision de Nixon de mettre en état d'alerte les forces nucléaires américaines pour contrer une possible intervention soviétique au Proche-Orient.
16. AFP, *La Presse*, le 20 juin 1974.
17. AFP, *Le Jour*, le 26 novembre 1974.
18. Toutefois, comme l'expliquait un porte-parole de la Maison Blanche, Ron Nessen, les chiffres sur lesquels s'étaient mis d'accord les deux pays étaient légèrement supérieurs au programme américain d'armements nucléaires et légèrement inférieurs au programme prévu par les Soviétiques. Voir section III.
19. AFP, *Le Devoir*, le 29 septembre 1970.
20. UPI, AFP, Reuter, *La Presse*, le 12 septembre 1973.
21. *Le Monde*, les 2-3 septembre 1973.
22. AFP, *Le Soleil*, le 17 décembre 1974.
23. C'était le moment où le chef de la KGB et futur successeur de Leonid Brejnev, Youri Andropov, accédait au Politburo.
24. *Le Figaro*, 31 mai 1973.
25. *The Observer*, reproduits dans *The Montreal Star*, les 19 juin 1973 et le 4 décembre 1973.
26. Reproduit dans *The Montreal Star*, le 15 mars 1974.
27. AFP, *Le Devoir*, le 22 août 1973.
28. AP, *Le Jour,* le 18 novembre 1974.
29. AFP, *Le Jour*, le 6 juin 1974.
30. AP, *Le Devoir*, le 19 mars 1975.
31. Alors que Moscou avait considéré, un temps, de les traduire devant la justice soviétique.
32. AFP, UPI, *Le Soleil*, le 26 novembre 1970.

33. À savoir que les Américains n'envahiraient pas Cuba si les Soviétiques démantelaient, sous surveillance de l'ONU, leurs bases de missiles et s'engageaient à ne pas installer d'autres bases du genre à l'avenir.

34. Lors d'une visite de Brejnev à La Havane, il signa un document conjoint avec Castro selon lequel «l'URSS déclare, une fois de plus, qu'elle considère comme légitime et juste l'exigence de la république de Cuba relative à la liquidation inconditionnelle de la base américaine militaire et navale de Guantanamo, se trouvant sur son territoire, et soutient entièrement cette exigence» (AFP d'après Tass, *Le Devoir*, le 5 février 1974).

35. Voir la section IV.

36. Selon laquelle la RFA devait rompre les relations diplomatiques avec les États qui reconnaissaient la RDA.

37. *Innerdeustsche*. On disait aussi «relations panallemandes».

38. Siège d'une première rencontre «au sommet» en 1808 lorsque Napoléon I rencontra le tsar Alexandre pour gagner vainement son amitié.

39. Les cris de «Willy» auraient pu s'adresser à *Willi* Stroph. La foule précisa: «Willy *Brandt*».

40. Le président Pompidou trouvait que le chancelier en menait large sans demander la permission à personne; le conseiller Kissinger estimait que les États-Unis n'avaient pas le choix sinon de veiller à ce qu'elle s'oriente positivement.

41. Réglant entre les deux pays un contentieux spécialement lourd, y compris des réparations morales. L'antinazi de toujours alla s'agenouiller et se recueillir au ghetto de Varsovie. La réconciliation avec la Tchécoslovaquie, à cause du souvenir des accords de Munich de 1938 et de l'intégration des Allemands sudètes, fut autrement plus ardue. Les deux gouvernements aboutirent toutefois à un compromis laborieux en décembre 1973.

42. «In effect, Prussia died on the day on which Russian and American soldiers met in the heart of what had been Prussian territory. Prussia's death has now been officially registered and psychologically accepted», écrivait l'historien Arnold Toynbee dans *The Observer* (reproduit dans *The Montreal Star*, le 16 décembre 1972).

43. Rappelons que Brandt devait, toutefois, démissionner six mois plus tard par suite d'une ténébreuse affaire d'espionnage mettant en cause son chef de cabinet, Gunther Guillaume. Pour sa valeureuse politique de *L'Ostpolitik*, le chancelier s'était vu octroyer un prix Nobel de la Paix.

44. Devant le XIIᵉ congrès de l'Internationale socialiste à Vienne en juin 1972 (*Le Monde*, le 29 juin 1972).

45. Rappelons que ce traité se trouvait à compléter le Protocole de Genève du 17 juin 1925, interdisant l'usage des gaz asphyxiants et toxiques.

46. Voir le titre III du chapitre précédent.

47. Sont considérés comme «stratégiques» les engins balistiques qui ont une portée de 5500 kilomètres et plus.

48. Écrivait Michel Tatu dans *Le Triangle Washington-Moscou-Pékin et les deux Europe(s)*, (Paris, 1972, p. 62).

49. Il ajoutait: «Ces derniers n'auront alors aucune raison d'accepter une égalité véritable, à moins qu'ils n'aient à faire face à un programme américain de développement massif des armements, lequel ne serait guère populaire ici. Les architectes de la détente ont laissé l'initiative d'une telle démarche au seul secrétaire de la Défense» (*Illusions dans l'équilibre des puissances*, Paris, 1977, p. 240).

50. MIRV: *Multiple Independent Reentry Vehicles.*

51. Ce résultat de la conférence à Vladivostok a déjà été évoqué à la section I, portant sur les sommets. Voir aussi, plus haut, la note 18.

52. *Strategic arms reduction talks* dont il sera question au chapitre IV.

53. Devant les membres du Congrès, le conseiller Kissinger déclarait le 15 juin 1972: «La course aux armements actuels compense les nombres par la technologie. L'Union soviétique a démontré qu'elle était le mieux capable de soutenir la compétition en nombres stricts. C'est le domaine qui est visé par l'accord (des SALT I). Ainsi l'accord confine la compétition avec les Soviétiques au domaine de la technologie. Et là, jusqu'à maintenant nous avons joui d'un avantage significatif» (cité par Marie-France Toinet «Les États-Unis et les SALT ou comment désarmer sans désarmer», *Revue française de science politique*, août 1973, p. 811).

54. Selon l'expression d'André Fontaine, *Un seul lit pour deux rêves: Histoire de la «détente» 1962-1981*, Paris, 1982, p. 317.

55. *Le Monde*, 21 août 1971.

56. Que le journaliste Michel Salomon de l'agence de presse Canada-Proche-Orient établissait au nombre de 20,000 (*Le Soleil*, le 27 juillet 1972).

57. *Le Monde*, le 20 juillet 1972.

58. *Le Monde*, le 21 juillet 1972.

59. *Le Monde*, le 10 octobre 1972.

60. AFP, *Le Soleil*, le 13 octobre 1973.

61 AFP, *Le Devoir*, le 13 octobre 1973.

62. Comme le fera le représentant de la Chine populaire au Conseil de Sécurité, Huang Hua, le 22 octobre 1972.

63. Selon l'expression de l'ancien président dans ses Mémoires. Il est revenu par la suite sur cet événement et spécialement dans une interview au magazine *Time* du 29 juillet 1985. Nixon y déclarait avoir songé, à quatre reprises au cours de ses mandats présidentiels, à recourir à l'option nucléaire: lors du conflit frontalier sino-soviétique de 1969, de la guerre indo-pakistanaise de 1971, de la guerre du Viêt-nam et, enfin, de la guerre israélo-arabe de 1973. Une couple de semaines plus tard, Henry Kissinger donnait à son tour une interview au *Washington Post*. Se disant «préoccupé» du contenu de l'interview de son ancien patron («au point que j'en ai parlé à d'autres personnes occupant des postes importants à cette époque»), il affirmait: «Je puis donc déclarer avec assurance qu'il n'y a pas eu de crises au cours desquelles le gouvernement songea à utiliser des armes nucléaires (...). Il n'est techniquement pas exact de parler d'alerte nucléaire (...). Tout dépend de ce que l'on veut dire par «songer à». Si l'on veut dire «prendre des dispositions effectives pour les utiliser dans un contexte donné», la réponse est non. Si l'on parle de stratégie générale, la réponse est plus ambiguë, mais même là, jamais, à mon avis, nous ne fûmes près d'une guerre nucléaire.» (Selon la traduction française de l'interview de *La Presse*, le 19 août 1985.)

64. Entre 1618 et 1648. Il fallut réorganiser toute l'Europe au sortir de cette guerre par les traités de Westphalie de 1648.

65. Entre le 2 septembre 1945 et le 19 décembre 1946 et entre 1954 et 1958.

66. Finalement nommé secrétaire d'État le 22 août 1973, rôle que ce conseiller affairiste et prestigieux remplissait effectivement depuis quelque trois ans.

67. Dès avant la chute de Sihanouk en 1970, par sa partie orientale le Cambodge était déjà absorbé par la guerre vietnamienne. Puis viendra la douteuse incur-

sion américaine en ce pays en 1971. Après la prise de pouvoir des Khmers rouges en 1975, ce sera l'ère des massacres généralisés, d'un véritable génocide que, bizarrement, l'opinion extérieure ne connaîtra que sur le tard.

68. À la fin août, le Pathet Lao exerçait un pouvoir effectif au Laos qui deviendra république populaire en décembre 1975.

69. AFP, AP, UPI, Reuter, *Le Soleil*, le 30 avril 1975.

70. À sa conférence de presse du 29 avril 1975, Kissinger rappelait que les Américains avaient pu «sauver» quelque 56 000 Sud-Vietnamiens, aidés en cela par des «intermédiaires», dont les Soviétiques, mais sans mentionner les Français.

71. Selon *Le Monde* (le 19 février 1972), 136 rencontres ou conférences se tinrent au niveau des ambassadeurs d'abord à Genève puis à Varsovie. La première entrevue avait eu lieu à Genève le 1er août 1955, comme conséquence d'une ouverture qu'avait faite, à la conférence de Bandoung de 1955, Zhou Enlai qui y avait déclaré: «Le peuple chinois nourrit des sentiments amicaux à l'égard du peuple américain. Il ne veut pas la guerre avec les États-Unis. Le gouvernement chinois est prêt à négocier avec les États-Unis pour discuter de la détente en Extrême-Orient et, en particulier de Taïwan». Le journal parisien établissait à 497 le nombre d'«avertissements sérieux» que Pékin avait adressés à Washington pendant la même période. Ils portaient sur le statut des îles du détroit de Formose, sur les violations des eaux territoriales, sur les bombardements au Nord-Viêt-nam le long de la frontière chinoise, sur les bombardements par erreur de jonques chinoises, etc.

72. Michel Tatu a ainsi résumé les principes de ce jeu triangulaire:
«— la règle de l'ennemi prioritaire conduit à la «collusion objective» avec l'adversaire secondaire;
«— le but de chacun est d'éviter la collusion excessive de ses deux partenaires du triangle;
«— en même temps chacun a intérêt à «faire chanter» son adversaire principal par la menace d'une collusion avec le troisième partenaire;
«— enfin le moyen le plus sûr pour l'un quelconque des trois protagonistes de provoquer la collusion de ses deux partenaires est de se montrer excessivement agressif» (*op. cit.*, p. 26). Pour une citation typique de Zhou Enlai, voir plus haut, le texte de la note 21.

73. Voir à ce propos André Fontaine, *op. cit.*, p. 173, 177-178, 193-194.

74. *Foreign Affairs*, octobre 1967.

75. Ce ballet était en effet «si subtil que les deux parties pouvaient prétendre qu'elles n'avaient aucun contact entre elles, si stylisé qu'aucune n'avait à porter la responsabilité d'une initiative, si elliptique qu'il ne mettait pas en danger les relations qu'entretenaient chaque partie de son côté» (*op. cit.*, p. 193).

76. En mars 1971, les citoyens américains devenaient libres de se rendre en Chine; le mois suivant une équipe de ping pong, accompagnée de deux journalistes, fit une tournée sportive en Chine.

77. André Fontaine fait observer que Kissinger «souvent prolixe dans ses mémoires» est resté finalement «bien discret» sur sa mission préparatoire. Y aurait-il quelque échange, ou promesse d'échange, de secrets atomiques, comme l'a prétendu en particulier l'Albanais Enver Hodja? Rien n'est moins sûr, mais «reste, ajoute le journaliste, que par deux fois, dans *Le Monde*, nous avons évoqué cet aspect des choses, sans que jamais vienne, de Washington ou de Pékin, le moindre démenti» (*op. cit.*, p. 180).

78. Le 25 octobre 1971, l'Assemblée générale des Nations unies votait l'admission de la Chine populaire comme membre de plein droit (avec droit de veto au Conseil de sécurité).
79. *Le Devoir*, le 28 février 1972.
80. «Is this trip necessary?», *New York Times Magazine*, le 13 février 1972.
81. Article reproduit dans *The Montreal Star*, le 4 mars 1972. «Le plus grand moment de M. Nixon.»
82. «It is the myth of China as a great power, able to shoulder some of the security burden borne for so long by the United States in the Pacific (...). The central fact about relations between the U.S. and China is that we are not much mixed up in each other's affair. American security does not depend, in any clear and present way, on what happens in the main land of Asia» (*The Montreal Star*, le 23 février 1972).
83. *Le Monde*, le 23 février 1972.
84. *République impériale*, Paris, 1973, p. 144.
85. «Les sous-développés voient bien que personne ne songe à les consulter. Dans l'étrange partie d'échecs qui se poursuit à l'échelle de l'univers, ils savent qu'ils ne fournissent que les pions» (André Fontaine, même référence qu'à la note 83).

Chapitre 3

L'éphémère Paix froide (1975-1979): d'Helsinki à Kaboul

1. Les paix de Versailles (1919), de Vienne (1815), d'Utrecht (1713), de Westphalie (1648), de Cateau-Cambrésis (1559): en moyenne une par siècle.
2. Voir le chapitre précédent. Un juriste écrivait à ce propos: «A good deal of Soviet foreign policy, in action, seems to involve the continuing bureaucratic momentum of old ideas and old foreign policy constructs whose original *raison d'être* and justification have long since disappeared» (Edward McWhinney, *The international law of Détente*, Alphen aan den Rijn, 1978, p. 150).
3. En tête, venaient les signatures des dirigeants des deux républiques allemandes, position qu'aurait pu conférer le seul ordre alphabétique, mais, tout de suite après suivait celle du président des États-Unis; puis selon le strict ordre alphaétique, venaient à la suite les signatures des dirigeants des pays européens et du Canada jusqu'à celle du dirigeant de l'Union soviétique, naturellement au bas de la liste alphabétique.
4. Trois principes normatifs portaient sur l'être même des États: I. Égalité souveraine, respect des droits inhérents à la souveraineté; III. Inviolabilité des frontières; IV. Intégrité territoriale des États. Trois autres établissaient les normes de comportement entre États: II. Non-recours à la menace ou à l'emploi de la force; V. Règlement pacifique des différends; VI. Non-intervention dans les affaires intérieures. Les principes suivants s'appliquaient au Respect des droits de l'homme et des libertés fondamentales, y compris la liberté de pensée, de conscience, de religion ou de conviction, VII; à l'Égalité de droits des peuples et droit des peuples à disposer d'eux-mêmes, VIII; et à la Coopération entre les États, IX; enfin, la dernière règle visait l'Exécution de bonne foi des obligations assumées conformément en droit international, X.
5. En outre et de la façon générale les États participants encourageront, moyennant la réciprocité, les échanges sur invitation de personnel et de délégations militaires. Un autre document, relevant de cette première corbeille, mais bizarrement situé plus loin dans l'Acte, traitait des Questions relatives à la

sécurité et à la coopération en Méditerrannée. Cette clause d'extension géographique était au moins autant naturelle que l'insertion des deux puissances nord-américaines dans le dispositif de la solidarité européenne.

6. Ainsi le président Ford en date du 25 juin 1975: «J'insiste sur le fait que le document que je m'apprête à signer n'est pas un traité et ne lie aucun des pays qui participent à son élaboration. Le texte d'Helsinki implique des engagements politiques et moraux destinés à réduire les tensions et à ménager de nouvelles voies de communications entre les pays de l'Est et de l'Ouest» (cité dans *Le Jour*, le 7 août 1975). Dans le même sens, le ministre des Affaires étrangères, Hans Dietrich Genscher, devant le Bundestag le 25 juillet 1975: «L'Acte final d'Helsinki ne sera ni un traité ni un accord de droit international qui, à la date de son entrée en vigueur, institue une nouvelle situation de droit». Il s'agit plutôt de «règles d'un haut rang politique et moral» (Supplément au *Bulletin* (no. 30 du 6 août 1975) de l'Office de presse et d'information du Gouvernement de la République fédérale d'Allemagne, p. 8). Etc.

7. Karl Kaiser, Winston Lord, Thierry de Montbrial, David Watt, *La Sécurité de l'Occident: bilan et orientations*, Paris, 1981, p. 37. Voir plus loin.

8. «Bientôt, disait l'écrivain, les Soviétiques seront deux fois plus forts que nous, et ensuite, cinq fois et dix fois plus forts. Un bon jour, ils nous diront: «Nous faisons marcher nos troupes sur l'Europe de l'Ouest et, si vous prétendez agir, nous vous annihilerons. Et les troupes soviétiques marcheront, et vous ne bougerez pas» (Cité par James Eayrs, article du *Devoir*, le 29 juillet 1975). Kissinger répliquait: «Si je comprends bien, le message de Soljenitsyne est que les États-Unis devraient poursuivre une politique agressive pour renverser le système soviétique. Ceci entraînerait un danger considérable de conflit militaire» (AFP, *La Presse*, le 29 juillet 1975).

9. *La Presse*, le 1 août 1975.

10. Cité par Ruggero Orlando, «CSCE: coopération dans les domaines humanitaires et autres», *Revue de l'OTAN*, avril 1976, p. 26.

11. La première expression est d'André Fontaine, *Histoire de la «détente»*, Paris, 1982, p. 383; la seconde, de l'éditorialiste Laurent Laplante du *Jour*, le 7 août 1975.

12. C'est d'ailleurs à la commission sur les droits humanitaires et autres que les discussions avaient été le plus tumultueuses. Il en sera de même jusqu'à la conférence d'Ottawa au printemps 1985 (voir le chapitre IV).

13. «*Chilly war*», selon l'expression des agences de presse de langue anglaise.

14. Au septième congrès du Parti communiste polonais (AFP, *Le Soleil*, le 10 décembre 1975).

15. UPI, *La Presse*, 2 mars 1976.

16. Andrei Amalrik, l'auteur de *L'URSS survivra-t-elle en 1984*? (Reuter et AFP, *Le Devoir*, le 16 juillet 1975.)

17. AFP, UPI, AP, *Le Soleil*, le 23 août 1976.

18. Lors d'une cérémonie investissant de l'ordre de la «ville héros» la ville de Tula, lieu natal de Léon Tolstoï.

19. Les quatre autres points étaient: 1. les accords sur une nouvelle limitation des armements selon l'entente préalable de Vladivostok de 1974; 2. un accord sur la réduction des troupes militaires en Europe; 3. un accord mutuel entre l'OTAN et l'Organisation du Pacte de Varsovie sur l'interdiction d'une première frappe nucléaire et sur la limitation du nombre actuel des membres des deux organisations; 4. un accord négocié pour un règlement de la question du Moyen-Orient selon le principe du respect mutuel des intérêts

en cause (Dev Musarka, The Observer Service, *The Montreal Star*, le 25 janvier 1977).

20. Les dispositions de la première «corbeille» relatives aux frontières européennes étaient présentées comme un abandon pur et simple des peuples de l'Europe de l'Est. Celles de la deuxième corbeille, portant sur la coopération avec l'Union soviétique et ses satellites européens, constituaient un marché de dupes.

21. AFP, AP, Reuter, *Le Devoir*, le 22 mars 1977.

22. Reuter, AFP, *Le Soleil*, le 29 février 1977. Carter avait aussi écrit une lettre de sympathie à Sakharov, alors en résidence surveillée. Cette attitute contrastait avec celle de Ford qui, conseillé par Kissinger, avait précédemment refusé de recevoir Soljenytsine. Voir la note 8.

23. AFP, Reuter, *Le Devoir*, le 16 mai 1978.

24. AP, *Le Devoir*, le 2 août 1979.

25. L'ex-secrétaire d'État Kissinger déclarait crûment, en 1979, en évoquant «la théorie, historiquement stupéfiante, selon laquelle la vulnérabilité contribuait à la paix et l'invulnérabilité aux risques de guerre», que «cette théorie générale présentait deux inconvénients. Le premier est que les Soviétiques n'y crurent pas; le second est que nous n'avons pas encore engendré la race de surhommes capables de la mettre en œuvre». Et de conclure: «Notre doctrine stratégique repose de façon excessive, peut-être même exclusivement, sur notre puissance stratégique. L'Union soviétique n'a jamais compté sur la supériorité de sa puissance stratégique. Elle a toujours dépendu davantage de sa supériorité locale et régionale.» (Discours publié dans *Politique étrangère*, décembre 1979, et très largement cité par Jacqueline Grapin, *Forteresse America*, Paris, 1984, p. 102, 103.) Voir plus loin, le texte de la note 34.

26. La fabrication de cet arme terrible qui, selon un journal de Berlin-Est, «tue le bébé sans abimer le landau» (cité par André Fontaine, *op. cit.*, p. 379), allait être retardée devant l'opposition des alliés européens. Il décidera plus tard de permettre la construction des éléments disparates de la bombe, mais sans leur assemblage. Son successeur, Reagan, déclarait en août 1981 que la bombe à neutron serait produite sans préciser si elle serait déployée en Europe. C'est certes la question de haute technologie militaire la mieux gardée.

27. Missile mobile terrestre, qualifié d'«expérimental», qui n'aura pas fini de faire parler de lui.

28. Un article du *Washington Post* de janvier 1977 faisait état de plans de recherche du ministère de la Défense pour permettre la guerre dans l'espace. Les États-Unis ne disposaient que d'un seul gros satellite de reconnaissance, le «Big Bird», déjà en orbite. Selon le même journal, les Soviétiques auraient procédé à des expériences sur une arme capable de détruire un satellite entre 1967 et 1976 (AP, *Le Soleil*, le 11 janvier, 1977).

29. Dans le jargon de la politique étrangère américaine, ce terme intraduisible de *linkage* est utilisé lorsqu'on veut lier des problèmes de diverse nature et subordonner l'accord ou un progrès relativement à l'un d'eux à l'accord ou un progrès relativement à un autre ou à l'ensemble des autres.

30. Stanley Hoffman, *La nouvelle guerre froide*, Paris, 1983. L'auteur ajoute quelques pages plus loin: «Plus la négociation des accords SALT II traînait en longueur, plus les États-Unis risquaient de sombrer dans la psychose en matière de sécurité, c'est-à-dire de se trouver dans une situation d'évidente contradiction entre leur politique de limitation des armements et le renforcement de leur effort militaire, découlant de l'impossibilité de freiner le développement

de l'arsenal soviétique par des accords de réciprocité, et destiné à prévenir une détérioration accrue de l'équilibre des forces» (p. 140).

31. *Le Monde*, le 14 février 1976.

32. Richard Lowenthal, «Incertitudes allemandes», *Commentaire*, n° 6, été 1979, p. 196-203.

33. Selon l'expression de Jean-François Revel dans *Comment les démocraties finissent*, Paris, 1983, p. 93.

34. Cité par Jacqueline Grapin, *op. cit.*, à la note 25, p. 102.

35. Le 14 octobre 1975, cité par Daniel Colard, *Les Relations internationales*, Paris, 1977, p. 125.

36. AFP, *Le Devoir*, le 30 juin 1976.

37. Reuter, AFP, *Le Devoir*, le 5 février 1976.

38. AFP, *Le Devoir*, le 17 mars 1976.

39. Reuter, *Le Devoir*, le 14 avril 1976.

40. CP, UPI, Reuter, *La Presse*, le 16 juin 1976. Il disait aussi: «Comme l'Italie n'appartient pas au pacte de Varsovie, je pense, à cet égard, qu'il est absolument certain que nous pouvons nous engager sur la voie italienne du socialisme, sans ingérence particulière.»

41. Jeremy R. Azrael, Richard Lowenthal, Tohru Makagawa, «An Overview of East-West Relations», *The Triangle Papers*, n° 15, 1981, p. 21-24.

42. Jacques Fauvet, *Le Monde*, le 7 juin 1979.

43. Selon l'expression de Raymond Aron, *Les dernières années du siècle,* Paris, 1984, p. 206,.

44. «Je dis mythe, parce que ce qui pouvait en rester de positif a été systématiquement détruit par la politique de Begin et Sharon dans les territoires occupés» (Stanley Hoffmann, *op. cit.*, p. 79).

45. À l'exception du sultanat d'Oman et du Soudan, tous les États arabes ont rompu leurs relations avec l'Égypte.

46. Le découpage chronologique de cet ouvrage suggère d'en rendre compte à ce chapitre plutôt qu'au précédent, bien que certains faits remontent à une période antérieure à 1975.

47. AFP, Reuter, *Le Devoir*, le 6 septembre 1973.

48. AFP, UPI, Reuter, *Le Soleil*, le 7 janvier 1974.

49. «Les États-Unis sont les producteurs les plus efficaces de soja, de blé et d'autres céréales dans le monde. Le processus implique une circulation qui exige la coopération de tous pour que les choses continuent à tourner, mais cela peut s'arrêter. Si l'on ferme un robinet de pétrole au Moyen-Orient, on menace d'arrêter un tracteur agricole dans nos plaines. Si l'on arrête ce tracteur, des gens dans le monde vont manquer de pain... je ne m'attends pas à ce que cela arrive, cela serait désastreux pour tout le monde» (AFP, UPI, Reuter, *Le Soleil*, le 8 janvier 1974).

50. AFP, *Le Devoir*, le 3 janvier 1975.

51. Un journaliste de l'AFP à Washington notait que la réponse de Kissinger, lors d'une conférence de presse, a été faite en «souriant et sans être le moins du monde embarrassé»: «Vous savez très bien que je ne fais pas de déclaration importante sur la politique étrangère qui ne reflète les vues du président» (AFP, *Le Jour*, le 4 janvier 1975).

52. AFP, *Le Jour*, le 6 janvier 1975.

53. *Le Monde*, le 7 janvier 1975.

54. AFP, *Le Jour*, le 25 janvier 1975.

55. L'expression «lettre énergique» était de l'un des instigateurs de cette démarche, le sénateur Jacob Javits, les deux autres étant les sénateurs Hubert Humphrey et Henry Jackson (*Le Devoir*, le 23 mai 1975).

56. AFP, PA, UPI, *La Presse*, le 5 septembre 1975.

57. Sadate avait qualifié ce traité de «torchon de papier sans signification» (AP, AFP, UPI, Reuter, *Le Soleil*, le 16 mars 1976).

58. Des terroristes palestiniens ayant détourné un avion d'Air France qui s'était finalement posé à Entebbe en Ouganda, un commando de paras israéliens y libéra les passagers juifs.

59. André Fontaine a reconstitué cette trame en une huitaine de pages (*op. cit.*, p. 438-446).

60. UPI, AFP, *La Presse*, le 18 mars 1977.

61. Cité par André Fontaine, *op. cit.*, p. 445.

62. *Le Monde*, le 21 mars 1979. Les soulignés de la rédaction du journal.

63. Propos au *Nouvel Observateur*, le 25 novembre 1974.

64. Une fois de plus, l'ouvrage d'André Fontaine (*op. cit.*, p. 446-455) permet de s'y retrouver en une dizaine de pages.

65. Antoine Jabre, *La guerre du Liban*, Paris, 1980, p. 190.

66. Reprise à l'envers du «foyer national» juif prôné par les Britanniques une génération plus tôt.

67. Il n'est peut-être pas inopportun de rappeler ici que le premier différent, dont le Conseil de Sécurité a été saisi en 1946, portait sur la lenteur avec laquelle les Soviétiques se retirèrent du territoire iranien par lequel transitait l'aide militaire des Alliés à l'URSS pendant la Seconde Guerre mondiale.

68. En ne permettant pas que son pays serve de lieu de passage au ravitaillement des Soviétiques.

69. *Le Monde*, le 12 octobre 1971.

70. *Le Monde*, le 25 juin 1974.

71. Cité par Fontaine, *op. cit.*, p. 458.

72. Soit 98 personnes dont 63 étaient de citoyenneté américaine. Les otages non-Américains et les 13 Américains (femmes et Noirs) furent relâchés peu de temps après. L'ambassade du Canada cacha aussi quelques otages avant leur rapatriement: ce fait d'armes diplomatique fera de l'ambassadeur Taylor une sorte de héros national aux États-Unis.

73. Cette organisation régionale de sécurité avait été établie en 1954, à l'époque où ce qu'on appelait la «pactomanie» de Foster Dulles florissait. Membres fondateurs, la France et le Pakistan s'en étaient retirés pendant la guerre du Viêt nam. Le budget global de l'organisation s'élevait la dernière année à plus de 1 310 000 dollars. En outre de ses fonctions de sécurité, elle menait dans la région divers projets à caractère agricole, social et médical.

74. AP, AFP, *Le Soleil*, le 6 octobre 1976.

75. AFP, UPI, AP, Reuter, *Le Soleil*, le 2 décembre 1975.

76. Du premier journal: «Depuis l'époque de Khrouchtchev, l'Union soviétique dégénère en un pays social-impérialiste, poursuivant une politique d'expansion et d'agression». Autre citation: «Ce que Moscou appelle «détente militaire» signifie la réduction des armements de son adversaire tout en maintenant l'expansion de ses propres armements et de ses préparatifs belliqueux sous le couvert de la détente» (Reuter, *Le Soleil*, le 29 décembre 1975).

77. Reuter, AFP, *Le Soleil*, le 14 août 1978.

78. Selon André Fondaine (*op. cit.*, p. 426), il s'agissait d'un investissement de 14 milliards de dollars, «soit un peu plus que le montant total de l'aide consentie

par les seize pays les plus développés de la planète, l'année précédente, à l'ensemble du tiers monde».

79. Reuter, *Le Devoir*, le 23 mai 1978. Voir plus loin pour la politique africaine des Soviétiques.

80. Selon le bureau de l'AFP de Washington, «Avec une vitalité surprenante, un charme semble-t-il à toute épreuve, et une habileté politique qui a laissé pantois le Congrès, le numéro trois chinois a atteint son but d'accroître la méfiance des Américains à l'égard de l'Union soviétique» (*Le Devoir*, le 8 février, 1979).

81. Sortant de sa demi-retraite, l'ex-correspondant du *New York Times* à Moscou, Harrison Salisbury, décrivait ainsi le bizarre réseau d'ennemis héréditaires dans la région: «Never has the threat of Sino-Soviet war been more critical than today. In «punishing» their hereditary enemies, the Vietnamese (...), because the Vietnamese turned on *their* hereditary enemy, Cambodia, China has taken a calculated risk that its newly cemented friendship with the United States will deter the Soviet Union from «punishing» that Asian entity that Russia sees as its «hereditary» enemy». (*The Montreal Star*, le 1er mars 1979.)

82. AFP, Reuter, *Le Devoir*, le 27 avril 1979.

83. Car l'Égypte est aussi un pays africain.

84. AP, *Le Soleil*, le 24 décembre 1975.

85. Ainsi qu'on le sait, la précédente rencontre avait eu lieu à Vladivostok treize mois plus tôt, en novembre 1974, pour relancer les SALT II.

86. L'indépendance de l'autre grande colonie portugaise, le Mozambique, s'était produite le 25 juin 1975. Contrairement à l'Angola, les trois mouvements nationalistes s'étaient fusionnés en un seul Front de libération, le *Frelimo*. L'indépendance plus facilement acquise grâce à cette unité, le régime s'instituant allait se proclamer marxiste-léniniste et le chef du gouvernement fera à Moscou sa première visite officielle en mai 1976.

87. Ou même plus récemment, en particulier au Zaïre, en Rhodésie.

88. D'abord au sujet de la participation de Cuba aux organismes continentaux: participation au groupe des 26 délégations de l'Amérique latine aux Nations unies, mettant fin à onze ans d'isolement de ce groupe (janvier 1975); admission à la Banque internationale de développement (mai 1975); fin du blocus économique et diplomatique de l'île mis en place en 1964 par l'OEA (juillet 1975), mais qui avait été enfreint par 9 pays.

89. UPI, *La Presse*, le 24 septembre 1975.

90. Élargissement de la zone de voyage des diplomates cubains aux Nations unies, passant d'un rayon de 25 à 250 milles de New York; autorisation d'une vente d'équipements de bureau par la succursale canadienne d'une société américaine.

91. Reuter, *La Presse*, le 30 décembre 1975.

92. AFP, Reuter, *Le Devoir*, le 6 septembre 1979.

93. AFP, Reuter, AP, *La Presse*, le 8 septembre 1979.

94. Le même jour où il rassurait le Congrès et l'opinion, Carter approuvait le déploiement de missiles MX dans les déserts de l'Ouest américain, en raison de la menace soviétique qui pesait sur les missiles fixes américains. Voir la note 27.

95. Même référence qu'à la note 93.

96. AFP, *Le Devoir*, le 10 octobre 1979.

97. Flora Lewis du *New York Times*, assistant à la réunion, en résumait l'esprit par cette boutade d'un avocat en cour, citée par le ministre des Affaires étran-

gères de Singapour: «Now gentlemen, let me tell you the opinions on which my facts are based» (*The Montreal Star*, le 5 septembre 1979).

Chapitre 4
Une nouvelle Guerre froide (1979-1985): de Kaboul à Genève

1. Stanley Hoffmann, *La nouvelle Guerre froide*, Paris, 1983, p. 10.
2. Selon l'expression d'André Fontaine, *Le Monde*, le 1ᵉʳ janvier 1978.
3. Laissant entendre qu'ils avaient préalablement communiqué par la ligne rouge. Carter disait encore: «Les allégations de Brejnev, selon lesquelles les troupes soviétiques étaient intervenues en Afghanistan à la demande du gouvernement, étaient manifestement fausses car le président Amin était exécuté après que les Soviétiques eurent réalisé leur coup» (AFP, UPI, AP, Reuter, *La Presse*, le 2 janvier 1980).
4. AFP, *Le Devoir*, le 5 janvier 1980.
5. AFP, *Le Devoir*, le 7 janvier 1980.
6. AFP, UPI, Reuter, *La Presse*, le 14 janvier 1980.
7. «An attempt by an outside force to gain control of the Persian Gulf region will be regarded as an assault on the vital interests of the United States. It will be repelled by use of any means necessary -- including military.»
8. Qui disait en définitive: «Nous fermons à demi les yeux sur ce qui se passe en Afghanistan; mais gare à vous si vous prétendez dominer le golfe Persique et assujettir les pays producteurs de pétrole!»
9. UPI, AP, AFP, *La Presse*, le 22 février 1980.
10. AFP, *Le Devoir*, le 28 mars 1980.
11. Alexandre Dastarac et M. Levent dans le numéro de mars 1981 de ce journal. Ces auteurs affirment que «pour le Pentagone, l'armée pakistanaise est d'abord l'armée des défaites. Malgré sa force numérique, elle s'est en effet montrée peu efficace, même dans ses tâches de répression interne, et il serait risqué pour Washington de faire du Pakistan une zone d'investissement militaire massif».
12. Après la chute du chah, les États-Unis, n'ayant d'autre choix, semblent vouloir substituer le Pakistan à l'Iran, comme «pilier» dans la région, en lui octroyant des crédits d'aide militaire et économique de l'ordre de plus de 3 milliards de dollars.
13. Cornélius Castoriadis, *Devant la guerre* I, Paris, 1981, p. 105.
14. «Non seulement écrivent quatre experts (allemand, américain, français et britannique), l'affaire de l'Afghanistan a divisé l'Occident sur la conduite à tenir en réponse à l'action des Soviétiques, mais elle a en outre servi de révélateur à toute une série de tensions et de désaccords plus anciens» (Karl Kaiser, Winston Lord, Thierry de Montbrial, David Watt, *La sécurité de l'Occident: bilan et orientations,* Paris, 1981, p. 15).
15. Des nécessités tactiques entraînent les Soviétiques à passer la frontière afghane pour bloquer efficacement le passage des armes et des réfugiés au Pakistan. La situation n'est pas devenue suffisamment grave pour que les Américains aient commencé à «redéfinir» leur rôle dans la région.
16. AFP, Reuter, AP, *La Presse*, le 27 décembre 1984. La question afghane ne semble pas à la veille d'une solution. Au terme d'une quatrième ronde de «négociations indirectes» entre l'Afghanistan et le Pakistan, le médiateur Diego Cordovez (sous-secrétaire général des Nations unies aux affaires spé-

ciales) annonçait avoir eu «pour la première fois de manière formelle» des contacts avec les gouvernements soviétique et américain. Les négociations avaient atteint «le point crucial» à la fin août 1985: elles reprendront, toujours à Genève, entre les 16 et 20 décembre 1985 (AFP, *Le Devoir*, le 31 août 1985). Rappelons que ces négociations indirectes avaient été amorcées dès juillet 1982 entre l'ambassadeur américain à Moscou et un ministre adjoint des Affaires étrangères de l'URSS.

17. L'analyste vétéran du *New York Times*, James Reston se demandait dans les circonstances: «What went wrong?» ou pourquoi «we are so often taken by surprise?» Après avoir considéré des échecs sous les présidents Truman, Kennedy, Johnson et Carter, Reston constatait: «The two main charges against the Reagan administration now are that it is incompetent militarily, and incoherent politically; that it is unable to defend its troops, or define what they're doing either in Libanon or in Grenada» (*The New York Times*, le 30 octobre 1983).

18. Marc Kravetz «Proche-Orient: l'année de tous les échecs» dans *L'État du monde 1984*, p. 39-45.

19. On comprend bien l'intérêt que peut avoir l'Irak dans la voie fluviale du Shatt-Al-Arab, au confluent du Tigre et de l'Euphrate, seule voie d'accès au golfe Persique. Il se peut que, de façon plus générale, l'Irak ait considéré que le moment était venu de régler de vieilles querelles avec l'Iran alors que ce pays, hier encore puissant, est en train de s'abimer dans sa révolution islamique.

20. Richard Murphy, secrétaire d'État adjoint pour le Moyen-Orient; Vladimir Poliakov, chef de la division du Proche-Orient du ministère soviétique des Affaires étrangères.

21. Israël avait dit son opposition à la participation soviétique à toute conférence internationale sur le Moyen-Orient. Poliakov a probablement répété la proposition de son pays pour une telle rencontre devant inclure la représentation de l'OLP. À quoi Murphy aurait fait savoir à son vis-à-vis que le projet n'était envisageable que moyennant deux préalables: une reprise des relations diplomatiques avec Israël; une amélioration du traitement fait aux Juifs en Union soviétique (selon AFP et Reuter, *Le Devoir*, les 20, 21 février 1985).

22. Où mouille la plus importante des quatre flottes soviétiques. Rappelons aussi l'aspect stratégique de la péninsule du Kamtchatka, première ligne de défense anti-aérienne des Soviétiques.

23. Propos de Rajiv Gandhi à Jacques Amalric et Patrice Claude, *Le Monde*, le 4 juin 1985.

24. Selon l'*Observer* de Londres, à la fin novembre 1985, un représentant de Castro cherchait à obtenir une approbation officielle de Moscou pour s'engager plus à fond dans le soutien aux pays voisins de l'Afrique du Sud, l'Angola, la Mozambique et la Namidie (Reuter, *Le Soleil*, le 24 novembre, 1985).

25. Reuter, *Le Devoir*, le 30 mars 1984.

26. *The New York Times*, le 5 mai 1985.

27. Qui a finalement recouru à la suspension des libertés civiques en octobre 1985.

28. *The New York Times*, les 24 février et 17 février 1985.

29. Reuter, AP, *La Presse*, le 17 avril 1985.

30. Cité par James McCartney, Knight Ridder Newspapers, *The Gazette*, le 25 février 1985.

31. Cité par Tom Wicker du *New York Times*, *Le Soleil*, le 20 février 1985.

32. L'America Watch Committee, créé en 1981 et affilié au Comité de surveillance des accords d'Helsinki, publiait au début de mars 1985 un rapport accablant sur les *contras* qui se livrent à «des violations des lois de la guerre», encouragés du reste par la CIA (AP, *Le Soleil*, le 6 mars 1985). La reconnaissance de ces faits n'exonère évidemment pas les abus réels des sandinistes.

33. AFP, Reuter, AP, *Le Devoir*, le 16 avril 1985. En effet, Reagan est revenu à la charge et finit par obtenir une aide de 27 millions de dollars d'aide non-militaire aux guérilleros anti-sandinistes. Il avait dû toutefois s'engager à ne pas rechercher «le renversement militaire» du gouvernement de Managua. Toutefois en juillet 1985, devant le congrès des barreaux américains, il incluait le Nicaragua dans cette nouvelle internationale du crime (avec l'Iran, la Lybie, la Corée du Nord et Cuba) dont «les dirigeants sont des désaxés et de sales criminels» (AFP, *Le Devoir*, le 9 juillet 1985). Dans l'escalade des injures, Ortega ne se fera pas faute de dire que les dirigeants américains «se comportent de manière pire qu'Hitler» parce qu'ils cherchent «l'extermination» du peuple nicaraguayen (AFP, *Le Devoir*, le 31 juillet 1985). En novembre, Ortega protestera contre l'insertion d'avions dans cette «aide humanitaire» (AFP, Reuter, *Le Devoir*, le 23 novembre, 1985).

34. AFP, New York Times Service, *Le Soleil*, le 8 mai 1985.

35. AFP, AP, *Le Soleil*, le 30 avril 1985.

36. Le président Ortega estimait que les pays d'Europe occidentale ont fourni à son pays une aide égale à celle qu'il a reçue de l'Union soviétique et des pays de l'Est, soit 200 millions de dollars dans chaque cas (*The New York Times*, le 18 novembre, 1985).

37. Le «groupe de Contadora» formé du Mexique, du Vénézuéla, de Panama et de Colombie) était chargé, depuis le 19 mai 1983, par l'ONU d'apporter des solutions aux problèmes de l'Amérique centrale. À la mi-novembre 1985, Ortega déclarait que son pays refusait de signer l'acte de paix, proposé par le groupe de Contadora, tant que Washington ne s'engagerait pas à cesser son «agression» contre le Nicaragua (AFP, *Le Soleil*, le 13 novembre, 1985).

38. Le SELA (Système économique latino-américain) et groupant vingt pays d'Amérique latine (soit l'équivalent de l'OEA moins les États-Unis) demandait avec insistance de lever l'embargo que Washington avait établi deux semaines plus tôt, en réaffirmant le droit souverain de toutes les nations à suivre leur propre voie dans les domaines économique, social, en paix et en liberté, sans pression, agression, ni menaces» (AFP, Reuter, AP, *La Presse*, le 16 mai 1985).

39. De retour de son voyage d'Europe, Ortega annonçait que l'Union soviétique fournirait au Nicaragua de 80 à 90 pour cent du pétrole dont ce pays a besoin... (AFP, *Le Soleil*, le 21 mai 1985).

40. AP, *Le Devoir*, le 31 août, 1985.

41. AFP, AP, Reuter, *La Presse*, le 31 août, 1985.

42. AFP, *Le Soleil*, le 28 septembre, 1985.

43. *The New York Times*, le 29 septembre, 1985.

44. «Les activités de plus en plus répressives des autorités m'ont récemment convaincu que le seul comportement à adopter devant les tribunaux, le procureur et la police était de garder le silence.» Mais, «en dépit de ces procédures légales, je tiens à affirmer que je poursuivrai mes activités et que rien ne m'arrêtera» (AP, AFP, Reuter, *Le Devoir*, le 7 novembre, 1985).

45. Pour donner une idée de l'ampleur de ces manifestations pour les seules journées des 22 et 23 octobre 1983, ce bilan dressé par l'analyste Bernard Dréono:

«Les 22 et 23 octobre, plus d'un million et demi d'Allemands de l'Ouest manifestaient, dont 110 000 en chaîne de la ville de Stuttgart à la base de Neue-Ulm, 600 000 à Rome, 400 000 à Bruxelles, 300 000 à Londres; des dizaines de Suédois encerclaient les ambassades des pays nucléaires à Stockholm; des milliers de manifestants défilaient à Paris à l'appel du Mouvement de la paix, ou formaient une chaîne liant les ambassades des États-Unis et d'URSS à l'appel du CODENE (Comité pour le désarmement nucléaire en Europe)» (*L'État du monde 1984*, p. 494).

46. Pierre Hassner dans *Pacifisme et dissuasion* (sous la direction de Pierre Lellouche), Paris, 1983, p. 152.

47. Pierre Lellouche, *ibid.*, p. 35. Du même auteur, voir *L'avenir de la guerre*, Paris, 1985, p. 141-146.

48. Cité par Pierre Melandri dans *Universalia 1983*, p. 98.

49. Pour le cas américain, voir l'article très documenté de Stanley Hoffman dans *Pacifisme et dissuasion*, p. 287-308.

50. Des groupements de pacifistes canadiens saisirent de hautes instances judiciaires, au nom de leur récente Charte des droits et libertés, du fait que le gouvernement canadien permettait sur son propre sol l'expérimentation des missiles *Cruise*; ils furent déboutés.

51. L'Australie a refusé de collaborer avec les États-Unis aux essais du missile intercontinental MX, prévus dans le Pacifique. La Nouvelle-Zélande a refusé d'accueillir dans ses ports des navires américains pouvant être porteurs d'armes nucléaires. Il n'en fallait pas davantage pour qu'on se mette à parler (en juin 1985) d'une crise de l'ANZUS Pact (groupant l'Australie, la Nouvelle-Zélande et les États-Unis).

52. *L'État du Monde 1984*, p. 497.

53. Auteur du livre *Les Pacifistes contre la paix*, Paris, 1981.

54. Michel Tatu dans *Pacifisme et dissuasion*, p. 326.

55. Cité dans *L'État du monde 1981*, Paris, 1981, p. 85.

56. Voir la section suivante sur les tentatives simultanées de tenir une rencontre au sommet.

57. *Strategic Defense Initiative* (SDI): contrairement à l'usage (voir les sigles, p. 303-304, on traduit communément en français cette expression et le sigle correspondant.

58. Le premier incident mettait en cause le ministère de la Défense soviétique le 2 janvier 1985, à quelques jours de la rencontre Gromyko-Shultz. Un missile de croisière, après avoir traversé — et violé — l'espace aérien de la Norvège, était allé s'écraser dans un lac de Finlande. Il était vraisemblablement en provenance d'un sous-marin en mer de Barents et ne contenait pas de charge explosive. La Norvège et la Finlande, pas plus que les États-Unis ne tentèrent de dramatiser l'accident technique. Une dizaine de jours plus tard (donc après la rencontre Gromyko-Shultz des 7 et 8 janvier, considérée comme un succès), une fusée américaine Pershing prenait feu en RFA. Cette fois-ci, il y avait eu des morts (trois) et des blessés (sept) tous des militaires américains. Suspendu pour une couple de mois afin de mettre au point le système de mise à feu de ces fusées, le déploiement des Pershing reprendra à la fin avril 1985. Les Soviétiques ne tentèrent pas, à leur tour, d'exploiter la nouvelle de l'accident pour des fins de propagande.

59. Le troisième accident était beaucoup plus grave et également plus confus quant aux circonstances. À la fin mars 1985, un officier américain, le major Arthur Nicholson, ayant pénétré dans l'une des «zones interdites» en RDA,

fut tué par une sentinelle soviétique après avoir refusé de s'arrêter aux sommations d'usage. Telle était la version soviétique. La version américaine précisait que l'officier avait été tué dans une zone interdite mais qui ne l'était plus depuis le 20 février. Il avait été abattu «à proximité» d'une zone interdite, et sans sommation, pour s'être livré à des activités légitimes reconnues par les accords de Potsdam de 1947. Les Soviétiques exprimèrent des regrets tout en jetant le blâme sur l'imprudence de l'officier. Le président Reagan, qui parlait d'abord d'assassinat, déclarait par l'intermédiaire d'un porte-parole que cette affaire «ne fait que renforcer ma volonté de participer à une réunion au sommet, afin d'éviter la répétition d'incidents du genre» (AFP, Reuter, PA, *La Presse*, le 27 mars 1985). Des officiers supérieurs des armées soviétique et américaine devaient se rencontrer pour éviter la «répétition de tels épisodes» (*The New York Times*, le 31 mars 1985). Pour protester, les Américains déclarèrent *persona non grata* un attaché militaire adjoint de l'ambassade de l'Union soviétique à Washington. Plus tard le 9 mai, l'agence Tass reconnaîtra que l'emploi d'armes contre un officier américain en mission en RDA était «illicite», mais que le garde soviétique l'avait pris pour un inconnu (AFP, *Le Devoir*, le 2 mai 1985).

60. Rappelons une dernière fois qu'une arme dite «stratégique» a, par définition, une portée de plus de 5500 kilomètres.

61. Reuter, AP, *La Presse*, le 10 avril 1985.

62. Le nouveau maître du Kremlin fit une forte impression sur l'homme public américain: «Il aurait été un excellent avocat. Il est maître des mots, maître dans l'art de la politique et de la diplomatie (...) Il est dur, ferme et fort» (Reuter, AFP, *Le Devoir*, le 11 avril 1985).

63. Groupant depuis 1948 la France, la RFA, la Grande-Bretagne, l'Italie et les trois pays du Bénélux: Belgique, Pays-Bas et Luxembourg.

64. AFP, *Le Devoir*, le 24 avril 1985.

65. AFP, Reuter, AP, *Le Devoir*, le 20 avril 1985.

66. AFP, Reuter, *La Presse*, le 24 avril 1985.

67. AFP, *Le Soleil*, le 24 avril 1985.

68. AFP, *Le Devoir*, le 27 avril 1985.

69. Constantin Tchernenko était mort le 11 mars, la veille de l'ouverture des travaux. Il ne fut pas question que ceux-ci fussent reportés pour cette raison. Tchernenko n'était pas encore inhumé que Gorbatchev était déjà en place comme son successeur.

70. On aura reconnu des dispositions déjà incluses dans l'Acte final d'Helsinki (voir le chapitre III, section I).

71. AFP, AP, Reuter, *La Presse*, le 9 mai 1985.

72. Le maréchal a été victime d'un lapsus d'importance lorsqu'il a évoqué les «douze millions de morts soviétiques» alors que l'historiographie officielle fait état de vingt millions de victimes.

73. AFP, Reuter, AP, *La Presse* et *Le Devoir* le 9 mai 1985.

74. AFP, AP, Reuter, *La Presse*, le 29 mars 1985.

75. Reagan disait souhaiter «encore plus» ce sommet depuis «le meurtre de sang-froid» du commandant Nicholson en Allemagne de l'Est: «Je veux qu'une telle rencontre ait lieu pour m'asseoir en face de quelqu'un, le regarder dans les yeux et discuter avec lui de ce que nous pouvons faire pour que ce genre de choses ne se reproduise plus.»

76. Selon les expressions de l'influent conseiller du président sur les affaires de sécurité nationale, Robert McFarlane (AFP, *La Presse*, le 9 avril 1985).

77. AFP, Reuter, *Le Devoir*, le 11 mai 1985.

78. Mais au début de juin 1985, les partenaires de l'OTAN l'enjoindront de continuer de se conformer aux limitations stipulées dans ces accords. Reagan acceptera ce conseil pressant, tout en annonçant le développement d'un nouveau missile stratégique Midgetman comme réponse aux SSX 25 qui, selon lui, enfreignent les accords des SALT II.

79. Pendant ce temps-là, en mai 1985, se tenait à Ottawa, une conférence des 35 États signataires de l'Acte final d'Helsinki, afin d'établir un bilan de son application en matière des droits de l'homme. Bien que se déroulant à huis clos et sous la protection d'un imposant dispositif de sécurité, cette rencontre, prévue pour durer six semaines, laissait percer dès les premiers jours de durs affrontements au sujet du traitement des droits de l'homme en Union soviétique et dans d'autres pays de l'Est. La conférence d'Ottawa continuait la tradition des précédentes réunions de Belgrade et de Madrid tenues dans le cadre de la CSCE, mais c'était la première à se consacrer exclusivement «au respect, dans les États, des droits de l'Homme et des libertés fondamentales sous tous les aspects». De nombreuses manifestations eurent lieu dans la quiète capitale, spécialement devant l'ambassade de l'Union soviétique, pour protester contre les manquements de ce pays en ces domaines. Le chef de la délégation américaine, Richard Schifter liait la question de la maîtrise des armements à celle du respect des droits de l'homme en Union soviétique: «Our people have a right to wonder whether a country that fails to keep its word in matters unrelated to considerations of its security will do when its security is at stake» (CP, *The Gazette*, le 16 mai 1985).

80. AFP, *Le Devoir*, le 17 juillet 1985.

81. AP, AFP, *Le Devoir*, le 1er août 1985.

82. Quatre mois après la mort du commandant Nicholson (voir la note 39), un colonel américain a subi une fracture à l'orbite de l'oeil quand sa patrouille (mission de liaison de Potsdam) a été poursuivie puis accrochée par un véhicule militaire soviétique en RDA. À l'été 1985, divers «incidents» furent relevés dans l'administration des trois couloirs aériens réservés aux Occidentaux pour desservir Berlin-Ouest.

83. L'affaire fut qualifiée de «pure invention» par Moscou. Washington affirma qu'elle n'empêcherait pas la tenue du sommet de Genève des 19 et 20 novembre 1985. Parlant espionnage, en juin précédent, avait eu lieu le plus important échange d'espions entre l'Est et l'Ouest depuis la fin de la guerre; mais en août, éclatait encore l'affaire Tiedge en RFA, qui surprit par ses nombreuses ramifications.

84. Depuis la mise en vigueur du traité en 1970, de telles rencontres ont lieu à tous les cinq ans.

85. AFP, AP, UPI, *La Presse*, le 4 février 1981.

86. AFP, *Le Devoir*, le 2 février 1981.

87. AFP, *Le Devoir*, le 14 février 1981.

88. Cité dans un article d'André Fontaine au *Monde* le 23 février 1981.

89. AP, AFP, UPI, Reuter, *La Presse*, le 24 février 1981.

90. Le professeur Richard Pipes de l'Université Harvard (AFP, *Le Devoir*, le 20 mars 1981).

91. Ajoutant avec insistance que les Soviétiques n'avaient rien fait depuis qui puisse changer la parité sur laquelle les deux pays s'étaient alors mis d'accord (*The Gazette*, le 14 novembre 1981).

92. Brejnev avait eu la coquetterie, quelques années auparavant, de se faire décerner ce dernier titre qui en faisait l'homologue du président des États-Unis. Ni Staline, ni Khrouchtchev n'avaient revendiqué cette distinction honorifique.

93. *Le Monde* (édition hebdomadaire), 6-12 janvier 1983.

94. Une note humaine s'introduisait dans d'aussi implacables problèmes par la réponse épistolaire qu'avait faite le maître du Kremlin à une écolière américaine de dix ans, Samantha Smith. Dans cette missive qui fit son tour de presse mondial, il disait que l'Union soviétique ne «sera jamais, mais jamais, la première à utiliser des armes nucléaires contre quiconque» (AFP. *Le Soleil*, le 26 avril 1983). Lors de la mort de la jeune américaine, par suite d'un accident d'avion à la fin août 1985, un diplomate soviétique assistera à la cérémonie des funérailles.

95. À la mi-mars 1985, le gouvernement japonais rendit publique une information de ses services de radar à l'effet que le pilote de l'avion abattu avait envoyé des renseignements incorrects sur son altitude. Selon l'agence Tass, c'était bien la preuve que l'avion était en mission d'espionnage (*Washington Post*, AP, *The Gazette*, le 17 mai 1985). «À quelque chose malheur est bon», un accord de sécurité aérienne dans cette région du Pacifique sera conclu en juillet 1985 entre les trois pays intéressés, le Japon, l'Union soviétique et les États-Unis, afin que de pareils accidents ne se produisent plus (ainsi qu'il a été dit plus haut).

96. AP, *London Telegraph*, *The Gazette*, le 17 janvier 1984.

97. Rappelons la rupture des pourparlers START un an plus tôt et le fait que les Soviétiques ne réclamaient plus le retrait des Pershing 2 déployés en Europe comme condition sine qua non d'une reprise du dialogue.

98. AFP, AP, UPI, Reuter, *La Presse*, le 25 septembre 1984.

99. «All we hear is that strength, strength, and above all strength is the guarantee of international peace (...). This a twisted logic, a logic of frenzied militarism» (cité dans *Time*, le 8 octobre 1984).

100. AFP, Reuter, UPI, AP, *La Presse*, le 15 décembre 1984.

101. Reuter, AFP, *Le Devoir*, le 19 décembre 1984.

102. Le 9 septembre 1985. La presse internationale, l'agence Tass en tête, répercuta quelques formules éclatantes: «Nous ne pouvons survivre ou périr qu'ensemble (...). La guerre ne sera jamais le fait de l'Union soviétique. Nous ne commencerons jamais la guerre (...). L'approche qui, me semble-t-il, s'ébauche à Washington ne manque pas de susciter notre préoccupation. C'est un scénario de pression, une tentative de nous mettre le dos au mur, de nous imputer comme ce fut le cas plus d'une fois, tous les péchés mortels (...). Il semblerait que l'on se prépare à une sorte de contrat de «supergladiateurs» politique avec pour seule idée de toucher en mieux l'adversaire et d'obtenir le maximum de points dans ce corps à corps» (traduction du *Monde*, le 3 septembre 1985).

103. AFP, NYTS, AP, *Le Soleil*, le 6 novembre, 1985.

104. AFP, Reuter, *La Presse*, le 25 octobre, 1985.

105. Au début de septembre, un laser chimique de grande puissance détruisait un missile statique Minuteman sur le polygone de tirs de White Sands. Une semaine plus tard était couronné de succès le premier test en pleine grandeur d'un missile antisatellite dit ASAT (voir les sigles).

106. «It would be a great pity — indeed more than a pity — if problems of arms control were to be crowded out at Geneva by futile wrangling over human

rights issues and over the ins and outs of the respective political and military involvements — theirs and ours — in various distant places» (*The New York Times*, le 3 novembre, 1985).

107. AP, Los Angeles Times, *The Gazette*, le 13 novembre, 1985.

108. Selon un des analystes soviétiques les plus connus en Occident, Georgi Arbatov, directeur des Études américaines et canadiennes de Moscou (*La Presse*, le 18 novembre, 1985).

Index

Table des matières

Achevé d'imprimer
en août 1986, par les travailleurs
des Éditions Marquis, à Montmagny, Québec,
pour le compte des Éditions du Boréal